国家・企業・通貨

グローバリズムの不都合な未来

岩村 充

新潮選書

国家・企業・通貨　目次

第二章　グローバリズムと分岐した世界　83

第五章　漂流する通貨たち　235

国家・企業・通貨

はじめに

通貨の世界で起こっていることを、歴史を踏まえて大きな視点で書いてみないか、そういう提案を新潮社から頂いたのは、もう十年ほども前のことでした。ちょうど私は、以前から説いて来たFTPL（訳せば「物価水準の財政理論」となります）という考え方を分かりやすく書けないかなどと思っていたところでしたので、それを軸に『貨幣進化論』という本を二〇一〇年に刊行することができました。ただ、そうして本を書く機会に恵まれた後いくらもしないうちに、日銀による異次元緩和の開始やビットコインに代表される仮想通貨の登場などがあり、するとそれらについても書くことがあるはずというような話になり、二〇一六年には再び新潮社から『中央銀行が終わる日』という本を刊行することができました。

ところで、そうして本を作りながらも気になっていたのは、通貨に関する理論の世界に閉じて議論をすることの限界です。現代の社会を支える通貨について語るとき、中央銀行という存在に独占的な通貨発行を許す国家と、その通貨を使って経済活動を繰り広げる企業、それらとの関係を無視して議論をすることはできません。そのことはこれまでも気を付けて書いていたつもりなのですが、グローバリズムの負の側面である格差拡大やポピュリズムの台頭などを見るにつけ、国家と企業そして通貨の問題を等距離に扱うことにすれば、私たちが抱える問題を大きく見通す議論ができるのではないかと思うようになりました。そんな思いから、今まで私が見て聞いて学んできたことをまとめ直したのが、この『国家・企業・通貨』ということになります。

そんな位置づけで書いた本ですので、かたちとしては前々著の『貨幣進化論』と前著の『中央銀行が終わる日』と合わせて三部作の完結編ということになります。ただ、私としては、この本はこの本で独立の本として読んでいただきたいし、また、そうお読みいただけるよう書いたつもりです。前々著や前著に言及しているところもありますが、それは以前に書いたこととの関係を確認したいなと思われた読者が迷われることがないよう示しているだけですので、あまり気にすることなく、全体を通してお読みいただきたいと思っています。

＊　＊　＊

中身の紹介に入る前に一言だけ書かせてください。私は、日本いや多くの先進とされる国々で進む「中間層」の崩壊を本気で心配しています。私は二〇世紀のちょうど真ん中の年である一九五〇年に生まれたのですが、思えば幸せな時代に育つことができたと感謝しています。一九六〇年代くらいまでの日本は貧しかったし、次の一九七〇年ごろまでの日本はイデオロギーの対立を抱えた国でもありました。その日本が曲がりなりにも一つの自由な国家としてのまとまりを維持することができたのには、高度成長の時代に形成された穏健かつ寛容な中間層が存在していたことが大きいと思います。しかし、私たちの日本だけでなく先進とされる世界の多くの国では今、第二次大戦後の安定した社会を担ってきた中間層が細り分解し、社会の亀裂が深まりつつあります。この本は、国家と企業そして通貨を全体として眺めることで、その原因を明らかにすることに少しでも近づきたいと願いながら書いたものでもあります。

＊　＊　＊

簡単に各章の狙いを書かせてください。第一章と第二章は現代までの世界の変化を概観したものです。現代の国家と企業そして通貨の仕組みの形成と変遷を第一章に、その今の問題を第二章に書きました。

第三章は国家の話です。ここでは、現代の国家に生じつつある問題を、その財政面を中心に整理してみました。今の世界で鮮明になりつつあるのは、グローバリズムの中で国家たちが展開せざるを得なくなっている企業活動を呼び込むための競争、いわゆる「底辺への競争」の厳しさです。かつて企業たちが互いに競い合うための場を提供していたはずの国家たちは、今や、企業たちに選ばれるため、他の国家と競い合う当事者としての自身を受け入れざるを得なくなっています。その結果、現代の国家を財政面から支える役割は、グローバリズムの恩恵で簡単に国境を越えて移動することができるようになった企業や富者から、国境を越えるほどには豊かでない中間層へと移らざるを得ません。そのことがもたらす問題を、米国におけるリバタリアニズムという政治思潮などにも触れながら整理したいと思います。

第四章のテーマは企業です。ここでは、グローバリズムに加えてデジタライゼーションが作り出した新しい現象に特に注意したいと思います。経済活動のデジタル化、いわゆるデジタライゼーションが進む世界で日常のものとなった検索エンジンやSNSなどを操る企業たちは、今までにない「力」を私たちの「心」に持ち始めています。それは、国土という名の物理空間を支配する国家に代わり、あるいは国家と手を結んで、私たちの心を支配する新しいタイプの企業の登場を予感させるものでもあります。

第五章では、現代の通貨が抱える問題は何かという問題意識から、拡がる格差に対する金融政策の責任について考え、ついでＭＭＴ（訳せば「現代通貨理論」となります）という名の議論について書き、そして仮想通貨の世界での新しい動きについても書きます。拡がりつつある格差の原因が分からないのも、通貨についての議論がいつも混乱するのも、私たちが通貨と言っているものが何か、その価値がどこから来たのかについて、見えているはずのことを見えていないと言い張る中央銀行たちの議論の仕方にも大きな責任があると思うからです。

最後の第六章では、第五章まででは取り分けて議論できなかった問題をいくつか取り上げます。今後の世界を考えていただくときの若干のヒントにでもなればと願っています。

＊　＊　＊

話を始めましょう。最初は、私たちが当然と思っている国民国家と株式会社企業そして中央銀行通貨が生まれるまでの物語です。

第一章　それらは一九世紀に出そろった

『海底２万マイル』や『月世界旅行』などで空想科学小説の祖とされるジュール・ベルヌは同時代の現実を舞台にした作品も残している。1873年に刊行された『八十日間世界一周』がそれだ。内容的には、典型的英国紳士たるフィリアス・フォッグ氏がクラブ仲間相手に80日間で世界一周ができるかという賭けをし、日付変更線を西から東に横切るというトリックもあって賭けに勝つというだけのお話なのだが、抱腹のドタバタと胸キュンのエピソードの合間に開港10年余の横浜も出て来るのが楽しめる。上は1956年に制作されて世界中で大ヒットした映画のポスターだが、原作で登場する移動手段は、列車と船と市内馬車そして鉄道不通区間を抜けるための象と帆走式橇だけで気球は使われていない。19世紀は、カネさえかければ公共交通機関だけを使って誰でも世界一周旅行ができるという良き時代の始まりだったのだ。

現代の政治と経済の基本的なかたちは何かといえば、それは国民国家と株式会社そして中央銀行による通貨発行独占という仕組みの三点セットでしょう。この三点セットは、一九世紀の前半の西欧圏で確立しました。ですから、私たちが生きている今という時代は一九世紀に始まったと言ってもよいだろうと私は思っています。

ところで、そうした文脈での「今という時代」が始まった時期は地域によりさまざまです。なかでは、日本はやや特殊だったと言えるかもしれません。西欧圏以外でこれら三点セットをそろえた経済圏を成立させたのは、日本が最も早かったからです。日本が西欧風の国家と企業そして中央銀行というデザインを整えたのは、一九世紀の半ばから後半にかけてですから、西欧圏からの遅れは三、四十年でしかありません。しかし、日本以外のアジアがそうなったのは二〇世紀になってからのことですし、アフリカではなお根を下ろしきっていない地域もあります。

この本の目的は、国家と企業そして通貨に起こっている問題を整理し、その将来を考えるところにあります。そのために、国家や企業そして通貨のかたちがどのように形成されて来たのか、それを概観してみようと思います。そこで、まず、時間を大きくさかのぼって、ヨーロッパの一六世紀を眺めてみることにしましょう。それは、後に大航海時代とも呼ばれるようになったこの世紀が、ユーラシア大陸の東と西が直接に結び付くことを始めたという意味で、人類史にとって画期的な時代だったからです。

一　近代へのプロローグ

東と西が出会ったころ

ヨーロッパの一六世紀は特別な時代でした。この世紀に入る直前の一四九二年、スペイン王家に支援されたジェノバ人クリストファー・コロンブスがカリブ海域に到達し、その五年後の一四九七年にポルトガル艦隊を率いてリスボンを出港したバスコ・ダ・ガマが、アフリカ南端の喜望峰を回って翌九八年にインドに到達したからです。

コロンブスのカリブ海域への航海は、それまでの人類の中心的な活動地域であるユーラシア大陸とアフリカ大陸から二つの大洋で隔てられて、人口も多くなかったアメリカ大陸を西欧が「吸収」してしまうきっかけになりました。一方、ガマの航海はイスラム圏を通過せずに西欧世界とインドそして中国が出会うことになったという意味で画期的なものでした。コロンブスの航海は誰もが知っているのに対し、ガマの航海の方はコロンブスの物語のような派手さがないせいか簡単に扱われがちなところがあります。しかし、人類活動の中心軸を動かすことにつながったという意味では、ガマの航海にはコロンブスの航海と同等かそれ以上の意味があったと思います。ガマの航海により西欧がアジアと直接つながったことが、世界が単一の経済圏として動き出すきっかけになったからです。それまでの世界は、ユーラシア大陸の東西に大きな二つの経済圏がある、南のインドを入れれば三つ、さらにイスラム圏を入れれば四つの大きな経済圏があるという姿だったのですが、これでアメリカ大陸を呑み込んだ西欧圏が、ユーラシア大陸の反対側にある巨大経済圏のアジアを制覇し、ついにはアフリカをも支配する世界へと変わり始めたのです。

しかし、西欧によるアジア制覇は、アメリカ大陸併呑のように簡単には進みませんでした。私たちは、近世から近代という時代について、それは西欧諸国による植民地化の時代だったと教えられてきましたが、その植民地化という現象の中身は各々に異なります。スペインやポルトガルによる中南米の植民地は富裕な本国人が移住し鉱山や農園を経営する場所でした。これに対して英国による北米植民地、とりわけ現在の米国北部地方に当たる地域は、本国から不退転の覚悟でやって来た独立自営農民たちの移住地でした。そしてアジアにおける西欧の進出では、その「植民」という名とは裏腹に、現地にいるヨーロッパ人は任務が終われば帰国するのが普通でした。アジアとヨーロッパとの関係はそうしたものだったのです。

しかも、ヨーロッパ人たちが最初に到着した当時のアジアは、ヨーロッパが及びもつかないほど巨大で豊かな経済圏でした。次ページに掲げた「近代までのアジアとヨーロッパ」と題した表中の一五〇〇年の数字を見てください。この表は、以前に『貨幣進化論』でも紹介した故アンガス・マディソンを中心とした国際的な学者グループが推計したデータによるものですが、表の上半分のGDPを見ると、この当時からアジアの巨人だった中国とインドの圧倒的な大きさに一種の感慨を受けるのではないでしょうか。

当時の中国およびインドは、各々単独で、ここで取り上げた西欧主要国の全部を合わせたGD

図表1：近代までのアジアとヨーロッパ
単位：GDPは億ドル・一人当たりGDPはドル（いずれも1990年米ドル基準実質値）

		西暦1年	1000	1500	1600	1700	1820
GDP合計	フランス	2.4	2.8	10.9	15.6	19.5	35.5
	イタリア	6.5	2.3	11.6	14.4	14.6	22.5
	オランダ	0.1	0.1	0.7	2.1	4.0	4.3
	イギリス	0.3	0.8	2.8	6.0	10.7	36.2
	ポルトガル	0.2	0.3	0.6	0.8	1.6	3.0
	スペイン	1.9	1.8	4.5	7.0	7.5	12.3
	中国	26.8	27.5	61.8	96.0	82.8	228.6
	インド	33.8	33.8	60.5	74.3	90.8	111.4
	日本	1.2	3.2	7.7	9.6	15.4	20.7
	全世界合計	105	121	248	331	371	694
一人当りGDP	フランス	473	425	727	841	910	1, 135
	イタリア	809	450	1, 100	1, 100	1, 100	1, 117
	オランダ	425	425	761	1, 381	2, 130	1, 838
	イギリス	400	400	714	974	1, 250	1, 706
	ポルトガル	450	425	606	740	819	923
	スペイン	498	450	661	853	853	1, 008
	中国	450	466	600	600	600	600
	インド	450	450	550	550	550	533
	日本	400	425	500	520	570	669

データ出所：https://www.rug.nl/ggdc/historicaldevelopment/maddison/

Pの二倍の規模を有するという巨大経済圏でした。東の中国は強大な明帝国が健在だった時期でしたし、南のインド亜大陸はムガル帝国が地域統一に向かいつつあったときです。こんなアジアを簡単に支配できるはずがありません。アジアに至る航路を発見した後の西欧諸国は東洋貿易の利権を求めて争うようになりますが、アジアの大国の皇帝たちは、彼らが繰り拡げる騒動を、お出入りの問屋さん同士のせめぎあいを見る大会社の社長さんのような気分で眺めていたようなところがあります。この時期、全世界GDPの約四分の一を占めるほどの経済力と強力な統治機構を有した超大国の明は、広州にやって来たポルトガル人を、倭寇の襲来を嫌って導入した海禁令をたてに、まるで食卓にたかる蝿でも払うように追い返したりしています。

実際、当時の明にはそれができるだけの「力」がありました。ポルトガル船がインド洋に至るより半世紀以上も前、具体的には一四〇五年から三三年まで、永楽帝の命によって南海つまり南アジアとインド洋海域に派遣された鄭和の大艦隊は、もしこの時期の西欧の帆船が並んだら、それらを押しつぶしてしまいそうな巨船群でした。明の南海政策は、国威以外に大して得るものもなく永楽帝の死の後に廃止されますが、それは西欧諸国にとって幸いだったでしょう。もしポルトガルの船が実際よりも七十年ほど早くインド洋に入って、そこで鄭和たちの艦隊に遭遇でもしていたら、瞬時に海の底に沈められていたでしょうし、運よく西欧に逃げ帰ったとしても、インド洋には悪魔の大艦隊がいると伝えることになって、それで西欧諸国は海路での東洋貿易を長く諦めることになっていたかもしれません。

そして、わが日本ですが、表をみると少し嬉しくなるのではないでしょうか。一五〇〇年と言

パネル１：鄭和の艦隊

鄭和の船はその100年後のガマたちの船よりもはるかに巨大だった。彼らの艦隊は、全長100メートル排水量１万トンに近い「宝船《ほうせん》」と呼ばれる巨船群を中核に構成され、１回の航海には約３万人が300隻ほどの船に乗り込んだという。ちなみに、西欧によるアジア進出の先鞭をつけたポルトガルは、エンリケ航海王子のエピソードが物語る通り当時の西欧では最も造船と航海術にたけた国の一つだったが、それでも彼らや彼らのライバルだったスペインが遠洋航海に用いた船の大きさは排水量100トン程度だから、まさに桁違いと言うほかはない。宝船の大きさについては異説もあるが、発見された造船所跡の規模や、アフリカからキリンを生きたまま持ち帰ったという記録があることなどからみて、数千トンから１万トンと推定される大きさにさほどの間違いはないと思われる。下は、Jack A. Goldstoneの“Why Europe?: The Rise of the West in World History, 1500-1850”（Boston, McGraw-Hill Higher Education, 2009）より転載したものだが、重ねて描かれているコロンブスのサンタマリア号（排水量は100トン少々と推定されている）を踏みつぶしそうな巨大さである。

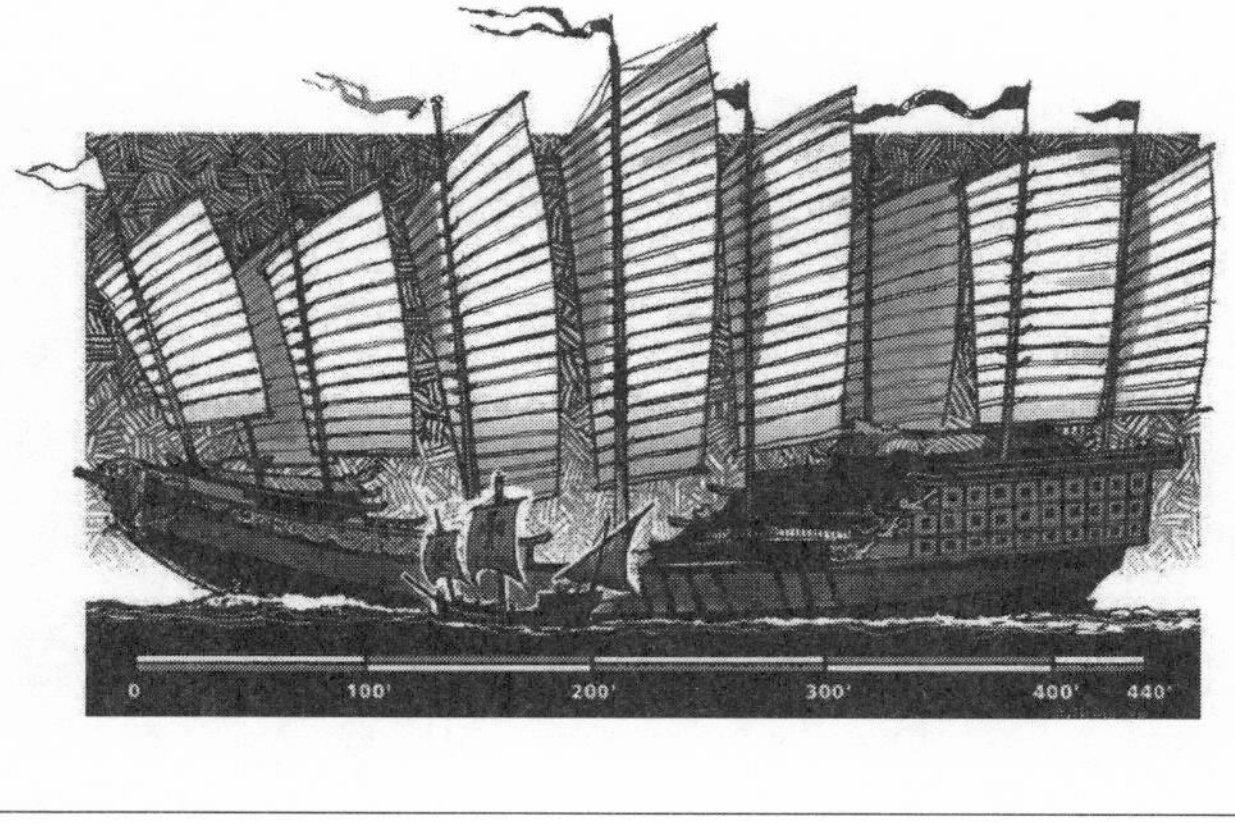

えば応仁の乱に始まる戦国の世のころなのですが、そのときの日本のGDPは、ヨーロッパで最も豊かだったフランスやイタリアには及びませんが、英国とスペインそれにポルトガルの三国合計とほぼ同じという堂々たる地域大国だったことが分かります。私たちは歴史の教科書で、この時期、東南アジア各地に日本人町つまり日本の交易都市があったのだと教えられると、小さな国ニッポンにもそこまで元気な時代があったのかと驚いてしまうことが少なくないのですが、当時の日本の国力からすれば、それは不思議なことではなかったのです。

豊かさの萌芽

では、こうした世界で暮らしていた人々の生活はどうだったでしょう。これについては前掲二〇ページ表の下半分に一人当たりGDPの大きさを書いておきました。一言でまとめれば、西暦一〇〇〇年頃までは、ユーラシア大陸の東と西でも、東西の各々の国の間でも、互いに「大差ない」ということができるでしょう。古い時代に頭一つ分ほど他国の上に出ていたのはイタリアで、この地域は、西暦一年つまりローマ帝国の最盛期には他地域の約二倍という生活水準を謳歌していながらいったん衰退して、人々の暮らしの豊かさという観点からは、この頃には普通の地域になってしまっています。これは不思議なことなのでしょうか。

私は不思議なことではないと思っています。皇帝や国王あるいは領主たちが絶対の権力者だった時代には、農民とか市民と呼ばれる人たちは、常に権力者の横暴を恐れながら暮らさなければいけません。身の程を過ぎた財産を蓄えると権力者たちはそれを奪いに来ます。奪うと言って悪ければ税金あるいは年貢を取り立てに来ます。そんな世界では人々は蓄財とか投資ということに関心を持ちません。今年の収穫が多ければ飲んで食べて歌って、そして子孫を増やすのが合理的な選択になります。では、収穫が少なかったらどうでしょう。耐えるほかありません。もっとも、もし領主たちが賢ければ、税金あるいは年貢を手加減してくれることもあったでしょう。彼らにとって領民が死んだり逃げたりしてしまったら、隣の領主たちとの戦争に勝つことも覚束なくなるからです。それがこの表の西暦一〇〇〇年の欄で、世界中の一人当たりＧＤＰが見事なほどに同水準で並んでいる理由です。

その状況が変わり始めるのは、欧州では中世と言われる時代の中頃からになります。次の時代を眺める準備になりますので、西暦一〇〇〇年から一五〇〇年ぐらいまでの西欧圏の主な国と地域について、各々の事情を簡単にまとめておくことにします。

まずイタリアです。イタリアにはフランスやドイツあるいは英国やスペインなどのように強力な国王や皇帝は存在しませんでした。その背景には強力な世俗政権の出現を喜ばないローマ法王庁の存在も含めていろいろ理由がありそうなのですが、そうなった理由は別として、地中海に突き出たイタリアには商業的な都市国家がひしめき合っていました。それらの代表格のベニスは共和政でしたし、有力な貴族や豪商が政治を握っていたフィレンツェあるいはジェノバなども建前上の政体は共和政でした。そうした事情が、専制的な領主による収奪を恐れることなく、この地の商人たちが蓄財に励むことを可能にする環境を作り出し、それが彼らの中での富の循環と再生産をもたらし、またこの地にルネサンスの運動につながる豊かさを生じさせたのでしょう。

ではフランスはどうだったでしょう。高校時代に習った世界史を覚えている読者は、一四世紀初めに設置された三部会などという身分制議会を思い出すかもしれません。聖職者と貴族そして平民からなるこの議会は絶対王権の成立とともに空洞化していったようですが、それでもフランスの王様たちは、そうそう勝手にはふるまえなかったのです。

英国の王様たちはもっと窮屈でした。国王として数々の失敗を重ねたジョンが封建貴族たちに迫られて一二一五年に署名したマグナ・カルタ（大憲章）が存在し、恣意的な課税が制限されていたからです。これが一五〇〇年までの期間に緩やかながら英国の一人当たりGDPを成長させる制度的基盤になったのだろうと私は思っています。

そしてオランダあるいはネーデルランド地域です。この地域には一〇〇〇年ごろから毛織物業者や商人が集まり始めたようで、彼らが集中していたフランドルやブラバンなどの地域は（今はその大半がベルギーになっています）、神聖ローマ皇帝などから自治権を買い取って自治都市を作っていました。そうしたカネによる解決が可能だったのは、神聖ローマ帝国とフランス王国そして対岸のイギリス王国の間の勢力均衡のおかげで、この地に王や皇帝たちの軍事権力が入り込むのが困難だったからでしょう。

こうしてみると、西欧とアジアの違いがやや分かりやすくなってくるのではないでしょうか。西欧では、アジアにおける皇帝のように広域を支配する絶対権力者が存在しませんでした。そんな環境が、地域や国ごとに市民たちが自分の財産を皇帝や国王たちから守る仕組みを作り出していた背景にあったわけです。西欧的な文脈における市民たちの「財産権」あるいは「所有権」という名の権利は、こうして成立したのだと考えられます。

もっとも、こうした所有権の成立（まだこの時代は「確立」とまでは言えません、本当は「恣意的領主徴税権への対抗力の誕生」とでもいうべきでしょうが、この際「所有権の成立」とさせてください）は、人々に幸福をもたらすばかりではなかったようです。たとえば英国で成立した所有権の本質は、地主貴族たちの王家に対する自衛的な権利であって、そこに住む人たちの権利ではありませんでした。そうした状況で、隣国オランダで毛織物業が発展し始めると、そのオランダに羊毛を輸出するために地主貴族たちは農民を追い出し羊の放牧地にするということを始めたりしています。これが一五世紀末に始まり一六世紀いっぱい続いたと言われている「第一次囲い込み運動」です。このあたりのエピソードからも、英国とオランダの深い関係性に気が付くでしょう。この時期、産業構造的には、オランダが工場で英国が後背地という関係にあり、そして一人当たりGDPの動きもそれを反映していたのです。

しかし、両国の関係は後発の英国が産業と交易の両面で力をつけると変わり始めます。一七世紀も半ばになると、当時の東洋貿易の主導権を握っていたオランダに新興の英国が挑むかたちで両国海軍の衝突が起こりました。きっかけは、オランダ貿易船の排除を狙った英国の「航海条例」だったのですが、これが一六五二年から七四年まで断続的に三度にわたって行われた英蘭戦争です。なお、英国とオランダとの戦争には一八世紀の後半に前世紀の英蘭戦争の延長戦のような戦争があり（これを「第四次英蘭戦争」ということがあります）、この結果、西欧最高とされていた造船技術を背景にオランダが握ってきた東洋貿易の主導権は、完全に英国に移ることになります。

パネル２：羊が人間を喰い殺す

英国での囲い込み運動は2度起こっている。15世紀末に始まる第一次囲い込み運動に対しては、それが生み出す農民の都市流入による治安悪化への心配から、議会は抑止しようとしたようだが、そもそも当時の議会の主たるメンバーたちが囲い込み運動の当事者だったのだから、抑止論は結局のところ農民たちへの公費救済制度に変わってしまった（1601年に「救貧法」なる法律が作られている）。こうした状況を、著書『ユートピア』の中で「羊が人間を喰い殺している」状態だと批判したのが、ヘンリー8世の大法官だったトマス・モアである（モア自身はヘンリー8世の離婚と国教会創設に反対して大法官就任の6年後に処刑されている）。一方、第二次囲い込み運動が起こったのは1800年から20年ごろで、これは中世以来の三圃式農業からノーフォーク農法といわれる大規模輪作式農業への転換が原因だったが、この第二次囲い込み運動に対しては、議会は推進側に回っている。この第二次囲い込み運動は、19世紀における英国の工業化と成長のために必要な都市労働力を生み出す効果があったとされるが、こうした2度にわたる囲い込み運動により、英国では広大な平地に田園が拡がる美しい風景が生まれた一方、マスプロ化した農業は農産物の多様性を失わせ、英国人の食卓は単調になり、少なくとも外国人にとって魅力あるものではなくなってしまった。写真は英国の

田園風景。遠くから眺めている分には自然豊かと感じる風景だが、育てられている作物の多様性という点では、風景的には「雑然」の感すらある日本の農村に比べても豊かとは言いにくい。

ここで後の世界帝国としての「大英帝国」の基礎が形成されたわけです。二〇ページの表を見れば明らかなことですが、オランダは一人当たりのGDPでは英国をはるかに凌いでいたのですが、国全体のGDPつまり「国力」という点では英国よりずっと小国でしかありませんでした。それが英蘭戦争の勝敗を分けた原因です。

付け加えれば、日本が通商相手を中国と朝鮮そしてオランダに限定するという「鎖国」を完成させたのは一六四〇年前後なのですが、その後に起こった英蘭戦争で軍事強国でなくなってしまったオランダを、そうなる前に排他的な対欧貿易相手国に選んでおいたことは正解だったと思います。オランダは、日本の「鎖国」時代を通じて、自国の海軍力ではなく相手国日本の政策のおかげで対日貿易を独占できていることを自覚し、領土的野心のない誠実なパートナーとしての役割を一九世紀まで務め続けてくれたからです。

このぐらいまで歴史をたどってきたところで、そろそろ国民国家というものがどのような文脈で現われてきたか、それを概観しておくことにしましょう。

二　国民国家の形成

一七世紀の全般的危機

私たちは普通に国力とか国富という概念を使います。しかし、これらの概念が、王家あるいは君主の財力と別の意味で使われるようになったのは、それほど古い時期ではありません。この概念を今の私たちとおなじような文脈で最初に使い始めたのは、一七世紀後半の英国に現れ、著書『政治算術』により統計学の祖とされるウィリアム・ペティ（一六二三～八七年）でしょう。その彼が国力とか国富を考えることになった背景には、後に「一七世紀の全般的危機」と呼ばれるようになったヨーロッパ情勢があります。

アメリカとアジアへの航路を発見した西欧世界にとっての一六世紀は繁栄の世紀でしたが、一七世紀になると状況は一変しました。理由はいくつかありますが、最大の理由はこの時期に地球が小氷期ともいうべき寒冷化サイクルに入ったことです。地球が寒冷化すると、北半球では、暮らしにくくなった高緯度地方から、人々や軍隊が南下しようと動き始めます。

中国では漢民族の明から満州民族の清への王朝交代が起こり、ヨーロッパでは後に三十年戦争と呼ばれるようになった宗教戦争（一六一八～四八年）を口実に、デンマーク王クリスチャン四世が南下し、デンマークが去るとスウェーデン王グスタフ・アドルフが侵入してきました。こうした北からの侵入を受けたドイツでは、ペストの大流行もあって、国土は荒廃し人口も減少してしまいます。一方、もともと温暖な気候に恵まれていたフランスは、周辺地域からの流入もあってか大きく人口を増大させ、この時期に西欧の大国としての地位を固めています。

この時代の人口の動きは次ページの「近世の主要国人口推移」と題したグラフを参照してください。このグラフには、その後のヨーロッパを支配することになる仏独英三か国に加えて、参考のために日本の人口動態を書き込み、さらに、アジアの超大国である中国とインドの人口動態も

図表２：近世の主要人口推移（単位千人）

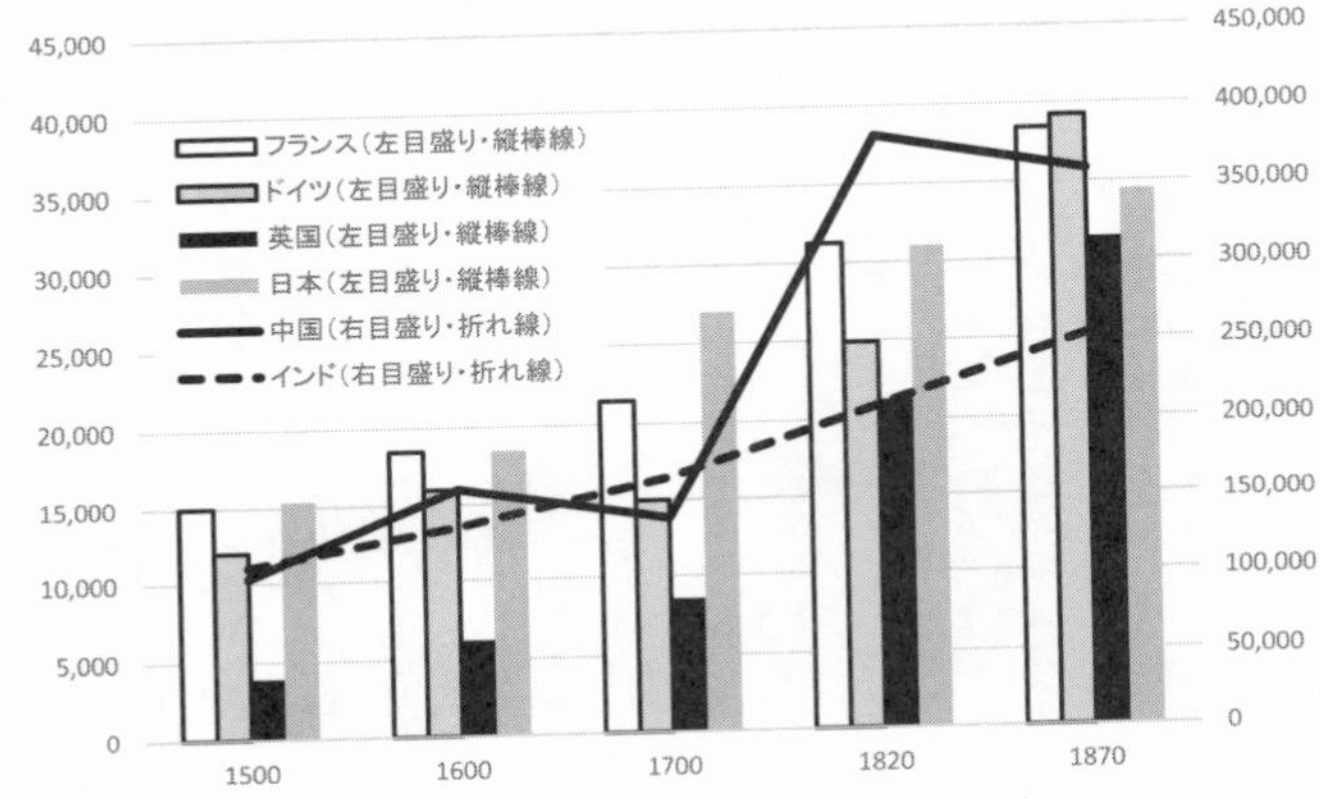

データ出所：https://www.rug.nl/ggdc/historicaldevelopment/maddison/

十倍の目盛りで書き込んでおきました。アジアでは東の中国の人口が減少した一方、南のインドは影響を受けていないことが分かります。そしてヨーロッパでは、フランスの強大化とドイツの衰退が見て取れます。ドイツが一七世紀の衰退を取り戻すのには一九世紀までかかることになるのですが、そのドイツがフランスを追い越した二〇世紀は大戦の世紀になりました。

　そして、この一七世紀は、ヨーロッパから南北アメリカを目指す人たちの顔ぶれが大きく変わった時代でもありました。大航海時代でもあった繁栄の一六世紀に、スペインやポルトガルから米大陸を目指したのは、主として一攫千金を狙う冒険家や奴隷労働による鉱山やプランテーション経営を狙う事業家だったのに対し、この世紀になると寒冷化と宗教戦争に追われて、新天地で自営農民として定着することを目指す人々がやってくるようになったからです。

彼らの最初のグループの一つが、一六二〇年の終わりに現在のボストン近郊に来た英国の清教徒系移民いわゆるピルグリムファーザーズでした。彼らは、彼らを迎え入れてくれた先住民グループのリーダーだったマサソイトらに助けられ翌春の播種期を迎えることができたのですが、そうした彼らが先住民たちとともに、秋の収穫を感謝して行った食事会が米国における「感謝祭」の起源です。マサソイトの名はマサチューセッツという州名の由来になっているほどなのですが、そうした入植者たちと先住民たちの共存は、入植者たちが増加すると危ういものになります。マサソイト死後の一六七五年から翌年にかけて、先住民たちと入植者たちとの武力衝突が発生しました。この武力衝突は、米国では「フィリップ王戦争」と呼ばれていますが、ここでのフィリップ王とはマサソイトの息子のメタコメットに入植者たちが付けた綽名ですから、当時の「日の沈まぬ帝国」だったスペイン王代々の名乗りである「フェリペ」とは関係ありません。呼び方はともかく、武力衝突の結果としてマサチューセッツは完全に入植者たちのものになりました。先住民にとっては親切が仇になって返って来たわけです。

ところで、この時代、寒くなったヨーロッパからは他にもさまざまなグループがやって来ます。今のニューヨーク地域にはオランダ人の一団が入り込み、そこにニューアムステルダムという植民都市を作ります。それが英国のものになるのは第二次英蘭戦争（一六六五～六七年）によるもので、このときニューアムステルダムはニューヨークへと名を変えることになりました。

また、英国からは別の一団もやって来ました。北米の中でも温暖な地域を確保したのは、本国から逃れた人々ではなく、もっと早く王室から支援されてやってきた人々の流れをくむグループで、彼らの支配地域の名が「バージニア」でした。これは当時の女王エリザベスが「バージンクイーン（結婚していない女王）」と綽名されていたことに因んだのだという、考えようでは女王陛下にやや失礼な説があります（バージニアの語源については異説もあります）。

しかし、北米で最も広大な地域を確保したのは、寒冷化の世紀を比較的軽いダメージで乗り切り欧州の最強国となったフランスで、彼らの支配地域は北のハドソン湾沿岸地域から南のメキシコ湾に注ぐ大河ミシシッピの流域にまで広がっていました。ただ、そのフランスの北米における活動は英国のものとは違っていました。英国からの渡来者たちは、北部の独立自営農民と南部のプランテーション経営者という違いはあっても、新天地に定住するためにやってくる人が主体だったようですが、フランス人たちは、彼らの本国での暮らしやすさもあってか、先住民たちとの交易を目的にした一時居住者たちが多かったようです。そのフランス人たちがミシシッピ流域地方に付けた名称が、太陽王ルイ十四世に由来する「ルイジアナ」です。

話は変わりますが、この時代、日本も地球寒冷化の影響を手ひどく受けています。海に囲まれた日本は北方からの侵入こそなかったのですが、もともと熱帯性の植物であるコメに頼っていた日本では、凶作と飢饉が相次ぎました。ただし、そうした悪条件にもかかわらず、この時代の日本の人口は、徳川幕藩体制の強い内治能力もあって大きく増加しています。日本の人口が停滞期に入るのは晩婚化と少子化が進行した一八世紀以降ですが、そうした晩婚化と少子化の背景には、幕藩体制の安定で平和が続くなか、武士だけでなく庶民つまり農民や商人の間にも「イエ」の安定した継承に対する関心が高まり、家族としての暮らしを大事にする志向が高まったことがあっ

パネル3：凍り付いたテームズ川

絵は、アブラハム・ホンディウスという画家が1677年に描いたテームズ川全面凍結の風景。ホンディウスはオランダ生まれでロンドンに移住してイングランドの田園風景などを暖かく描いた画家なのだが、冬のテームズ川を描いたこの絵で、この時期の地球寒冷化を証言する画家としても知られるようになった。地球寒冷化は17世紀半ばに峠を越すが、世紀後半に至ってもロンドンはこのありさまである。この絵をみていると、そこに描かれた17世紀の凍えるブリテン島から不退転の覚悟の人たちが米大陸を目指したのももっともだし、そうした時代に生きたペティの著作に「国の強大さ」つまり今でいうＧＤＰをいかに増大させるかという問題意識が現れる理由も分かってくる。ペティの出自は貴族ではないが、医学と数学を学んだ知見を評価されて出世を重ね、彼の女系の曾孫で首相にもなったシェルバーン伯爵は、先祖にあやかって「ウィリアム・ペティ」を名乗っている。ペティが生きた時代の英国の支配層たちは、寒冷化の危機に見舞われただけでなく清教徒革命そして名誉革命と続く政治的混乱にもつまずいた自国を、欧州大陸の中で独り強大化したフランスからいかに守るかを思っていただろうから、そこに答を出そうとしたペティが重用されたのも当然なのだろう。

たようです。そもそも鎖国という体制は食料の自給体制でもありますから、鎖国という体制を安定させるためには人口の安定を必要としたのです。日本の一八世紀は、人口こそ停滞していましたが一人当たりGDPは増加しています。徳川幕藩体制の成立により軽武装国家に衣替えしたこの時代の日本における一人当たりGDPの増加は生活水準の向上を意味することになりますが、それは支配階級から庶民に至るまでの識字率の向上につながったようです。

日本の江戸時代後期における庶民の識字率は、同時代の他の国や地域を大きく上回っていますが、そうした庶民層における知的な蓄積が明治以降の日本の成功に寄与した面があったことは、私たち日本人が今後を考えるうえでも見落とさない方がよいと私は思っています。

国家への関心と無関心

時代が一八世紀になると、西欧世界は英仏の覇権争いに振り回されるようになりました。両国の覇権争いは、一七五六年に始まる「七年戦争」で一応の決着を見るわけですが、この戦争はヨーロッパ大陸では「オーストリア継承戦争」と「スペイン継承戦争」の延長戦として争われ、北米では最終的にフランス勢力が駆逐されることになる「フレンチ・アンド・インディアン戦争」となりました。またインド亜大陸では一七四四年から続く「カーナティック戦争」の最終段階となってインドにおける英国の支配が確立するという結末を迎えます。欧州大陸での覇権争いとしてみれば両国は引き分けに近いのですが、欧州以外での支配地争奪戦では英国の圧勝といえるでしょう。その理由、とりわけ北米での覇権争いで英国が勝てた理由は、英国の北米植民地は、貧しく寒い島国から逃げ出して新天地に賭けた農民入植者に担われていたのに対して、フランス系植民地は、外地を交易あるいは収奪の対象としてしか見ず、本音では豊かな本国の食卓に帰りたがっていた人たちが担っていたことが多かったからという面がありそうです。

ところで、この時代は、国民との関係性から国家のあり方を考えるというタイプの政治思想が勢いを得た時代でもあります。もっとも、そうした考え方自体は前世紀から始まっていました。先駆けは英国のトーマス・ホッブズ（一五八八～一六七九年）です。彼の新しいところは、国王が君主として国家を統治する理由として、「万人の万人に対する闘争」を避けるために人々から自然権を譲渡されたのだとする社会契約説を基礎とした議論を展開したことで、同じ時期のフランス王室が王権神授説により王権を絶対的なものとしていたのと対照的だったわけです。この辺り、王家と地主貴族たちが「契約書」にサインするというマグナ・カルタの伝統がある英国ならではの発想という面もありますが、そこまで踏み込んでしまった英国知識人たちには、もはや王権を絶対的なものとする理由がなくなります。

そして、これは案の定と言うべきでしょうか、ホッブズよりやや遅れて現れたジョン・ロック（一六三二～一七〇四年）は、社会契約説を王権の制限と議会制民主主義の根拠にしてしまいます。このロックの思想こそが、一八世紀英国の知識層における国家観、たとえば自由主義経済学の祖とされるアダム・スミス（一七二三～九〇年）の国家観の根底にもあるのでしょう。また、王権神授説の本家ともいえるフランスでも、ジャン・ジャック・ルソー（一七一二～七八年）が、自由と平等の自然状態への回帰を目指した人民主権論を展開します。

この時代のもう一つの特色は、彼らの説を取り込んだ君主たち、いわゆる啓蒙専制君主たちが出現したことです。オーストリアのマリア・テレジア大公妃（在位一七四〇〜八〇年）、プロイセンのフリードリヒ二世（在位一七四〇〜八六年）、ロシアのエカチェリーナ二世（在位一七六二〜九六年）などの面々です。ただ、そうした君主たちを生んだのは、いわゆる「周辺国」で、当時のヨーロッパの「中心国」だった英仏両国では啓蒙専制君主は現れませんでした。一七世紀の清教徒革命と名誉革命を経て絶対王政がすでに過去のものとなっていた英国は当然だとしても、フランスにそれが現れなかったのは、一七世紀の成功の上にあぐらをかいていたかのようなルイ王朝の危機意識の乏しさもあったはずです。それが、この世紀末に起こったフランス革命の伏線になることはご存知の通りです。

もっとも、こうした開明的ともいえる国家論は、国を背負うという気分を共有していたエリートたちの政談のレベルにとどまり、気分は開明派のエリートたちが、自分たちの地位が危うくなりそうになると手のひらを平気で返すというのは今も昔も変わりません。絶対王政の本家であるフランスに革命政権が誕生すると、あれほど開明者であることを自ら任じていた啓蒙専制君主やその後継者たちは、今度は革命政権を打倒しようと画策を始めます。

それはさておき、この時代を映す鏡として面白いと思うのは、「文学史に残る大傑作」とも「天下の奇書」とも評される長編小説『トリストラム・シャンディ』を一七六〇年代に著した英国のローレンス・スターンに、『センチメンタル・ジャーニー』と題する旅行記風の作品があることです。この作品、スターンが一七六二年と六五年の二度にわたり、本人いうところの「風雅

パネル4：ケベック州のナンバープレート

北米大陸での支配地域争奪戦は、農民として定住することを決意している英国系住民を支援する英国軍と、先住民との交易の利益に主要な関心をおくフランス軍との戦いだったので、両軍の「根性の据わり方」という面からみれば、英国は勝つべくして勝ったという面もある。とはいえ、戦争であるからには物語も生まれる。ケベック州の自動車のナンバープレートには「私は忘れない」を意味する“Je me souviens”という語句が書かれているが、意味するところは「自分たちがフランス人であったことを忘れない」ということらしい。この言葉、ケベック州の議事堂に刻まれている「私は忘れない、ユリの元に生まれ、バラの元に育ったことを（ユリはフランスの象徴、バラは英国の象徴である）」という詩に因むとされているが、英国の勝利を決めることになった「エイブラハム平原の戦い」で最後の銃声が途絶えたとき、戦場に深い霧が立ち込め、その霧の中でこの言葉が聞こえたという伝説もある。伝説の真偽はともかく、英連邦加盟国の中にありながら、かつてフランスであった歴史をナンバープレートに刻むというケベック州の頑固さと、それを許容する多民族国家カナダの寛容な姿勢は、自由の女神の礎石に「戻る祖国なく、動乱に弄ばれた人々を、私のもとに送りたまえ」と刻んでいる米国に比べても移民や難民に対して暖かいように思える。下はエイブラハム平原の戦いを描いた『ウルフ将軍の死』。この戦いでは英仏両軍とも司令官が戦死している。

な旅行者」としてフランスをうろつき回ったときの見聞をもとに、舞台設定を「七年戦争」さなかのフランスに整理しなおして書かれたものですが、その時期に英国の一牧師たる主人公（作品では名前を変えていますが明らかにスターン本人です）が敵国に当たるフランス国内を大した目的もなく遊び回るというのですから、そこからしても、この時代の戦争というものが現代とはずいぶん違うものだったことが分かります。スターンは、作品中に「ロンドンを出発するときわたしはとても急き込んでいたので、われわれの祖国が今フランスと戦争最中だということがつい頭にピンと来なかった」（松村達雄訳・一九五二年・岩波文庫）などとも書いています。当時のスターンは、すでに『トリストラム・シャンディ』のヒットで名声を博していた人物でしたから、若干の誇張や格好つけもあるかもしれませんが、こうした話が受け入れられ広く読まれていたということからも、当時の政治家でも軍人でもない人々にとって、戦争などは国王の私的な軍隊同士が勝手に張り合う「ヤクザの出入り」みたいなもので、それで国王が法外な税金でも課してこない限り、まあどうでもよい他人事という面は確かにあったのだと思います。

国民国家の時代へ

国家の領域内に住む人々を国王や領主の私財であるかのように支配の対象とするのでなく、領域内に住む人々こそ国家の本質であるとするのが「国民国家」という概念です。さかのぼれば、市民権を領域内に住む民全部に開放し、国家そのものに参加させようとするイデオロギーのようなものは古代ローマ帝国には存在していたようですが、それはローマ市民権を求めて帝国内に移住しようとする「蛮族」たちの流入によって帝国の形そのものが変化し維持可能でなくなってしまいました。それ以降の西欧では、国家とは王家と同義のものとなり、国家と国家が戦争をしていても、それは要するに王家と王家との間の争いであって、宗教や信仰の問題などが絡まない限り、そこに住む民は無関心という時代になったわけです。

それを変えたのは、一八世紀末のアメリカ合衆国の独立とフランス革命という二つの事件でしょう。この二つの事件は同時に王権の全否定というイデオロギーを含みましたから、それで私たちは「国民国家＝民主主義統治」と思いがちなのですが、私は少し違うと考えています。国民国家とは、それが支配する域内の民たちを国家の本質としてとらえ、民があまねく「参加」することを原則とする国家の構造原理です。ですから、国王や皇帝あるいは独裁者が統治する国民国家もある一方で、ローマ帝国以前の地中海世界における都市国家群は、市民権保有者による多数決で国家的な意思決定が行われていたという意味で民主主義国家ではあったと言えるでしょうが、現代の国民国家とは異質の存在だったのだろうと思っています。

もっとも、国民国家という国のかたちが、そうすんなり成立したわけではありませんでした。一七七六年に「いかなる政府といえどもその目的を踏みにじるときには、政府を改廃して新たな政府を設立し、人民の安全と幸福を実現するのにもっともふさわしい原理にもとづいて政府の依って立つ基盤を作り直し、またもっともふさわしい形に権力のありかを作り変えるのは、人民の権利である」（大下尚一他編『史料が語るアメリカ』一九八九年・有斐閣）と謳って独立を宣言した米国は、一回の独立戦争で支配者である英国との関係を遮断することができたわけですが、フランスが君主政を完全に清算するには百年近い時間が必要でした。

一七八九年のフランス革命で誕生した共和政は一八〇四年のナポレオン・ボナパルトの皇帝即位で終わり、そのナポレオンが退場した一八一五年にはルイ家の王政が復活します。この第二王政は一八三〇年の七月革命で打倒されますが、王政自体はオルレアン公ルイ・フィリップに継承され、フランスにおける王政が過去のものになるのは一八四八年の二月革命までかかりました。ところが、それで始まった第二共和政も、ナポレオン・ボナパルトの甥のルイ・ナポレオンが一八五二年に大統領から皇帝に変じるという曲芸を演じたことで終わり、そのルイ・ナポレオンが帝位を去るのには一八七〇年にプロイセンとの戦争で捕虜になるという大失態を演じる必要があったという目まぐるしさです。

とはいえ、独立戦争によりすっきりと「国王の家」ではなく「国民の家」になることに成功した米国はもちろん、政治的には共和政と王政あるいは帝政との間を行ったり来たりしていたフランスでも、そこに住む人たちの気持ちは以前とは別のものでした。反動王政を展開したとして後世の評判最悪のルイ十八世時代も政体は立憲君主制ということになっていますし、ルイ王政を継承したオルレアン公ルイ・フィリップは自らを「フランスの王（roi de France）」ではなく「フランス人の王（roi des Français）」と名乗っているぐらいですから、もはや国家の主人は国王ではなく国民そのものになっていたと言えるでしょう。

もっとも、誰が国家の主人かについての認識は、当時と現代とでは異なります。米国の『独立宣言』は、先住民とアフリカから連れてこられた黒人を市民と認めるものではありませんでした。

また、フランス革命における全十七条からなる『人権宣言（人間と市民の権利宣言）』が女性を国家の主体として認めていなかったことに対し、女性の権利を主張して同じく全十七条の『女権宣言（女性および女性市民の権利宣言）』を掲げたオランプ・ド・グージュという女性がいたことなども、もっと認識されてよい歴史だと思います。彼女の『女権宣言』の第一〇条には、「女性は、処刑台にのぼる権利がある（la femme a le droit de monter sur l'échafaud）」とあります。死刑にされることを「権利（le droit）」と言っているところに、この女性の強さと痛ましさのようなものを感じます。

しかし、現実の政治において今の私たちと最も大きく異なるのは、戦争あるいは兵役に対する感覚だったように思います。この時代、国家の内に住む人々は、兵として他国との戦争に参加するからこそ自分が国家の一員であるという意識を持つようになり、その理由であり結果でもあるものとして国家という構造に自分が参加するのだと考えるようになったからです。兵役は義務でなく権利だった面もあるのです。国家が国王の領地支配権とりわけ徴税権であるに過ぎなかった時代には、国家同士が戦争をしていても、敵国であるフランスの領内をのんびりと旅行するスターン描く庶民の姿は不自然なものではなかったわけですが、国民国家という熱狂に染まった一九世紀以降の西欧型世界ではあり得ないものになります。

なお、国家における兵役の位置付けについては、現代にいたるまで多くの変化形があります。国民国家が形成された一九世紀は戦争の技術が大きく変化した世紀でもありましたから、そこでは自身が国家の主体であるという気分で団結した軍隊つまり国民軍が、国王の家族や家臣あるいはカネで雇われた戦争技術者たちの軍隊を圧倒したわけですが、その状況は二〇世紀の最後の時期に変わります。戦争が兵士の肉体によってではなく、そこに用いられる機械の質と量によって決着が付く時代になると、戦争がビジネス感覚で開始されるようになる一方で、国家の主体である国民の国家に対する意識も、現代の株式会社の株主が企業に対して持つ意識に近いものになります。簡単に言えば、経済的関係を基本とするものへと変質してしまうのです。

そうした変質に対して、徴兵制を維持することで国民の国家に対する参加意識を醸成し、国民国家のかたちを保とうと考える国もあるようです。国民皆兵の重武装による永世中立を掲げるスイスは特別としても、たとえばフランスのような国においても徴兵制の復活論があり、また北欧のスウェーデンやノルウェーなど徴兵制を維持している国もあります。これらの国々に対しては、国民皆兵の国が好戦的な国とは限らない、むしろ兵役という苦痛を伴う義務があるからこそ国民国家の意思決定は慎重になると評価する分析もあるわけですが（たとえば、三浦瑠麗『21世紀の戦争と平和』二〇一九年・新潮社）、私はそうした考えに意味があると思う一方で、それを現代の国家のあり方とすべきという議論には距離感を覚えます。戦争の世紀だった二〇世紀を振り返れば、二度の大戦の悲劇は兵役という苦痛と戦争で得られる利益との比較衡量を経て始まったのではなく、国民が自身を国家と同一視する肥大化した意識としての愛国心の応酬で開始され、それが際限なく拡大した結果であることを思うからです。

パネル5：フランス革命における2人のヒロイン

ヒロインと言っても1人目は実在の人物ではなく、ドラクロワ描く「民衆を導く自由の女神」（左）である。この絵を使うのは、あまりにも知られ過ぎた絵であるだけに躊躇するところがあるし、さらに女神の右隣にシルクハットをかぶった自身らしき姿を描き込んだ画家の自己顕示欲には辟易とするところもあるが、やはりこの絵以上に19世紀フランスの国民国家形成のエネルギーを伝える作品は思いつかない。描かれた舞台は1830年の七月革命だが、これで国王になることに成功したルイ・フィリップは、1832年に王政に反対してパリで蜂起した共和派を武力鎮圧した。1862年に刊行されたビクトル・ユーゴーの『レ・ミゼラブル』には、コゼットに思いを寄せつつこの蜂起に身を投じて負傷した青年マリユスを、心に葛藤を抱えながら救い出すジャン・バルジャンの姿がある。そして2人目のヒロインがオランプ・ド・グージュ（右）。彼女は、ルイ16世の処刑に反対するなど思想的には穏健派だったようだが、そのこともあってか「女性は、処刑台にのぼる権利がある」と書いた『女権宣言』から2年後の1793年、反革命分子という理由を付けられて処刑された。

日本という国について

日本地図を拡げてください。すると、日本が領有するとしている海域が東南の方角に大きく拡がっていることに気が付くでしょう。それは、明治の日本が、武力ではかなわない欧米列強に対抗する手段としての国際法(国際慣習法)の有用性に気付き、この海域の島々に対して国際法に基づく「領有」の手続きをしたことによるものです。それがなかったら、この海域の大きな部分は、一九世紀の日本に艦隊を派遣した米国のものになっていたかもしれませんし、あるいは別の西欧諸国のものになっていたかもしれません。

ところで、明治の日本は、日本海における竹島や東シナ海における尖閣諸島についても国際法上の領有とするための手は打っているのですが、それらは韓国や中国が納得するものにはなっていないようです。これも当たり前でしょう。あの当時、病める東洋の大国だった清にとっての国際法は侵略者が押し付けてきた忌むべき法だったはずでしたし、また鎖国を続けていた李氏朝鮮にとっても汚らわしい異国の法の一部だったことは間違いありません。そう想像すれば、これらの島々についての日中韓の議論がすれ違うのも当然のようなところがあります。ちなみに、中国での国際法翻訳は一八五六年のアロー戦争後の戦後処理を進めるために欧米側が行って清に示したのですが、日本では幕府の開成所が自身の事業として一八六六年に行っています。それが、あの坂本龍馬が愛用したとされる『万国公法』です。

中世までの日本では、全盛期の唐や元のような超覇権国家が東アジアに君臨していた時代を除けば、大陸との空間を隔てる海のおかげで、国防が国家の中心原理となることはありませんでした。時代が一六世紀の大航海時代になると、日本を囲む海は越えられない隔壁ではなくなったわけですが、そうした中で江戸幕府が採用した「鎖国」という名の管理貿易政策は、東アジア海域に進出し始めた西欧国家の相互牽制を利用した軽量国家政策として、日本の国力を涵養するという役割を果たしたといえます。その日本が「開国」したのは、米国のマシュー・ペリーが浦賀にやってきた一八五三年の翌五四年ですが、このペリーという男が、たとえば一七九二年にロシアから派遣されてきたラクスマンのように「物分かりの良い」人物だったらどうだっただろう、もし彼が物わかり良く引き下がっていたら日本はどうなっただろうなどと想像すると、このタイミングでペリーという乱暴な男に恫喝され、やむなく対外政策を転換した日本の運の良さのようなものを感じるところがあります。

ペリーの浦賀来航から八年後の一八六一年、米国は南北戦争で太平洋の向こう側に手を出すゆとりをしばらく失い、そうなると日本が意識せざるを得なくなった「西欧」は、中国における権益の延長として日本に関心を示し始めた英国とそのライバルのフランス、そして暖かい海にあこがれるロシアぐらいで済むことになります。しかも、この英仏両大国、本拠地である欧州では、一八六六年の普墺戦争と一八七〇年の普仏戦争で台頭した新興の陸軍国プロイセン=ドイツに足元を揺さぶられている最中でしたから、その隙間のようなタイミングで国家デザインの変更に踏み切った日本は運が良い面があったのです。

ペリー来航に始まる動乱の時代のあとに成立した明治政権は、建前としては天皇をいただく君主政でしたが、そこに組み込まれた人々の意識は、自身を国家の本質の一部として位置付けるという意味で国民国家のそれだったと言えます。日露戦争を描いた司馬遼太郎の『坂の上の雲』には、国家の一員としての地位を与えられ、その資格で国家に参加することができるようになった庶民たちを描くエピソードがいくつか挿入されていて興味深いものがあります。司馬が描く兵士たちのほとんどは、貧しい農民の出身者で、したがって参政権などとは縁遠い庶民だったはずですが、その意識においては、間違いなく国家の参加者だったのでしょう。国家が、支配者である徳川氏のイエの延長ではなく、神であるところの天皇と一体のものであり、その「天皇の赤子」である自分も国家の本質（の一つ）になれたのだ、ということから生み出された感動と熱狂が明治という時代精神の核心だったといえると思います。

もっとも、国民国家としての日本における天皇をどう位置付けるかは、立憲君主制下の西欧の王や皇帝は「臣民に推戴された君主」であるという構成を取っていることが多いだけに、法理論的あるいは憲法学的には悩みもあったようです。そこで生じたのは、「天皇主権説」と「天皇機関説」の対立でした。

簡単に言えば、天皇を王権神授説下の国王のように絶対視するのが天皇主権説で、統治権は国家という仕組みそのものにあり天皇はその「最高機関」として権限を行使する存在だと位置付けるのが「天皇機関説」です。法理論としての当否は別に、その流れをみると初期には主権説が優勢だったようですが、やがて日本の国家機構が整備されると天皇機関説が主流になったように思われます。しかし、昭和になって軍部が政治を支配するようになると、帝国議会貴族院では天皇機関説が公然と排撃されるようになり、機関説主唱者であり貴族院の勅選議員ともなっていた美

パネル6：朝日か西日か

江戸時代の国学者本居宣長に「敷島の大和心を人問はば／朝日に匂ふ山桜花」という歌がある。この後半部分を「西日に匂ふ雪隠の窓」と言い替えてみせたのは、幸徳秋水らとともに平民新聞で日露非戦論を展開した堺利彦である。幸徳は1911年に大逆事件の首謀者として刑死するが、堺は1908年の事件（通称「赤旗事件」）で服役中だったので追及を免れている。名文家としても知られた幸徳は、1901年に衆議院議員を辞して足尾銅山鉱毒の害を天皇に直訴しようとする田中正造のために直訴文を書き下ろしているが、「草莽ノ微臣田中正造誠恐誠惶頓首頓首謹テ奏ス」に始まる文章を読むと、いかに他者のための筆とはいえ天皇暗殺を企てる者の文章とは思えないし、そもそも中江兆民から与えられたという「秋水」という号からして朝日的で西日的ではない。高揚した自意識と裏腹に取り残された庶民の生活感を西日と雪隠に喩えた堺の替え歌は一種の自虐で、社会主義者幸徳をも含めて大方の明治日本人の心は、敷島の大和や朝日あるいは桜花などの自己イメージに支配され続けていたのだろう。写真は戦艦「朝日」（1900年竣工）と、煙草の「朝日」（1904年発売）。「敷島に朝日かよ、海軍は軍艦に煙草の名ばかり付けやがって」という駄洒落もやはり自虐の一種だろう。

濃部達吉が、不敬罪の疑いにより取り調べを受けて貴族院議員を辞し、さらに著書三冊が発禁処分にされるという事件、いわゆる「天皇機関説事件」が起こります。第二次大戦中に東條英機内閣に対する倒閣運動を主導し終戦工作にも貢献したとされる岡田啓介は、事件当時の内閣総理大臣だったわけですが、この事件について「統治権が天皇に存せずして天皇は之を行使する為の機関なりと為すがごときは、これ全く万邦無比なる我が国体の本義を愆《あやま》るものなり」という声明を出しています。リベラルのイメージが強い岡田ですらこれですから、この時代の空気というのはそんなものだったのでしょう。

ただ、そうした時代でも、昭和天皇裕仁は機関説的な意識を堅持していたようで、日中戦争から日米開戦に至るまでの数々の大事に当たっても、その「心情」を側近たちに漏らすことはあっても、主権者としての権限を行使して事態を変えようとしたことはありませんでした。その天皇裕仁が「機関説の天皇」であることをやめて「主権説の天皇」として最初で最後となる行動をしたのが、主権説どころか機関説の天皇であることまでもやめることにつながる一九四五年八月一五日のポツダム宣言受諾だったわけです。

三　株式会社の起こり

有限責任という発明

私たちは「企業」と聞いて何を連想するでしょうか。おそらく「トヨタ」とか「武田薬品」などの「株式会社」でしょう。日本には、百五十万を超える法人企業があると言われていますが、そのほとんどはこの形態をとった企業組織です。日本の株式会社という仕組みは明治期に西欧の制度をモデルに作り上げられたものですが、その西欧圏で株式会社という存在が一般化したのは実は同じ一九世紀のことでした。株式会社という仕組み自体が考案されたのは一七世紀のことだったのですが、それが普通の営利会社の組織形態として普遍化されるのには二百年もの時間がかかったわけです。なぜそんなに時間がかかったのかは、西欧世界に「会社」というものが、どう生まれて根付いてきたのかを振り返ると分かりやすくなります。

人が集まって事業をするときの組織を会社といいます。会社的な仕組みによる事業運営は近代に入る前から多くの国や地域でも行われていましたが、そうした組織の中で現代に続く会社制度の最初のモデルになったのは中世ベニスの東地中海貿易会社です。当時を舞台にした名作といえばシェイクスピアの『ベニスの商人』ですが、残念なことに、シェイクスピアの東地中海貿易に関する理解は、事実とやや違っていたようです。『ベニスの商人』は、侠気ある商人アントーニオが、自分が所有する貿易船が帰って来なくなって、友人バサーニオのために用立てた資金を返せず危機に陥ったところを、バサーニオの婚約者ポーシャの気転で救われるという進行になっていますが、当時のベニスの商人たちは、そんな危ないことはしていませんでした。彼らはグループを作って貿易船を仕立て、船が富を満載して帰ってくれば出資額に応じて利益を分配し、船が帰って来なかったり当てが外れて積み荷が安くしか売れなかったりしたときは損失を分担する、というようなことをしていたのです。

地中海は太平洋や大西洋に比べれば小さく穏やかな海ですが、それでも彼らが使っていた船では嵐に遭って難破することは珍しくありませんでした。しかもベニスが得意とした東地中海貿易にはイスラム教徒の脅威が付きものでした。いや、同じキリスト教仲間ともジェノバのようなライバルとの揉め事が絶えず、さらに運が悪いとイスラム教徒と交易するのがけしからんという理由でローマ法王の海軍に攻撃されることすらあるというような具合ですから、グループを作ってリスクを分散する必要があったのです。つまり、シェイクスピアが描いたような一人の商人が航海の全リスクを引き受けるというような状況は、よほど仲間内から嫌われていた商人についてでなければ生じなかったはずなのです。ただ、それはともかく、ベニスの貿易会社は、貿易船を新たに仕立てるときに、利益を分け合いリスクを分散するのが目的で設立され、貿易船が戻ってくると清算されるのが原則でした。彼らは、会社の資産に対する権利を持つと同時に、会社の負債に関する義務を負っていたわけです。

こう説明すれば、ベニスの貿易会社の出資者と現在の株式会社の株主たちとの違いは明らかでしょう。当時の出資者たちは「有限責任」ではなかったのです。

ちなみに、有限責任とは、出資した会社があげた利益は出資者である株主のものとするが、会社が失敗して従業員や取引先あるいは金融機関などに払うべきものが払えなくなっても株主は責任を負わないという意味ですから、そんな一方的な仕組みなどあり得ないと思えるかもしれません。でも、それを堂々と制度化しているのが現在の株式会社制度です。なぜそんなことが不公正とされずに制度化できたのでしょうか。それのどこが良いのでしょうか。

それが制度化できた理由、不公正な制度でないと言える理由は、会社が債務を払えないときにも株主は責任を負ってくれないということが分かっていれば、そのときに株主以外の金融機関などが負担すると予想される損失相当額は、会社との契約関係に入る前に割増金利（経済学では、こういう趣旨の割増金利を「リスクプレミアム」といいます）などのかたちで支払われているはずだから、有限責任は不公正でないというような答になります。この論理は、ファイナンスと呼ばれる分野で「モジリアーニ＝ミラーの命題」などという名がついていて、これ自体はきちんと証明ができます。もっとも、そこで情報の非対称性などというような議論を始めると、じつはなかなかややこしいところもあるのですが、この本でそこに深入りする余裕はないので、単に不公正とは言い切れないとだけしておくことにします。

では次の質問です。有限責任にするとどこが良いのでしょうか。こちらへの答は、出資者を有限責任としておいた方が、出資者たちは持ち分の自由譲渡が可能になり好都合だからだ、ということになります。少しややこしいのですが、大事なことなので説明させてください。

貴方がお金持ちの友人と折半で資金を出し合い会社を作ったとしましょう。ところで、この会社は有限責任ではなかったとします。現在の日本でも、有限責任でない会社はあります。詳しい説明は省略しますが、日本では合名会社、英語ではパートナーシップなどといわれる組織形態がそれです。ですから、貴方と友人との会社は、この合名会社だったとでも考えておいてください。この形態なら、会社は有限責任でないので、会社が失敗したら貴方は会社に代わって借金その他を払わなければなりませんが、その負担は持ち分比例つまり友人と半々ですみます。

ところで、その友人、今流行りのベンチャービジネスに興味を示し始めた他の人、たとえば彼が卒業した大学の先生なんかに彼の持ち分を譲渡したいと言い出したらどうでしょう。貴方は困惑するのではないでしょうか。なぜなら、私も含めてですが、普通の大学教授はお金持ちではありません。ですから、もしこの会社が大きな損失を抱えて倒産したとき、債権者たちは貧乏な大学教授さんにいくらせっついても無いものは無いと言われるだけなので、最後は貴方に借金の全額を払え、そう言いだすはずなのです。

もう何が問題かお分かりでしょう。有限責任でない会社の場合、貴方は、貴方のパートナーが自分の出資持分を他の人に譲渡したいと言い出したら、いったい誰に持分を譲渡しようとしているのか相談してもらわなければ困る、そう言いたくなるはずです。いや、相談してもらわなければ困るというのは、貴方たちの会社にカネを貸している金融機関も同じです。彼らも会社に何かあったときには、貴方と貴方の友人に貸したカネを返してもらおうと考えているはずですから、会社の持分権者の財産的な力に無関心ではいられません。そんなこんなで、有限責任でない会社では、持ち分の自由譲渡を認めることは難しくなってしまうのです。

そこで意味を持つのが株主の有限責任です。株主の責任をすでに払い込んだ出資金の額に限定すれば、株主が誰であるかということと会社が信用できるかどうかということとを切り離すことができます。大金持ちが株主である会社でもそうでない会社でも同じ土俵で勝負できて、出資者は持ち分を自由譲渡できることになるわけです。

有限責任の事業体という仕組みが、いつどこで始まったかは、はっきりしていません。初期のころの会社は、どんな約束事で設立されたのか、良く分からない面もあるからです。そんななかで、明確に有限責任という仕組みを取り入れた株式会社だと分類できるのは、一六〇二年にオランダで設立された東インド会社です。オランダの東インド会社は、国により独占が保証された喜望峰回りの東洋貿易を行う会社で、社名にある「東インド」とは、一四九二年にアメリカ周辺海域まで航海したコロンブスが自分の到達したのはインドだと主張したことで、本家のインドの方を「東インド」と区別して呼んでいたことによるものです。

社名はともかく、喜望峰回りでインド洋海域まで出かけていくのは一大事業なので、これではベニスの東地中海貿易会社のように船を仕立てるときに設立して、帰って来たら清算というわけにはいきません。ベニスの貿易会社は、俊足で小回りが利き戦時には軍用になるガレー船と呼ばれる手漕ぎ帆走併用船を、大きな戦争などがなさそうな時を見計らって共和国政府から借り受けて貿易に使うのが基本でしたが、東洋貿易ともなると外洋遠距離航海に耐える大型の専用帆船を自前で保有する必要が出て来ます。オランダの東インド会社は、多数の大型船を所有して二十一年間にわたる何回もの航海を一つの事業とみなすことで設立されました。これが二十年を超える長い特許が与えられた背景なのですが（この特許期間は更新を繰り返し後に事実上無制限になりました）、そうなると東インド会社の株主たちは、自分の出資金を取り戻したくなった時には、いつあるか分からない会社の清算を待つのではなく、自分の出資持ち分を他の人に売って現金化するほかありません。そのためには、会社の財務状況がどうなっているのか定期的に計算してもらう

パネル7：特許会社たちのその後

この時期のオランダや英国それにフランスなどの遠距離貿易は、貿易事業に参加したいという金持ちを募って、彼らに特許状（英語ではcharterである、勅許状と訳されることもある）を与え貿易を独占させるのが普通だった。この方式に先鞭をつけたのは英国で、1555年にロシア貿易のためにモスクワ会社を作ったのを最初に、1600年には英国のインド支配の先兵の役割を果たすことになる東インド会社を作るという具合で、数えると17世紀末までだけで7社もの特許会社を設立している。これらの特許会社は、その使命を終えると解散になるのが原則とされていたが（特許会社の中でもスター格だった東インド会社も、英国のインド併合に伴って終了している）、なかには奴隷貿易への悪名高さから中途解散となった王立アフリカ会社などもある一方、特に解散の理由もなく普通の株式会社となって現在に至っているものもある。北米での毛皮貿易を目的に1670年に設立されたハドソン湾会社は、毛皮貿易が主な事業ではなくなった後も事業の軸を変えて存続し続け、その後の事業地域にカナダのフランス語地域が多くなったこともあって社名もフランス語で「湾」を意味する「ラ・ベー：La Baie（つまりThe Bay）」に変えて、カナダのオンタリオ州に本拠を置く百貨店経営会社として現在に至っているが、これは世界有数の長寿企業ということにもなる。右は1845年に描かれた罠猟師と先住民の娘との結婚風景を描いた絵。農業による入植は先住民の土地を奪うものとなるが、商業つまり毛皮交易だと一定の共存関係を作ることも可能だったようだ。

必要がありますし、また、持ち分を売買するための「場」も必要になります。

オランダでは、東インド会社の設立と同時に今の証券取引所に当たる仕組みがスタートし、そこで株式の売買が可能になりました。オランダの東インド会社が現代の株式会社制度の原型と言われるのはこれが理由です。東インド会社は一七九九年に解散していますが、証券取引所の方はアムステルダムの証券取引所として、今もヨーロッパの金融センターの一角をなしています。

株式会社法までの長い道のり

さて、有限責任の株式会社として東インド会社を作ったのは、世界帝国スペインの圧力に抗しながら国を維持してきたオランダ人の実務的な知恵によるものだったのでしょう。そして、若干の時間はかかりましたが、その合理性は英国人たちにも理解できたようです。遠距離航海会社としてはオランダより少しばかり先輩格で、一六〇〇年に設立されていた英国の東インド会社は、当初は何回かの航海をまとめて出資者を募る方式で運営されていたのですが、オランダに遅れること五十年余りの一六五七年に制度を改正して、オランダの東インド会社と同様の有限責任組織になることに成功しています。

しかし、こうした有限責任の株式会社組織の普及はなかなか進みませんでした。どうしてなのでしょうか。

普及が進まなかった理由の基本は、この時期、まだその必要が大きくなかったことにあります。危機の時代だった一七世紀が終わると、西欧とりわけ英国では産業が勃興してきます。一八世紀の半ばには、後に産業革命と呼ばれるようになった工業技術革新が起こりました。ところが、この世紀の技術革新はジェニー紡績機とか水力紡績機などの軽工業分野が中心で、したがって事業を運営するための資本も大きなものは必要なかったのです。そのため、程々の財産を蓄えた資産家（彼らが「ジェントルマン」の起こりです）たちが集まって新事業のための会社を有限責任形態で設立しようとするような動きが生じても、その程度のことであれば、会社を作ろうとする資産家たちが設立案を提出してきた都度、行政官が出されてきた書類を審査し、中身がもっともなものであれば政府としての「免許」を与えるというような限定的な制度運営で十分だったようです。今日の株式会社法制のように、法律で一般的に会社設立の要件を決めておいて、それを満たす組織構造であれば、誰が申請したものでも半ば自動的に株主会社として設立を許すという仕組みは（これを、「特許主義」とか「免許主義」というような個別審査的な制度に対して、「準則主義」ということがあります）、まだ必要はなかったわけです。

また、有限責任ということに対しては、道徳的な気分からの反対論もありました。あの『国富論』のアダム・スミスが東インド会社に批判的だったことはよく知られていますが、その彼の批判のさわりの部分を読んでみましょう。場所は『国富論』第五編第一章です。ここで彼は、まず有限責任の株主たちは毎年の配当を受け取ることにしか関心を持たなくなると片づけたうえで、会社の経営陣についても「自分たち自身の貨幣を見守るのと同じ不安な警戒心で他人の貨幣を見守るとは、とても期待できない……そのような会社の業務の運営には、多かれ少なかれ、怠慢と浪費がつねに支配的とならざるをえない」（水田洋監訳・杉山忠平訳・二〇〇一年・岩波文庫）としています。この部分についての一般的な解釈は、資金を預ける立場の株主と預かる立場の経営者の間の信認問題、現代の経済学の用語でいう「エージェンシー問題」あるいは企業組織論における「コーポレートガバナンス問題」についての指摘で、要するに株式会社における「怠慢と浪費」を問題にしているのだとされています。

しかし、スミスが株式会社組織を重視しなかった、あるいは敵視していたことには、そうすることができた時代背景があったことも見落とさない方が良いでしょう。彼が生きた一八世紀というのは微妙な時代です。一八世紀は産業技術の発展の時代ではありましたが、まだそれが経済成長にまでは結びついていない時代だからです。英国を含む西欧圏が成長の時代に入るのは次の一九世紀からで、スミスが『国富論』を書いたのはそれよりも数十年も前です。そんな時代に現代の経営論で理想とされるような大胆な経営者が会社を支配していたら何が起こるでしょうか。もしかすると一攫千金狙いの危なっかしいプロジェクトに手を出し、株主にも従業員にも損失を負わせ世間にも迷惑をかけるという事態に至っていたかもしれません。

ところが、その事情は一九世紀に入ると大きく変わりました。事情を変えたのは経済成長です。経済成長が始まると経営者に求められる資質は「不安な警戒心」ではなく「大胆な挑戦心」になります。多少の失敗は成長が癒してくれるからです。また、この時代になって、新しく勃興してきた鉄道業や鉄鋼業などの重厚長大産業が織物業や紡績業などに代わって経済の主役になってきたことも大きいでしょう。こうした産業は、それまでとは比較にならないほどの巨額の資本を比較的少数の会社に集中することによってしか成立させることができません。そうなると、有限責任による株式の自由譲渡は、会社を作るときにぜひとも必要な組織設計原理になります。しかも、これらの産業では持ち逃げすることなどできない大きく重い機械設備が企業価値の中核になりますから、それらを担保とか抵当などという名で押さえておけば、銀行は株主の財力などあてにせずに資金を貸し付けることができます。いわゆる重厚長大産業と銀行とが離れがたいタッグを組むという図式がここに成立しました。

時代をたどると、一八三〇年代の後半、大西洋の東と西でほぼ同時に鉄道ブームが起こりました。このため、英国でも米国でも路線免許の申請が政府に殺到し、それを得た企業家たちが次々に有限責任の株式会社としての鉄道会社設立を申請するという状態が生まれます。こうなって来ると、株式会社を作るのには理由が必要だ、そのためには厳正な審査が必要だ、などと言っていられなくなります。英国では、株式会社を作るのに必要な法手続きは急速に緩和され形式化されて、定款を整備し資本を用意すれば誰もが営利を目的とする株式会社を設立することができるとする会社法が一八五六年に成立します。この会社法と、それに若干の手直しを加えた一八六二年会社法によって英国の会社法制は準則主義へと移行しました。

米国でも大きな事情は同じでした。いや、広大な国土を持つ米国は英国以上に鉄道会社を必要としていたのです。ただし、米国で会社設立を自由化する法制が普及したのは意外なほど遅く、定款の整備と資本金の払い込みを要件とする準則主義による会社法はデラウェア州の一九〇三年法が最初で（現在でも米国の有力名門企業が形式上の本拠地をデラウェア州に置いていることが多いのはこのためでしょう）、これは後で説明する日本での準則主義採用よりも四年ばかり遅くなっていま

パネル８：ニューヨークセントラル鉄道

鉄道王国だったころの米国を代表する会社がニューヨークセントラル鉄道である。1831 年にニューヨーク州都オルバニー近郊鉄道として出発した同社は、競合する鉄道会社を買収することで路線を拡げ、20 世紀初頭にはニューヨーク市中心部のグランドセントラル駅から北西のシカゴ方面に路線網を展開する大鉄道会社になった。現代米国のリバタリアニズム（自由至上主義的な政治運動・第三章で説明する）に心情的な基礎を与えたとされるアイン・ランドの小説『肩をすくめるアトラス』は、1950 年代におけるこの鉄道への取材に基づくもので、彼女はこの鉄道の看板列車「20 世紀号」の運転までさせてもらったことを誇らしげに語っている。ただし、借金に頼る同社の路線拡大は大株主でもあった経営者たちの会社支配を保証しても、自動車と航空機の普及に押される鉄道経営の安定には役立たなかったようで、1968 年にはニューヨークから西方に路線網を展開していたライバル会社ペンシルベニア鉄道と合併しペンセントラル鉄道となるも、70 年に米国金融史に残る大倒産劇を演じて裁判所の管理下に入り 76 年に消滅している。ランドの取材は鉄道事業が行き詰まるより少し前のものだが、そんな会社の経営陣をモデルに倫理観と責任感を失わない人々の群像を描いてしまう作家の「筆力」には脱帽するほかはない。写真はグランドセントラル駅の壮麗なコンコース。

す。この辺り、米国独特のプロテスタント系精神風土も影響していて、有限責任という枠組みに対する道徳的反感とも言うべき雰囲気もあったようです。実際、米国のいくつかの州では、「株主倍額責任」と言って、倒産会社の株主は自身の出資金が返ってこないだけでなく、追加的に出資金と同額まで債権者に対する賠償に応じなければならない、という規則を設けていることすらありました。この株主倍額責任制度、一九三〇年代の大不況期に、業況不振会社の株式が叩き売りされ、さらなる危機に陥るという理由で廃止されていきますが、会社株主の有限責任に対しては、現代では資本主義の本家のような存在になった米国においてすら、こうした倫理的とも言える角度からの批判が「あった」ということは記憶されてよいでしょう。

日本における株式会社黎明期

最後に日本について概観しておきましょう。日本は明治新政府樹立と同時に西洋の制度を進んで取り入れる路線に切り替え、それで株式会社という仕組みも「直輸入」されたというのが、標準的な理解のようです。確かにその面はあります。福沢諭吉は、一八六六年つまり明治国家成立の二年前に初版が刊行された『西洋事情』で、「商人会社」を取り上げ、その意義を説いています。この本で福沢は「手形」という仕組みを紹介し、この手形については時価により売買できるが会社から元金を取り戻せないと書いていますから、これが株式会社制度の日本への最初の紹介ということになります。この本は偽版つまり海賊版も含めて二十万部以上も売り上げたとされていますから影響は大きかったでしょう。

もっとも、それ以前の日本にも、株式会社的なものや有限責任的な契約は少なからず存在していたようです。鎖国という徳川幕府の政策は、開港地である長崎を通じた財物の輸出入とは切り離して、日本という閉じた空間の中では自己完結的な法秩序を維持するという政策でもありましたから、そうした幕府の政治的枠組みに反しなければ様々な契約関係を工夫して作り出すことも可能で、この辺りはキリスト教的な道徳律に縛られた同時代の西欧圏よりも「進んでいた」面すらあったように思えます。この時代、有力な商人たちがグループを作ってプロジェクトに挑戦するということは珍しくありませんでしたし、その際には、直接にプロジェクトを実行する商人とそれに資本参加する商人との間で有限責任と分類できるような損失負担ルールが存在していた例もあったようです。そんな歴史が、福沢の「商人会社」論をすんなりと受け入れる素地になったとみることもできるでしょう。

とはいえ、日本の株式会社制度導入には政府の積極方針も大きく影響したことは間違いありませんし、それによるドタバタ劇の記録も残っています。明治新政権は政府樹立早々に、外交貿易の振興などを目的に各地で会社設立を推進するという方針を打ち出すのですが、その際には恐喝まがいのやり方で強引に話を進めさせたこともありました。当時の事情について、昭和高等商業学校（現在の大阪経済大学）の教授から政治家に転じ第二次大戦後には経済企画庁長官や通産大臣なども務めた菅野和太郎は、『日本会社企業発生史の研究』のなかで、新政府発足翌年の一八六九年、東京府の官吏が有力商人たちを「御白洲」に集めて名字帯刀を許すによって会社を作るよう慫慂したにもかかわらず、商人たちがぐずぐず言って応じようとしないので、それなら、蒸気船費用お上持ちで家族もろとも蝦夷地送りにするぞと脅し、ついに「貿易商社」なるものを作らせたというエピソードを書いています。こうした支離滅裂ともいえる推進策で作られた貿易商社はたちまち解散となるのですが、そのときでも商人たちに有限責任は許されなかったらしいので、上の方ばかりを見るお役人の無責任に振り回される民間人という図式は今に始まったものではないようです。

ところで、そういう小役人の暴発のような行動は別にして、日本における本格的な西欧型株式会社制度の導入は、一八七二年に制定された国立銀行条例によるものが最初でしょう（この「国立」というのは、国が資本金を出したという意味ではなく、国が「国立銀行条例」という法律に基づく「免許」を与えて民間が設立したという意味です）。国立銀行は免許を得た順に「第一」そして「第二」という具合に番号が付けられ、最後は「第百五十三国立銀行」までありました。そうした銀行設立の動きは、一八七六年に国立銀行条例が改正され、金禄公債その他の公債証書による資本金払い込みと、払い込まれた公債証書の八割を限度としての不換紙幣の発行が認められたことで加速され、いわば設立ラッシュのような状態が起こりました。金禄公債とは、幕藩体制下では年貢や扶持米の支給つまり「禄」で暮らしていた武士や公家たちに、禄の支給を取り止める代わりに交付された国債の一種で、これで資本金を払い込めるようにしたことが国立銀行の設立が人気を集めた理由になったのです。

国立銀行と並んで日本における株式会社制度の定着に大きな役割を果たしたのが鉄道会社でした。日本は「文明開化」の象徴として鉄道という技術体系に触れ、それを大急ぎで取り込もうとしたのですが、当時の明治新政府の財政力では東京と阪神間の鉄道つまり現在の東海道本線を敷設するのが精一杯だったので、それ以外の路線は民間から資本を募って建設するほかありませんでした。そうしたなかでも最も早く動き始めたのが、一八八一年に設立された東京から上信越および東北方面を目指した日本鉄道です。

この日本鉄道、横浜の実業家の高島嘉右衛門が明治政府の最有力者の一人だった岩倉具視を説いて設立に持ち込んだ会社なのですが、その岩倉は他方で自身が発起人となって旧公卿および諸侯などの華族たちに金禄公債の払い込みによる第十五国立銀行設立を呼び掛けています。この辺りの事情を私の日本銀行における後輩で今は早稲田大学に転じている鎮目雅人に聞くと、第十五国立銀行は、日本鉄道設立の際に同社の株式を引き受けるだけでなく巨額の貸出をも実施しているので、銀行の設立自体に日本の鉄道建設を支援する目的もあったと言えるとの答が返ってきました。国立銀行と鉄道会社とは深く結びついていた車の両輪のようなプロジェクトだったというのが彼の見立てのようです。

日本鉄道は、やや遅れて営業を開始した山陽鉄道や九州鉄道などとともに、日露戦争後に国有化されますが（一九〇六年）、そうした後日譚はともかく、これら鉄道会社の設立は、一八八六年から八九年にかけ、紡績や鉱山などにかかわる企業設立と相まって明治の「企業勃興」とも呼ばれる時期を作り出します。ただ、この企業勃興期の株式会社たちは、まだ個別免許による設立でした。日本で株式会社設立が自由化される、言い換えれば株式会社設立が準則主義に移行することになるのは一八九九年ですから企業勃興期から十三年後で、国立銀行条例からだと二十七年も

パネル9：明治の株式ブーム

夏目漱石の『吾輩は猫である』には、苦沙弥先生に「これでも街鉄を六十株持ってるよ……ああいう株は持ってて損はないよ、年々高くなるばかりだから」などと株談義をする元同級生の鈴木君や（第4話）、「小遣銭で外濠線の株を少し買いなさらんか、今から三四箇月すると倍になります」と夫人に株買いを勧める教え子の多々良君が登場する（第5話）。ちなみに、街鉄とは1903年設立の東京市街鉄道、外濠線とは04年設立の東京電気鉄道のことで、これらは1880年に設立されていた東京電車鉄道と1906年に3社合併を行い東京鉄道となった後、11年に東京市に買収され東京市電になっている。日本は1905年9月の日露戦争終結後に大株式ブームを経験したとされているが、上場株一般が上昇を始めるのは翌06年に入ってからで、このブームは前年の05年には200円程度だった指標銘柄東京株式取引所の株価を、07年の初めには1600円近くにまで押し上げるほどだった。一方、漱石が街鉄と外濠線の話を雑誌『ホトトギス』に載せているのは、こうした株式ブームが訪れる半年以上も前の1905年の6月（第4話）と7月（第5話）なのだから、その時期に株式投資話を書く作家漱石の時代を見る眼はさすがというべきだろう。写真は絵葉書にもなった東京の市街電車混雑風景。この人気振りなら小難しい投資話以前に市街電車会社株の買いは間違いなかろうと漱石は見通したのかもしれない。

かかっていることになりますが、それでも米国での免許主義からの移行に比べれば四年ほど早いと評価して良いのかもしれません。

四　中央銀行の始まり

詐欺師とされた経済学者

現代の世界の背骨のようになっている国民国家と株式会社という仕組みが米国を含む西欧圏と日本で成立するまでの流れを見てきたので、締めくくりに現代の世界を特徴付ける三番目の標準的仕組みと言えそうな中央銀行について眺めておくことにしましょう。

日本を含め多くの国の中央銀行のモデルとなったのは、英国のイングランド銀行ですが、それより百年以上も前に、考えようによっては中央銀行になったころのイングランド銀行よりもっと現在の中央銀行たちに近いような仕組みが作られたことがありました。時代は、太陽王ルイ十四世の治世が終わり勢いに陰りが見え始めたフランス、そして仕組み作りを演じた人物は、普通の経済史解説書では近世フランスにおける大バブル事件の仕掛け人にして稀代の詐欺師のように書かれることが多いジョン・ローというスコットランド人です。ところで、このローという人物、果たして本当に詐欺師と形容されるような人だったのでしょうか。

ローが生まれたのは一六七一年、スコットランドの首都エジンバラ近郊のゴールドスミスの家系です。ゴールドスミスとは金持ちから金や銀を預かり保管することなどを業としていた人たちのことですが、彼らは金や銀を預かる際に預かり証を発行していて、その預かり証が金や銀の代用すなわち貨幣の一種として使われることもあったようですから、そんな父親の姿を見ていたローに金融的な感覚が身に付いたのは自然なことだったのかもしれません。なお、スコットランドがイングランド王国に併合されて「連合王国」となったのは一七〇七年ですから、ここでは彼を英国人ではなくスコットランド人と呼んでおくことにしましょう。

さて、そのローは、二十歳を前にロンドンに移り、父親から引き継いだ巨額の財産と長身そして持ち前の美貌で社交界の寵児となったものの一六九四年に決闘事件を起こし、それで死刑判決を受けながら翌九五年に脱獄に成功、その後は大陸に渡ったとされています。ところが、現実には、死刑判決を受け脱獄したということになっている彼が、たった十年後の一七〇四年のロンドンで不動産関係業務を行う銀行設立についての提案者として再登場するのですから、どうも話全体が怪しいとしか言いようがありません。そんなことから、そもそも彼の決闘脱獄譚そのものが、後にフランスで失脚した彼の復権を阻止するために反対派が作り出した捏造話だったという説もあるのですが、今となっては真偽不明ですから、ここでは単に不思議な話としておくだけにしましょう。そして、再登場の翌〇五年に、彼は『貨幣と商業に関する考察』という論文の作成者として今度はスコットランドのエジンバラに現れます。この論文は数十ページにも及ぶ長いもので、しかも現代の私から見ても読みどころ十分なものなので、その触りともいえる部分を引用しておきます。

「国内産業は貨幣に依存する。つまり（貨幣の）数量がより多ければより多くの人間を雇用することができ……より多くの貨幣を流通させることなしには、可能な限りより多くの賃金を支払い、より多くの人間たちをして労働に就かしめることは不可能である……信用とは貨幣のことであり、そしてそれは国内および国外の商業に対して貨幣と同じ効果を生むであろう」（中川辰洋『ジョン・ローの虚像と実像』二〇一一年・日本経済評論社）

どうでしょう。このままの理屈で少しだけ表現を変えれば、（後で述べるように、私自身はこの考え方に与しませんが）マネタリストとかリフレ派と言われる方々の金融論の教科書や論文にそのまま使えそうな内容ではないでしょうか。これが経済学の祖アダム・スミスより五十二年前、マクロ経済政策論の生みの親ジョン・M・ケインズより二百十二年前、マネタリストの教祖として祀られるミルトン・フリードマンより二百四十一年前に生まれた人の文章です。

しかし、この文章を三十四歳で書いたローは、スコットランドにとどまることはしませんでした。決闘事件が作り話だったかどうかは別として、スコットランドがイングランドに併合されることが確実になるころ彼は大陸に渡ったようです。そして、次には数学の才を活かして富を蓄えた理財家であり経世家でもある人物として一七一五年のパリに姿を現します。このときの彼の後ろ盾となったのは、幼王ルイ十五世の摂政としてフランス王室を取り仕切っていたオルレアン公フィリップ二世でした。当時のフランス王室はあの太陽王ルイ十四世の拡張政策の結果、深刻な財政危機の状況にありましたから、摂政フィリップ二世としては、当時超一流の知識人であり理財経世の面でも実力を示していたローに惚れこんだのだろうと思います。

そのローが提案して自ら総裁に就いたのが一七一六年設立の王立銀行です。なお、この銀行、設立時の呼称は「バンクジェネラール（総合銀行）」で「バンクロワイアル」つまり「王立銀行」の呼称を得るのは一七一八年なのですが、区別するのも面倒なので、ここでは「王立銀行」と呼んでおきましょう。ローの王立銀行と言うと、不換紙幣の乱発でインフレを起こし自滅したプロジェクトのように語られることが多いのですが、実際はずいぶん違います。ローの銀行が最初に発行したのは、それによって納税を可能と定めた証券にして金貨との交換つまり兌換が可能な銀行券で、しかも金兌換には制限がないというものでした。現在の銀行券に比べても金兌換の要素を持っている分だけ信用度の高そうな紙幣だったのです。

プロジェクトの始まりは順調でした。それがつまずいたのは王室の要求に押されたか忖度したかして、当時のフランス領ルイジアナとの交易を行う会社としてミシシッピ会社（この会社は、まもなくフランスの全植民地交易を独占する「インド会社」に発展しています）を設立し、あわせて事業が本格化するまでのつなぎとして、会社株式を売り出して得た資金でルイ十四世時代に累積したフランス王国債を買い入れるということを始めたからです。ただし、これも最初は好評でした。ミシシッピ会社改めインド会社の株式には人気が集まり、それでフランス王室の財政の立て直しに貢献することもできました。ローは一七二〇年初には財務総監に就任、徴税請負人の廃止や王立銀行とインド会社との統合、そして王立銀行券の法定通貨化と高額決済における金銀の使用禁止などの一連の施策を開始します。しかし、これらの施策は、当然のことですが、既得権益層だった大貴族や徴税請負人つまり大商人らのグループからの反発を買いました。またローのプロジェクトにも弱みがありました。最大の問題は、肝心のミシシッピ会社の事業に実質的な中身が乏しかったことですが、王立銀行券が兌換券だったことも弱点になったようです。

王立銀行のバランスシートの右側つまり負債側には王立銀行券が増殖し、左側には購入したフランス王国債やインド会社株式を購入した人たちへの貸付金が膨らみます。その結果、王立銀行の金準備率は極端なまでに低下してしまいます。そのタイミングで、一七一九年まではミシシッピ会社の株を買い漁っていた大貴族や大商人たちが株の激しい売りに転じ、それと同時に金兌換請求も急増して、すべての歯車が逆回転を始めることになります。そして、二〇年一〇月には兌換券だったはずの紙幣を不換紙幣にするほかなくなり、後援者の摂政フィリップ二世でも支えきれなくなり、ついにローは同年末に失脚し国外に逃れるほかなくなったようです。

さて、この事件から何が読み取れるでしょうか。私が読み取って欲しいと思うことは、ローのプロジェクトと現代の日本の金融財政政策との不気味なほどの共通点です。異次元緩和に突き進んだ日本銀行は二〇一九年九月現在で約五百十兆円のベースマネー（銀行券と銀行券に何時でも転換できる金融機関からの預り金の合計をこう呼びます）を発行してしまっていますし、その見合いとなっているのは要するに国債です。ローの王立銀行を日本銀行と読み替え、ミシシッピ会社（インド会社）を日本政府と読み替えて、さらにミシシッピ会社の株式を日本政府への請求権つまり国債と読み替えれば、ベースマネーの発行残高が日本のGDP約五百五十兆円とほぼ同額にもなっていることも含め、いささか背筋が寒くなるのではないでしょうか。

もちろん違いがあるということはできます。ミシシッピ会社と日本政府は違う、ミシシッピ会社の中身は空っぽだったが日本政府は仕事をしている、道路を作って橋を架け、国会議員や政府の役人に給料を払い、学校にも保育園にも補助金を出している、これらは税収となって将来返ってくるはずだ、そう言える面もあるからです。しかし、問題は「程度」です。ミシシッピ会社プロジェクトに最初から中身がなかったのか、それとも中身を作る前に歯車が逆転を始めてしまったのかそこは分からない面もありますが、国債を財源として本当に将来税収につながるかどうか論証も反証もできないさまざまな事業に手を拡げてきた現代の日本だって、本当は同じような問題を抱えているのかもしれません。

とはいえ、歯車の逆転が始まったときに起こることは、一八世紀のフランスと二一世紀の日本では違うでしょう。ローの王立銀行は銀行券を金兌換が可能な証券として発行していたので、ミシシッピ会社（インド会社）の信用度が変調したとき、人々の不安は銀行券の兌換請求殺到となって現れました。しかし、現在の日本銀行が発行しているのは不換紙幣ですから、日本銀行や日本国債に対する信頼が失なわれても兌換請求殺到は起こりません。起こるのは日本銀行券の実質価値崩壊つまりハイパーインフレになります。ローを詐欺師と呼ぶ人は、彼のプロジェクトが、ルイ十四世時代に大量に発行されたフランス王国債を、まずはミシシッピ会社（インド会社）の株式を経て王立銀行券へと変化させ、最後は不換紙幣となった銀行券の価値崩壊により実質的に踏み倒してしまったことを理由とするようです。しかし、それを詐欺と言ったら、今の日本でインフレを起こして経済を再生させるのだと言っていた人はどうなのでしょう。ただ、これは、残念ながらというより有難いことにと言うべきでしょうか、今の日銀は一八世紀のローと違って緩

パネル 10：米国に売却されたルイジアナ

フランスのルイジアナ植民地は、18 世紀の七年戦争後は東西に分かれて英国とスペインの領土となったが、スペイン領となったニューオリンズ（意味は「新オルレアン」である）を含む西側地域は、その後の1800 年にイタリアにあったフランス支配都市パルマと引き換えにフランスが取り戻したものの、ナポレオン・ボナパルトは米大陸へのコミットメントを減らして欧州戦線に力を集中したいという理由から 1500 万ドルで 1803 年にこの地域を米国に売却している。ちなみに 1792 年から1834 年まで米国で製造されていた金貨には 1 ドルにつき 24.75 グレーン（1.6038g）の金が使用されていたとの記録があるので、これで当時のルイジアナの買収価格 1500 万ドルを金換算すると約 24 トンに相当する。そこでこれをさらに現在の金価格（1 グラムで 5000 円程度）で評価すれば 1200 億円という金額になるのだが、当時のフランスでこの値段に対する批判はなかったらしい。ロー失脚 10 年後の 1731 年に刊行された小説『マノン・レスコー』を原作としたプッチーニのオペラは、零落したマノンが恋人のデ・グリューに抱えられてルイジアナの荒野で息絶えるシーンで終わるが、当時のフランス人のルイジアナ認識はこの程度のものだったのだろう。米国に売却された地域は図に示すとおりだが、総面積は 210 万平方キロ、現在の米国の国土 963 万平方キロの実に 20% を超える広大な平原である。米国は、現在の円価値に換算してヘクタール当たり 600 円ほどで、両大洋にまたがる国家への道を手に入れたことになる。

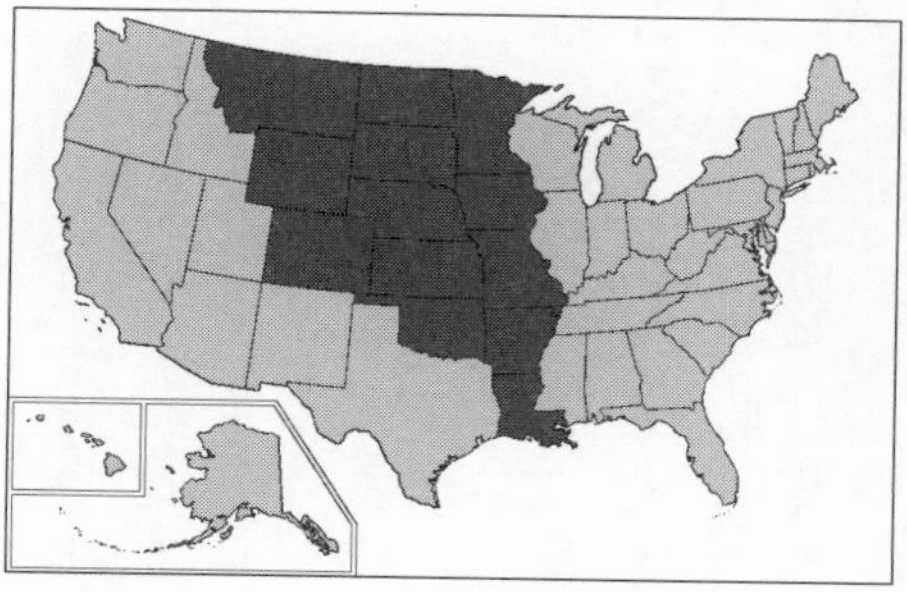

やかなインフレすら起こせていないようです。

ローのプロジェクトの顚末はこのくらいにしておきましょう。ローの王立銀行は系譜としては今につながっているといえるところがあり、それが実は現在のフランスの中央銀行であるフランス銀行なのですが、一九世紀になるとローの王立銀行より上手に中央銀行になりおおせた銀行が現れます。それがイングランド銀行です。

イングランド銀行の物語

よく知られているように、日本を含む現在の世界の多くの中央銀行たちのモデルになったのは英国のイングランド銀行です。ところで、このイングランド銀行、そもそもはオランダを相手にした英蘭戦争とフランスのルイ十四世を相手とした大同盟戦争によって財政破綻寸前だった政府に貸し付けを行うための組織として一六九四年に設立された特許会社だったというのですから、現在からみれば、やや「怪しい」出自を持っています。

さて、設立時のイングランド銀行が公募した資本金は百二十万ポンドで、この全額が政府に貸し付けられました。と言っても金額感がつかみにくいでしょうから、少々の計算をしてみましょう。まず、ポンド貨の価値については、イングランド銀行の設立とほぼ同時に造幣局長官の職に就いたアイザック・ニュートンが確定して、二〇世紀初頭に至るまで溶融自由という原則で作り続けられたソブリン金貨の規格が参考になるので、これでイングランド銀行の資本金つまり政府への貸付額を金重量に換算すると約八・四トンです。そこで、これを現在の金価格の一グラム約五千円で評価すれば、百二十万ポンドは現在の日本円で四百億円ぐらいとなります。これは当時としては相当の大金だったはずでしょう。

ところで、イングランド銀行がちゃっかりしていたところは、この政府貸付の見返りとして年三パーセントの利子が付く「捺印手形」なるものの発行権を得たことです。この捺印手形が譲渡可能であるところから貨幣のような機能を持つようになり、無期限かつ無利子の銀行券へと「進化」していった面もあるようですから、成り行きというのは面白いものです。

ちなみに当時、このイングランド銀行と政府との関係に似たようなものは、他の特許会社と政府との間にもありました。そうした訳あり会社の一つが先に触れた一六〇〇年設立の東インド会社なのですが、それとは別の文脈で有名になった会社に南海会社というのもあります。この二社は政府への貸付の見返りに、各々、東洋貿易とカリブ海域貿易の独占権を認められたのですが、東インド会社の方は着実に発展して英国のインド支配の先兵になる一方、一七一一年に設立された南海会社の方はローのミシシッピ会社(インド会社)と同じようなことをして同じように失敗しています。具体的には、累積していた公債を特許会社の株式に交換することで財政逼迫を緩和しようとする政府の企てに乗って、一七一九年に巨額の公債引き受けの見返りに株式を発行する許可を、イングランド銀行との熾烈な入札競争の末に幸か不幸か勝ち取ってしまったのです。これをきっかけに、翌二〇年初、同社の株式に一大ブームが起こったものの、こちらはローのプロジェクトと比べても賞味期間ははるかに短かったようで、同年夏にはあっけなく崩壊し、今の「バブル」という言い方の語源にもなった「南海泡沫事件・South Sea Bubble」というエピソードだけを残して歴史の舞台から消え去ります。

やや余談ですが、南海会社がジェットコースターのようなバブル劇を演じた一七二〇年という年は、フランスでローが摂政フィリップ二世に切り捨てられて失脚した年ですから、英仏ほぼ同時にバブル話が進行していたことになります。先ほどのローの物語の中で、彼の決闘脱獄譚というのは作り話ではないかと書いたのは、このような同時進行ドラマがあると、それにかかわった人たちは、自分を弁解するために歴史を創作することが少なくないからです。そう思ってみると、殺人犯として死刑を宣告されたはずのローが、フランスを逃れて英国に戻った後に、死刑など執行されることなく英国に四年間ほどもいて、最後には一七二九年にイタリアのベニスに渡って「畳の上」ならぬ「ベッドの上」で死を迎えたということも、あまり不思議ではないという気がしてくるのではないでしょうか。

こんな英仏バブル事件の顚末を振り返ると、南海会社に公債入札競争に負けたイングランド銀行、なかなか運が良い面があったように思えます。その後の動き方を見ると、この辺りの事件から彼らは大胆と慎重あるいは狡猾と真面目のミックスこそ発展の極意と学んだらしく、その後、百年以上の時間をかけて中央銀行の地位をものにするに至ります。

彼らは、設立後三年、つまり南海泡沫事件の二十年以上も前の一六九七年に、政府への追加貸付を行い、その見返りにイングランドとウェールズ地域において株式会社組織により銀行券を発行することの権利を取得しています。ただ、当時の英国では、株式会社組織でなく数名の金持ち出資者の連合体として組織されたプライベートバンクと呼ばれた小規模な個人銀行が数多く存在し、それぞれ銀行券を発行していたようで、彼らとの競争ではイングランド銀行は優勢というわけではなかったようです。ちなみに、「個人銀行による銀行券発行」が珍しくなっていた当時に「株式会社による銀行券発行」には政府の許可が必要だった背景には、五六ページで紹介したアダム・スミスの株式会社論にあるような気分があったためでしょう。

状況を変えたのは、フランス革命に始まるフランスとの国運を賭けた大戦争です。この戦争の期間中、イングランド銀行券の金兌換は停止されていたのですが、戦後の一八二一年になって金兌換が再開されたあたりから同行の地位は強化されていきます。政府や議会でプライベートバンクの銀行券発行をやめさせ、政府の別動隊とも言えるイングランド銀行に銀行券発行を集中させるべきという声が高まったからです。当時の銀行券発行集中論の根拠は、プライベートバンクによる銀行券の「乱発」が景気を不安定にしているということのようなのですが、詳細に当時の資料を当たった研究などによると事実関係は違うともされていますので、その辺りから政府とイングランド銀行との関係を疑えばきりがないかもしれません。ただ、事実がどうであれ、いったん「時代の空気」が作られると彼らに追い風が吹き始めました。一八四四年には、首相ロバート・ピールの名をとって「ピール銀行条例」と呼ばれるようになる法律が制定されて、イングランド銀行にイングランドとウェールズ地域における銀行券の「独占」的な発行権が付与され、ついに同行は世界最初の中央銀行とされる存在になることができたのです。

ところで、その当時から一九世紀後半に至るまでのイングランド銀行の行動や彼らに関する議論などをチェックすると、この時期のイングランド銀行の実像は現在の先進国と称している国々の中央銀行の姿とは相当の距離があるように感じることが少なくありません。中央銀行に「なった」頃のイングランド銀行は、今でいう金融政策目標のようなものを掲げて行動していたというよりは、何よりも自身の金準備の維持を目標に行動していた節があり、ただ、そうした彼らの行動が、結果として、今日の金融政策の目標とされる物価や景気の安定のような効果を作り上げたように思えるからです。

それに、当時のイングランド銀行には、金準備の維持を軸に業務を運営することが求められる理由がありました。それは革命後のフランスとの大戦争で累積した巨額の公債の存在です。ちなみに、当時の英国の「公債」のほとんどは、地方政府等の債務ではなく中央政府すなわち国庫の債務なので、今日風に言えば「国債」と呼びたいところなのですが、一九世紀英国の国家債務については、国王家の私的な債務と区別するというニュアンスもあってか「公債」と呼ぶのが普通のようなので、この本でも従っておきましょう。言葉の問題はともかく、当時の英国公債残高は、革命と英雄ナポレオンにより国民軍を作り上げることに成功したフランスとの大戦争の結果、最大時には何とGDPの約二・六倍に達していたというからすごいものです。このような公債の累積から、それを踏み倒さずに「生還」した国は英国以外にありません。

英国は、この公債の負担を一九世紀の前半は政府債務の統合や長期債化への借り換えなどでしのぎ、英国の世界帝国の地位が揺らぎないものとなった一八六〇年代末からは純償還に転じ、二〇世紀の初めにはついにGDPの四分の一程度にまで減らしきっています。この公債償還政策の指揮を執ったのが、一八六八年に首相に就任し、お嬢さん育ちで主権君主的意識を残していたビクトリア女王としばしば対立しながらも、一貫して自由主義的政策を維持して「名宰相」として歴史に記録されているウィリアム・グラッドストンなのですが、彼以前の「公債の重圧に耐える時代」も、彼以降の「公債を減らす時代」も、政府は約束を破らない存在である必要があったのです。もし、英国政府はイングランド銀行と結託して金兌換を停止してインフレを起こし、その借金を実質的に踏み倒そうとしているなどと思われたら、市場は混乱し公債の借り換えなどできる状況ではなくなってしまったはずでしょう。そうした状況が、もともとは自身の利益のために銀行券発行独占権を得たはずのイングランド銀行を、現代の私たちがイメージする中央銀行らしいものに育てていったという面もあるようです。中央銀行史の専門家たちのなかには、イングランド銀行が現在の中央銀行のような「自覚」を持つようになったのは一九世紀の後半、それも終わりに近くなってからのことだという見方をする人が少なくありません。

なお付け加えれば、今日の先進国と称している国々のなかで、広義政府債務対GDP比率が最も高いのは日本で、比率は二〇一八年で約二・四倍ですから、これもすさまじいものです。英国が二・六倍という途方もない債務比率から生還できたのは、一九世紀から二〇世紀という時代が歴史的にも稀にみるほど息の長い成長の時代だったことに加えて、一八五八年のインド直轄領化と七七年のインド併合に象徴されるように、当時の英国が世界帝国だったことも寄与しているはずなので、同じことが今の日本に簡単にできるとは思えません。

話が日本に向いたところで、この時期の日本のことを書いておきたいと思います。

パネル11：ピール銀行条例の裏話

ピールには、彼の弟子のような立場から出発して19世紀後半の自由主義的英国政治の礎を築いたグラッドストンのようなスター性もないし、「負けたときは飲まずにいられない、勝ったときは飲む権利がある」とうそぶいてグラス片手に第二次世界大戦を潜り抜けたウィンストン・チャーチルのような洒脱さもないので印象は薄くなりがちだが、イングランド銀行の中央銀行化以外にも、穀物法を廃止して自由貿易の基盤を作ったほか、株式会社法制の準則主義化への重要な一歩だった株式会社登録法を成立させるなど、少なからぬ重要な仕事をしている。その一方で、反対派ディズレーリによる議会での口を極めた攻撃に放心状態に陥ったという逸話も残されている位で、政治家らしい気の強さはあまり持ち合わせていなかったらしく、ビクトリア女王の受けも良くなかったと伝えられている。そのピールが仕事をすることができたのは、若いころの女王が一目ぼれして結婚に持ち込んだと言われているドイツ出身のザクセン公アルバートの強い支持があったことが大きいらしい。絵は戴冠式のビクトリアと、同じころの王配アルバート（女王の配偶者を「王配」という）。ビクトリアの肖像はこんな感じだが、アルバートの美男子ぶりは間違いなかったようで、この絵の通りなら彼のビクトリアへの影響力絶大だったという話が残るのももっともだという気がする。

明治日本の悪戦苦闘

明治政府は新政権樹立の三年後、一八七一年に新貨条例という法律を布告しています。この法律は、幕藩体制下での「一両＝四分＝十六朱」とする四進法の貨幣制度を改め、通貨単位を円と銭および厘の十進法とし、あわせて「一円＝金一・五グラム」とする平価つまり貨幣価値を定めたものでした。明治政府は、この法律で金貨を通貨の基本つまり正貨として通用させ、銀貨と銅貨を補完的な貨幣とする方針を打ち出したわけです。

ところが、この金本位制志向は狙い通りには進みませんでした。最初のうちは良かったのです。幕末の金流出も一因だったとされる貨幣用金銀の調達難に悩まされつつも、政府紙幣や国立銀行券などが貨幣の不足を補ったのでしょう、なんとか新しい貨幣制度は滑り出しました。しかし、明治一〇年つまり一八七七年に西南戦争が起こると状況は一変します。内戦の過程で輸入が増大したことが金の対外流出を引き起こし、貨幣価値が下落つまり物価が上昇して新しい貨幣制度は開始後十年を待たずに危機を迎えることになりました。このため、一八七八年には清国などの銀本位制国との貿易用に発行された銀貨を正貨として貨幣制度に取り込んだ金銀貨併用制に移行するなど、新政府の金本位制志向も妥協を余儀なくされます。なお、この時期の物価上昇つまりインフレについて、国立銀行による紙幣乱発が原因だという説明が行われることが多いのですが、私は因果関係が逆なのではないかと思っています。

当時の日本における最大の「軍閥勢力」だった薩摩を、これも明治陸軍設立時における唯一人の陸軍大将だった西郷隆盛が率いて反乱を起こす、それが西南戦争の構図ですから、発足後十年になるかならぬかの東京新政府の信頼が揺らぐのも当然でしょう。結果から言えば新政府は危機を乗り越えたわけですが、当時の政府の財政基盤の弱さと戦費負担の膨大さを比較すれば金平価の維持は難しいと思われてしまうはずです。そんな歴史の流れをみると、西南戦争勃発の前年に国立銀行条例が改正され金禄公債による資本金払い込みが認められ、国立銀行設立がブームになっていたということは、結果的に政府に大いに味方したことになります。それまで今でいう年金証書のようなものとして華族や士族の箪笥の中に眠っていた金禄公債を、国立銀行券という貨幣に転換しておいたことは、戦争経済の維持に貢献したはずだからです。

西南戦争は約半年で終わりますが通貨価値の下落つまりインフレはむしろ激しくなります。戦争を新政府が乗り切ったことで政府紙幣や国立銀行券が紙屑になることは回避されましたが、乏しくなった支払準備と苦しくなった政府財政という図式は終わらなかったからです。この状況を解決したのが、一八八一年、いわゆる「明治十四年の政変」により大蔵卿に就任した松方正義です。彼は、後に松方財政と呼ばれるようになった猛烈な緊縮策により、深刻な不況という副作用を伴いながらも何とかインフレを収拾しました。そして、この松方の緊縮財政とセットになって生まれたのが中央銀行としての日本銀行でした。

日本銀行設立の背景には、当時の世界標準であったイングランド銀行にならって中央銀行を設立し、最初から兌換義務のなかった政府紙幣や一八七六年の国立銀行条例改正で兌換義務がなくなっていた国立銀行券を、中央銀行による兌換銀行券発行により回収しインフレを終息させようという狙いがあったとされることが多いのですが、実際に起こったこととは違っています。日本銀行の設立は松方蔵相就任の翌年の一八八二年つまり明治一五年なのですが、その日銀が銀行券を発行するようになったのは設立後さらに三年を経た一八八五年だからです。日銀が「中央銀行による紙幣整理」という普通の歴史教科書にある説明通りに動いてインフレが終息したというよりは、財政の建て直しによりインフレが峠を越し兌換義務がある銀行券を発行しても一斉に正貨への交換請求が殺到することもなさそうになったので、ようやく兌換銀行券としての日銀券の発行に踏み切ったといった方が事実に近そうです。

ところで、こうして一八八五年に発券業務を始めた日銀が何を裏付けにして銀行券を発行したかというと、これが金貨ではなく銀貨でした。一九世紀を通じて、金は、イギリスの金本位制確立やアメリカ西海岸での大金鉱発見などにより、完全に国際通貨となっていましたから、その金にリンクさせるだけの自信がなかったのだと思います。国際通貨である金を兌換対象にしないということは、貿易を完全に自由化しないで一種の為替管理を行っているようなものですが、そうした擬似為替管理を行いながら貨幣に対する人々の信認を安定させる、そのために国内向け限定の銀本位制を開始した、というのが日本銀行設立時の姿だったわけです。これで、西南戦争という内戦によって危機に見舞われた明治新政府は、松方財政によるデフレという代償を払いながらも財政を建て直すことに成功し、国際通貨である金とのリンクは無理でも国内向けに銀に貨幣価値をリンクさせるというところまで持ち込んだわけです。

金兌換にこだわらず、銀行券を銀と結びつけるというのは優れた現実策だったと思いますが、副作用もありました。そうした「やむを得ずしての国内限定銀本位制」という気分が、その後の日本人に「金本位制こそが正しい通貨制度」だという意識を強く刷り込むことにもなったからです。これは後の金本位制復帰と停止を巡る経緯の中で、日本の決定が微妙にタイミングを外してしまう原因の一つにもなっていきます。

さて、そうした憧れともいえる金本位制志向を抱いていた明治日本が金本位制を実施できたのは、日清戦争で二億テールという賠償金を手に入れ、国際通貨である金に貨幣価値をリンクさせても問題が生じないだけの十分な支払準備が確保できたからです。一八九七年のことです。このとき、新貨条例が廃止されて貨幣法という法律が改めて制定され、そこで円の平価を「一円＝純金〇・七五グラム」とすることが決められました。新貨条例の円平価は「一円＝純金一・五グラム」だったわけですから、明治維新時の平価の半分に円の価値が切り下げられたわけです。西南戦争で始まったインフレの「落とし前」は、最後にこうして付けられました。

後日談をすると、この金本位制、残念ながら長くは続きませんでした。ようやく金本位制に移行した十七年後の一九一四年に、第一次世界大戦が始まり、金兌換が世界中で一斉に停止されたからです。当然、日本も金兌換を停止することになります。ただ、問題はその後で起きました。第一次大戦では戦勝国の側に回ることができた日本なのに、意外にも大戦後の金本位制復帰に手間取ってしまったのです。

第二章　グローバリズムと分岐した世界

新自由主義を標榜して1979年から90年まで足かけ12年間も英国の首相だったマーガレット・サッチャーは、「たとえ富者を貧しくしても、貧者は豊かにならない：The poor will not become rich even if the rich are made poor」と言ったと伝えられているが、その後の歴史が証明したのは、彼女が言いたかったはずの「富者を貧しくしようとすれば、貧者も貧しくなるはずだ」ということではなく、「富者が豊かになるときでも、貧者はさらに貧しくなり得る」ということの方だった。貧者がますます貧しくなるという現象は彼女だけが作り出したものではないが、それでも富者を富ませることを正当だとする一方で貧者がさらに貧しくなることを当然とするかのような政治への不満と不信が、世界を覆いつつあるポピュリズムの背景にある。

私たちは、普通に「先進国」とか「発展途上国」という言い方をします。しかし、この言い方に異論が生じつつあるのが現代の世界史論の潮流なのだと聞くことがあります。先進国と発展途上国という分類には、今は貧しい国も豊かになる途上にある国で時間さえかければ豊かになるはずだという歴史認識が暗黙のうちに含まれているわけですが、世界を見渡すと、そうした発展段階説ともいうべき歴史認識が揺らぐ現実が明らかに存在するからです。西欧世界が経済成長を手に入れた一九世紀という時代を境に、貧しい国は貧しいままで豊かな国がますます豊かになるという現実が始まったように思えます。

そうすると、前の章でみたように一九世紀半ばという微妙な時期に、政治と経済にかかる制度の「全交換」に踏み切った日本は、実に運がよかったということになるでしょう。国民国家と株式会社それに中央銀行という現代世界の背骨のような三点セットが出そろったのは一九世紀後半における西欧世界でしたが、ちょうどその時期に当たる一八六八年に日本は政治と経済に関する制度の全交換を開始し、それで西欧世界で発車しかけていた経済成長というバスに跳び乗るのに成功したからです。明治新政府樹立後いくらもたたないうちに、日本では「国民」という意識が定着し、私たちは自身を「日本人」として認識し話し喜び怒るようになりました。

この章では、日本が制度の全交換に踏み切った一九世紀後半以降現代までの世界を概観し、現代そして未来を考える材料を提供したいと思います。

一　分岐した世界

なぜ世界は分岐したのか

近年、注目を集めだした歴史観に「大分岐」という見方があります。これを最初に言葉にしたのは、二〇〇〇年に同名の書を著したケネス・ポメランツという歴史学者ですが、彼の観察を簡単にまとめれば、一八世紀後半から一九世紀にかけて西欧でおこったいくつかの事件が、欧州経済圏とそれ以外の世界の運命を分けることになったという歴史認識でしょう（日本語の『大分岐』は、川北稔の訳により二〇一五年に名古屋大学出版会から刊行されています）。ポメランツの大分岐論とは一八世紀末から一九世紀初に世界の運命が分かれ始めたという歴史観なのですが、数字を見る限り、そうした「分岐」が地域に住む人の「豊かさ」の差として明確な姿を現し始めたのは、むしろ一九世紀の半ば以降のようです。

左ページのグラフの上側には一九世紀以降の世界における主要地域別人口シェアを、そして下側には同じく主要地域別GDPシェアを図示してみました。一九世紀の初めには全世界の約二割だった中西欧に東欧ロシアや南北米大陸それに豪州などを含めた広義の欧州経済圏の人口シェアは、二〇世紀の真ん中の一九五〇年でも三割を超える程度にとどまっています。しかし、それにもかかわらず、一九世紀の初めには三割超程度でしかなかった彼らのGDPシェアは、一九五〇

図表3－1：主要地域別人口シェアの推移

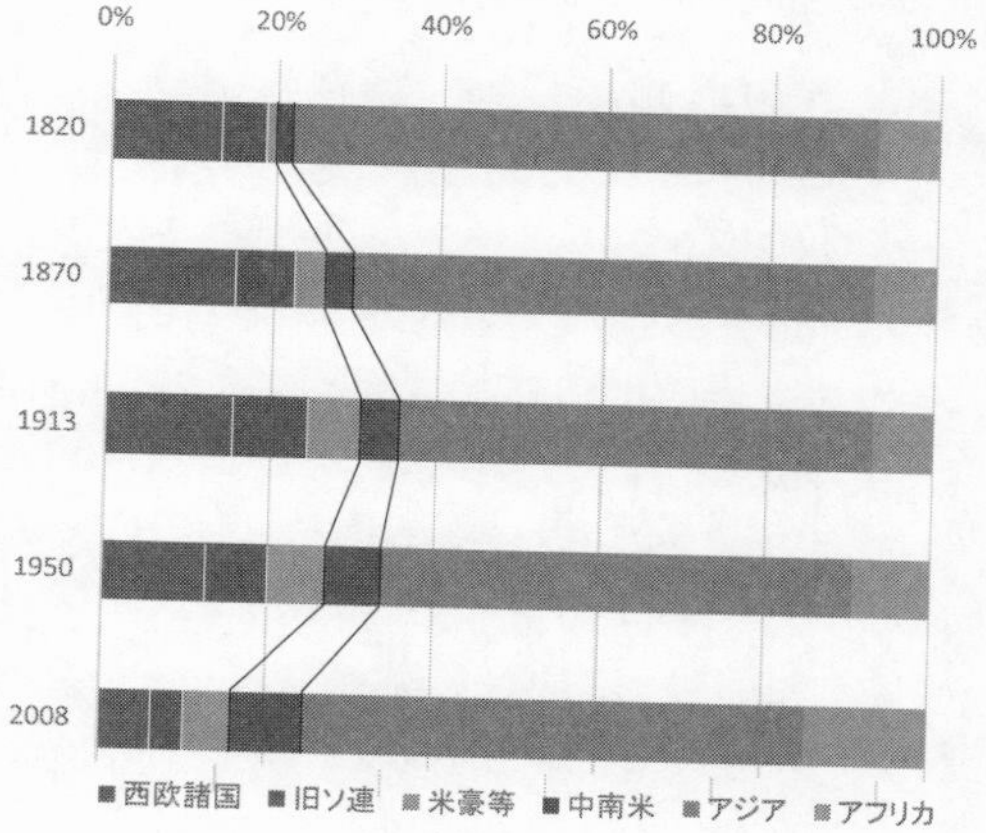

図表3－2：主要地域別 GDP シェアの推移

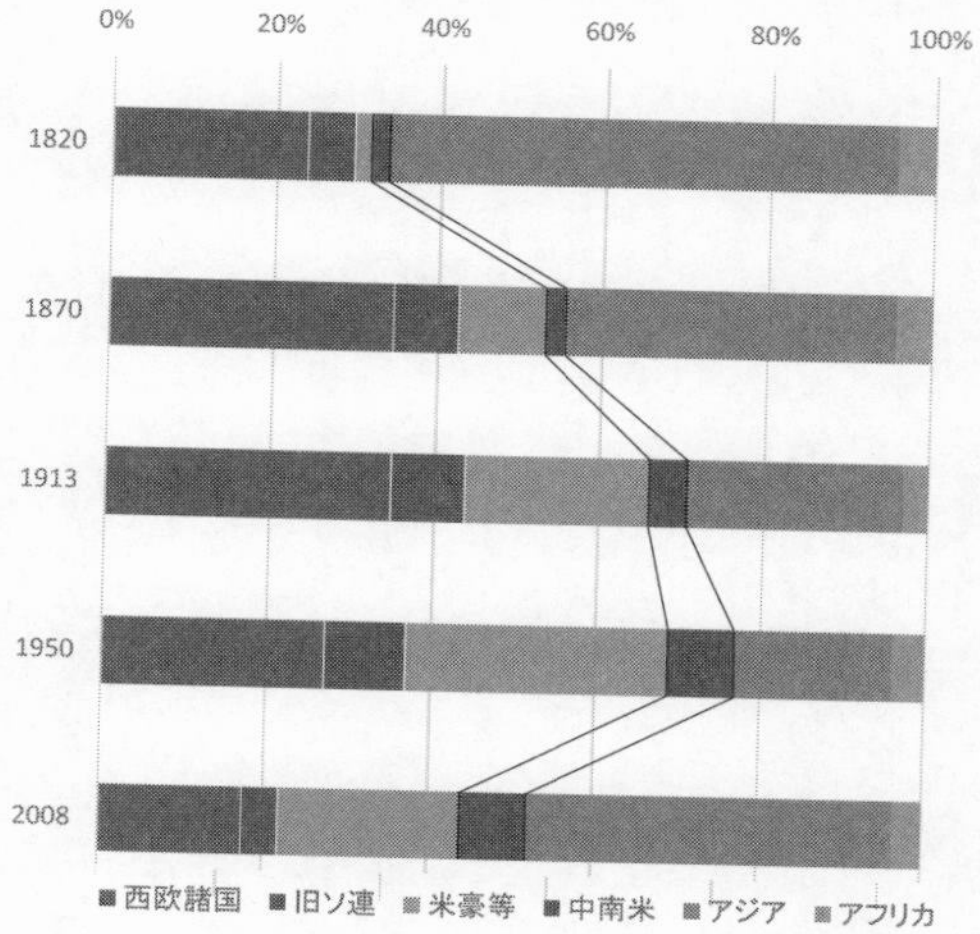

データ出所：https://www.rug.nl/ggdc/historicaldevelopment/maddison/

年には世界全体の八割に迫るほどで、もはや絶対的とも言えるほどの大きさになっています。一九世紀初めから二〇世紀半ばまでの百年余りの間に、欧州経済圏は驚くほどに強く豊かになり、対照的にアジアとアフリカは弱く貧しくなってしまったのです。欧州対アジアにおけるこの格差は、二〇世紀後半に入り、まずは日本の高度成長により、次には中国の改革開放政策の成功によって大きく押し返されますが、しかし、その間でもアフリカはさらに弱く貧しくなってしまっています。これは何が原因なのでしょうか。

鍵になる概念は「国際分業」でしょう。一九世紀英国の経済学者デイビッド・リカードは、著書『経済学及び課税の原理』で「比較優位論」を展開し、貿易は、生産活動における絶対的な生産性の違いではなく、どの産業が自国内に存在する他の産業に比べて効率よく商品を生産できるかで決まる、そして、この相対的な生産性の差すなわち比較優位性に基づき各々の国は得意な産業に特化し、そうした国際分業に基づき貿易が行われるようにすることが、どちらの国にも豊かさをもたらすのだと主張しました。

この比較優位論は、一九世紀の英国が自由貿易主義を追求する根拠にもなったものですが、現代の経済学の教科書でも自明の原理として取り上げられている通りで、理論的に間違っている点はありません。しかし、世界の国々の運命の分岐という点では、この国際分業にこそ原因あるいは落とし穴があったのではないでしょうか。

比較優位に基づく国際分業は、それを開始する時点で考える限り、分業を行わないよりも望ましい状況を双方の国に作り出します。しかし、そうした国際分業は、資本蓄積などを通じて各々の国の状況を増幅しながら次の時代に伝えることで、片方の国をどんどん豊かにする一方、他方の国を貧しいままにしたり、さらに貧しくしたりしてしまう可能性もあります。

たとえば、成立した分業の結果として片方の国が特化した産業に小さな変化、たとえば生産設備を増強することを促す技術進歩が起こったとしたらどうでしょう。起こった技術進歩自体は小さなものだったとしても、その産業では資本設備を増強して労働者たちに高めの賃金を支払うことが始まるかもしれません。すると、今度は高くなった賃金水準に対応してその国全体に資本蓄積と産業設備の高度化が促されることになります。そして、もし各々の国内産業の利益が各々の国内でのみ再投資される傾向があるとすれば、貿易が始まったときに選んだ産業が何かにより、片方の国では資本蓄積と賃金上昇の循環が生じて豊かさが次の豊かさを呼ぶというプロセスが生じる一方、他方の国は豊かさを生む循環から取り残されることになりかねません。しかも、そうして蓄積された資本は次の技術進歩を作り出すことになりますから、欧米における合成ゴム生産技術の登場がアジアにおける天然ゴム産業の収益性を変えてしまったように、片方の国の資本蓄積は国と国との基本条件を変え、結果として貧しい国は単に取り残されるだけでなく、さらに貧しくなってしまうということも起こり得るはずなのです。

こうした自己増幅的シナリオについては、ポメランツの議論を継承して世界が分岐した理由を論じたロバート・C・アレンという歴史学者が、著書『なぜ豊かな国と貧しい国が生まれたのか』(グローバル経済史研究会訳・二〇一二年・NTT出版)でさらに分かりやすく整理してくれています。ポメランツやアレンの議論は豊富な資料に基づく説得的なものですが、ただ、彼らの結論をここまで単純化して書いてしまうと、かえって疑問が生じるかもしれません。それは、こうしたシナリオで賃金水準が上昇した豊かな国と貧しい国が生れるとすれば、そこでは相対的に割安となった生産要素つまり労働を求めて、豊かになった国に蓄積された資本が貧しい国に流入しそうなものだからです。そうした国際間資本移動が起こってくれれば、貧しい国の賃金も上昇して人々の豊かさは再配分されるはずです。どうしてそうならなかったのでしょうか。

実は、この疑問こそが、ポメランツの指摘した大分岐が欧州とアジアとりわけ東アジアとの間では収斂しつつあるのに、なぜアフリカでは収斂が始まったようにすら見えないのかという問いに答を見つける入口になります。貿易が行われるためには、商品を売買する場つまり市場があれば十分ですが、資本が移動するためには、統治力ある国家、資本提供者を安心させる企業制度、さらに金融市場での資金循環を支える通貨制度の整備が不可欠でしょう。そこに、一九世紀から二〇世紀という成長の時代に、中南米が西欧圏よりもやや低いながらも成長を続けられた理由があり、アフリカが中南米よりも低位にとどまった理由もあって、そしてこの時期の中国が成長どころか絶対的にも貧しくなっていった理由もあったのだと私は思っています。

これに気付けば、二〇世紀の最後の期間に中国が一気に高成長の軌道に乗ることに成功したことも不思議でなくなります。そもそも、国家と企業そして通貨制度は海外から資本を受け入れるために必要なだけでなく、国内に生じた付加価値を再投資するためにも不可欠の装置です。一九世紀から二〇世紀の半ば過ぎに至るまで中国はそれを作ることができませんでした。それが、かつての中国が「大分岐」の最も下の枝で苦しんだ理由であり、一九七八年からの改革開放政策で

パネル12：バージニアのタバコとカリブ海の砂糖

国際分業は覇権国の都合で作り出されることもある。17世紀から18世紀にかけての大西洋三角貿易は、英国の工場で作られた銃がアフリカへと運ばれ、銃による部族間抗争激化で生じた奴隷がアフリカからカリブ海地域へと運ばれ、カリブ海地域から奴隷労働で生産された砂糖が英国へと運ばれるという国際分業だったが、これを演出したのが英国の植民地政策だった。17世紀に北米に進出してきた彼らから見れば、現在の米国北部地方は英本土に似た面白味のない土地だったのに対し、南部地方はタバコという国際商品の栽培が可能な温暖地だったわけだが、それをも凌ぐ魅力的な開発対象だったのが砂糖栽培に適したカリブ海地域だったからである。川北稔は、『イギリス 繁栄のあとさき』（1995年・ダイヤモンド社）で、タバコに厳しく砂糖に優しいという英国の政策が、北米バージニア植民地のタバコ農場主たちの自立を促し、他方でカリブの砂糖農園主たちの不在地主化を起したと指摘し、あわせて、当時の英国がそこまで砂糖を欲したのは、囲い込み運動で都市に流れ込んだ労働者たちを早朝から夕方まで工場で働かせるためには、不味い朝食を胃に流し込むのを助ける甘い紅茶が有効だったという事情があったとも指摘している。ちなみに、こうした比較優位論的文脈ではまったく魅力ある風土でなかった米国北部地方への入植者たちは、やむなく英国の産業構造のコピーを選択したのだが、それこそが19世紀以降の米国の繁栄を作り出す結果になったわけだ。写真は銃弾先込め式のマスケット銃。この種の銃が大量に持ち込まれたことが部族間抗争を深刻なものとし、それが現在のアフリカの「貧しさ」の原因の一つになっている。

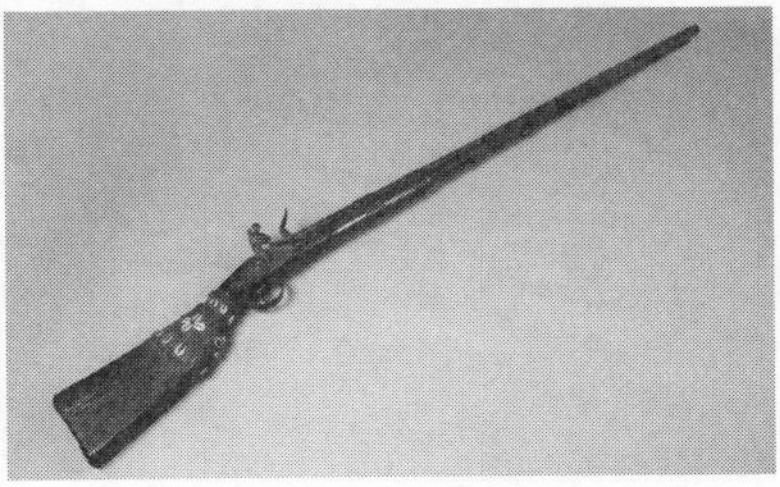

彼らが一気に状況を逆転することに成功した理由でもあるのでしょう。そんなことを考えながら、まずは二度の大戦を経て自由貿易と国際通貨体制が出現するまでの経済と政治の流れを大摑みに見てみることにします。

一九世紀から第一次大戦後の世界まで

一八七〇年は世界が一つの時代から別の時代に変わる年でした。この年、欧州大陸では普仏戦争が始まり、翌七一年一月には、パリ砲撃が続く中でのパリ近郊ベルサイユ宮殿で、プロイセン国王が皇帝ウィルヘルム一世としてドイツ帝国の成立を宣言します。戦争の相手方だったフランスでは同年三月に社会主義を掲げるコミューン政権がパリを掌握しますが、二か月後にはプロイセンと講和したベルサイユ政府軍に鎮圧され、ここでフランスは第三共和政の時代に入ります。

一方、北米大陸では一八六一年に始まった南北戦争が六五年に終結し、米国もまた新しい時代に入ることになります。南北戦争は「内戦」ではありましたが、世界史上おそらく初めての「総力戦」で、その惨状は従来の戦争の常識を大きく塗り替えるものでした。この戦争の戦死者は六十二万人で南部北部合計人口三千万の二％、戦死者二十六万を出した南部についてだけみれば、それは白人人口五百五十万の五％に上っています。一九四一年から四年弱の日本の戦争（日中戦争時を除く戦争、いわゆる「太平洋戦争」）の日本の死者は民間人を含めて二百万で内地人口七千五百万の約二・五％ですから、それと比べても南北戦争の悲惨さが分かります。

南北戦争での戦死者が多くなったのは、銃身内にライフルつまり施条があって従来よりも格段に殺傷力の高い歩兵銃が使用されたことが大きかったようですが、そうした膨大な人的損害にもかかわらず戦後の米国が国内融和を達成できたのは、その西方に先住民から略奪可能な土地つまりフロンティアを持っていたからです。米国におけるフロンティアは、一八九〇年の国勢調査報告書に、「もはやフロンティアラインと呼べるものがなくなった」と書かれたことにより消滅したとされていますが、この南北戦争後の時期に米国は西部の開拓を進め、一九世紀いっぱいをかけて大西洋と太平洋にまたがる大国になることに成功したわけです。

そして、日本については言うまでもないでしょう。日本で新政府が動き出したのが一八六八年ですから、日本は世界とりわけ西欧圏世界が新体制に切り替わるそのタイミングで、自身を西欧型国家へと変えることに踏み切ったわけです。両大洋国家になった米国は、一八九八年の米西戦争でスペインに圧勝してフィリピンを支配下に収め、また同年に独立王国だったハワイを併合していますから、日本の国家体制切り替えの時期は、これまでインド洋を越えてやって来ていた欧州諸国に加えて、その反対側から西進してきた米国の登場により、アジア太平洋地域の政治地図が大きく塗り替わる直前でもあったわけです。

こうした政治地図の塗り替わりとともに進行していたのが、経済地図の塗り替わりです。西欧圏が一人当たりの豊かさという意味での経済成長を始めるのは、産業革命とナポレオン戦争を経た一八二〇年ごろと見てよさそうですが、その西欧圏でも先頭ランナーの顔ぶれ交代が起こります。一八七〇年辺りから、西欧圏成長の牽引役だった英国の一人当たりＧＤＰの成長率が、統一に成功したドイツと南北戦争後の米国に劣後するようになり、そしてアジアにありながら西欧型

図表4：分岐後の主要国一人当たりGDP成長率（年率・実質値・％）

	1-1000年	1000-1500	1500-1820	1820-1870	1870-1913
フランス	−0.01	0.11	0.14	1.01	1.45
ドイツ	0.00	0.10	0.14	1.08	1.61
英国	0.00	0.12	0.27	1.26	1.01
米国	0.00	0.00	0.36	1.34	1.82
旧ソ連諸国	0.00	0.04	0.10	0.63	1.06
中国	0.00	0.06	0.00	−0.25	0.10
インド	0.00	0.04	−0.01	0.00	0.54
日本	0.01	0.03	0.09	0.19	1.48

データ出所：https://www.rug.nl/ggdc/historicaldevelopment/maddison/

国家になることに成功した日本にも、その「勢い」という面では追い抜かれて行きます。この辺りの数字は上の「分岐後の主要国一人当たりGDP成長率」と題した表の右端を参照してください。一九世紀の後半に何が起こったか分かると思います。

第一次世界大戦は不幸にしてはまり込んでしまった大戦だったという見方があります。偶然に近かった戦争の発端時には、冷静な政治の計算から早期に戦争は終結するはずという予想が大勢だったようですが、実際には交戦国となった国々の愛国主義の相互作用から欧州全土を舞台とした総力戦へと拡大し、戦死者は双方合わせて一千万人に達するという未曾有の惨禍になってしまいました。この大戦は東の大国だったロシアが革命により対ドイツ戦から脱落するという事件を伴いながら一九一八年に終結することになります。

大戦後の欧州の政治地図は大きく変わります。西ではドイツ帝国がワイマール共和国と呼ばれる共和政に移行し、東では社会主義政権を成立させたロシアが周辺の国々を吸収してソ連つまりソビエト社会主義共和国連邦を形成します。また、変化は女性参政権というかたちでも欧米圏に普及します。これは、長期に及んだ総力戦で、多くの男性が兵士として出征した後の職場に女性が進出したことと関係しているのでしょう。これに対し、大戦に参加はしたものの総力戦とまでは行かなかった日本では、変化はいわゆる大正デモクラシーで男性普通選挙に移行したにとどまり、女性参政権の成立は次の大戦の後まで待たなければなりませんでした。

ところで、経済という観点からみると、西欧圏諸国は、この大戦の痛手から意外なほど早く回復します。一九二二年にイタリアで開かれたジェノア会議で、旧平価によらない金本位制復帰も対外債務不履行に当たらないというコンセンサスが成立したことが、敗戦国も含めて金本位制への復帰を容易にしたからです。そうしたこともあって、大戦で停止されていた金本位制は一九二〇年代に入ると次々に復活し、マルク紙幣の価値が開戦前の一兆分の一に減価するという経験をしたドイツでさえも、二三年一一月にレンテンマルクという新通貨制度を採用したことで、わずか数日のうちに超インフレを止めることに成功し、翌二四年秋には金本位制に復帰してきます。レンテンマルクについての詳しい説明は以前に書いているので省略しますが（集英社から二〇〇八年に刊行した『貨幣の経済学』で書きました）、その本質は、政府の一般的な支払能力に貨幣価値の源泉を求めるのでなく、土地所有に新たに課すことにした税金のようなものに通貨価値を結び付ける仕組みで、これにより新通貨の価値を確かなものと人々に感じさせたことが成功につながったのだと思います。当時のドイツでは、戦勝国となったフランスなどにより、ドイツ国内のあらゆる資産が賠償という名目で国外に持ち去られるのではないかという不安が広がり、それがマルク価値への信認を失わせていたところがありました。そこで、いかに戦勝国といえども持ち去ることができない土地を新しい通貨の裏付けにするというレンテンマルクのアイディアが、破滅的なインフレ状態にあったドイツを救うことができたわけです。

もっとも、そうした金本位制復帰への波に日本は完全に乗り遅れてしまいます。日本は第一次世界大戦では戦勝国グループに入っていたのですが、金本位制への復帰はこじれ通しでした。理由は、明治日本がメンツをかけて決めたともいえる金平価、具体的には一八九七年の貨幣法で決めた「一円＝金〇・七五グラム」という平価での金本位制復帰にこだわったことが大きいようです。第一次大戦後の一九二〇年代は欧米でモータリゼーションが本格化するなど、先進国経済が一気に重化学工業化していった時代ですから、柔軟に平価を変更して早く国際経済に完全参加する方が良かったかもしれません。しかし、現実の日本が選択したのは、開戦前の貨幣法平価に何が何でも復帰するのだという直球戦略でした。直球戦略がうまく行かなかった理由を個別に見れば、ロシア革命への干渉戦争から各国が撤退する中で一九二二年まで継続したシベリア出兵の失敗や、翌二三年の関東大震災による膨大な損失などがあります。ただ、それらに日本が足を取られた背景には、不十分な国力のなかで背伸びを続けることの無理という面があったのでしょう。一九二七年には金融機関の経営基盤に対する不安から「昭和の金融恐慌」が起こっています

余談になりますが、六三ページで日本の企業勃興期に日本鉄道とタッグを組んで生まれたと説明した第十五銀行も（創業時は「第十五国立銀行」ですが、その後の法改正で「国立」の二字が消えてい

パネル 13：南満州鉄道

このころの日本は息せき切って欧米列強の後を追おうとしていた観があって、領域を支配することが主たる目的の会社をこの時期になって作ったりしている。その一つが1906年設立の南満州鉄道会社だが、鉄道作家宮脇俊三は『時刻表昭和史』で満州国の首都新京から日本との連絡都市大連に向かう列車に「上り列車」であることを示す偶数の列車番号が付されていたことに注目し、帝国日本の外地支配における精神構造の粗雑さを指摘している。余談ながら、同書にはところどころに典型的明治人ともいうべき彼の父のエピソードが記されていて興味深い。彼の父である宮脇長吉は、日露戦争で戦功をあげながらも軍の観測用気球が皇居上空を飛んでしまった責任を取って退役、その後は政治に転じて衆議院議員となったが、昭和になって勢いを増していく軍部を批判し続け、1938年には国家総動員法案の説明員として登壇しながら自己の信念のごときものを延々と述べ始めた佐藤賢了中佐を議員席から戦場で鍛えた大声で牽制し（つまり「野次」である）、興奮した佐藤に「黙れ」と怒鳴らしめた人物である。戦功ある先輩を政権中枢への近さを頼む軍官僚が公の場で怒鳴るという一事にも昭和陸軍の精神的堕落を見る思いがする。宮脇は1942年の選挙で大政翼賛会と対立して落選した一方、佐藤は東條英機の側近として出世を重ねた。東條の側近は軍部内でひそかに「三奸四愚」と呼ばれていたらしいが、佐藤はその「四愚」に見事ランクインしている。写真は南満州鉄道の特急「あじあ」。日本国内より広い国際標準軌のレールを最高時速135キロで突っ走ったのだが、運行期は1934年から43年と短く、その時代は「黙れ」事件に重なる。

ます）、代表者の松方巌が私財の大半を投げ出し公爵位も返上するというエピソードを残して、この金融恐慌で倒産しました。松方巌は、大蔵卿として厳しい財政緊縮策で西南戦争後のインフレを収拾するなどの業績を残しながらも、出身の薩摩閥からの人望がいまひとつとされていた松方正義の長男ですから、エリートがことに遭ったときの責任の取り方については意地のようなものがあったのかもしれません。

大不況と二度目の大戦

第一次大戦後の時代を考えるために、まず左ページの「分岐後世界の国別一人当たりGDP」と題した表を参照してください。九四ページの表は主要国だけの豊かさの成長「率」の比較ですが、この表では、その後の様子を見るためにカバー年を後の時期まで拡大したうえで、若干の地域代表的な国を追加して一人当たりGDPの「大きさ」そのものを書き込んであります。表の中にいくつかの空欄があるのは、国境線の移動などによる原データ上の制約なので我慢してください。こうしてみると一九二〇年代を経て三〇年代に入りかけるころには、西欧圏諸国の人々の暮らしは敗戦国ドイツを含めて戦前をはっきりと上回る水準に回復した一方、社会主義ソ連の回復は遅れ一九三〇年でもようやく戦前に近いところまで水準を戻す程度にとどまっていることに気付くでしょう。そしてポメランツの大分岐もますます明確なものとなっています。その限りでは、この戦間期と呼ばれるようになった時代とりわけ戦後の十年余りの時代は、西欧圏諸国にとっては繁栄の一九世紀のシナリオが続く「幸せな時代」だったわけです。

図表5：分岐後世界の国別一人当たりGDP（1990年米ドル基準実質値）

	1820年	1870年	1913年	1930年	1939年	1950年
フランス	1,135	1,876	3,485	4,532	4,793	5,186
ドイツ	1,077	1,839	3,648	3,973	5,406	3,881
英国	1,706	3,190	4,921	5,441	6,262	6,939
米国	1,257	2,445	5,301	6,213	6,561	9,561
旧ソ連諸国	688	943	1,488	1,448	2,237	2,841
アルゼンチン		1,311	3,797	4,080	4,148	4,987
ブラジル	646	713	811	1,048	1,263	1,672
中国	600	530	552	568		448
インド	533	533	673	726	674	619
日本	669	737	1,387	1,850	2,816	1,921
フィリピン	584	624	988	1,382	1,508	1,070
トルコ	643	825	1,213	1,249	1,814	1,623
ガーナ		439	781			1,122
南アフリカ	415	858	1,602			2,535
(全アフリカ)	(420)	(500)	(637)			(889)
世界平均	**666**	**870**	**1,524**			**2,111**

データ出所：https://www.rug.nl/ggdc/historicaldevelopment/maddison/

その幸せな時代は一九三〇年に入って暗転します。前年の二九年一〇月二四日に始まったニューヨーク証券取引所の株価下落は、一時的な株価調整だろうという当初の見方を裏切り、広汎な株価の暴落とデフレ心理の拡散を世界中にひきおこしてしまいました。後に「暗黒の木曜日」と呼ばれるようになった世界大不況の始まりです。ただ、その話は多くの本で取り上げられていますから、ここで詳しく説明する必要はないでしょう。ここでは、この世界大不況期の日本で起こっていたことをやや詳しくたどっておきます。

貨幣法による平価復帰という直球戦略をとった日本がようやく金本位制を復活できたのは、一九二九年末になります。欧米にとっては幸せな時代だった一九二〇年代に苦労と倹約を重ねた結果、ようやく日本経済の実力が貨幣法平価での金兌換を開始しても何とかなりそうな財政事情まで来たからです。復帰を主導したのは、この年の夏、田中義一内閣辞職の後を受けて成立した浜口雄幸民政党内閣の蔵相に就任した井上準之助です。井上は日本銀行総裁も務めた金融理論家ですが別に夢想家ではありませんから、十分な金融と財政の引き締めを行い、それで平価が実質の貨幣価値と大きくは乖離しない水準になるのを見計らって金本位制に復帰する決断をしたようです。これが昭和の「金解禁」です。

金を「解禁」するというのは、兌換によって手に入れた金の海外輸送を許すという意味で、国際貿易や投資を自由化するとともに、投機筋から通貨を売り込まれるリスクに円をさらすという意味もあります。そして、そのリスクが、たちまち現実のものになってしまいました。

日本が金解禁を決定したのは一九二九年一一月二一日で（実施は翌年一月一一日です）、これに対して暗黒の木曜日は一〇月二四日ですから、時間順では暗黒の木曜日の方がわずかに先行していますが、当時の雰囲気では世界不況があれほどまでに深刻になるとは予想されていなかったようですから、その点からみれば金解禁という最初の判断自体を責めるのは井上に対して酷でしょう。問題があったとすれば、その後です。井上は浜口首相がテロに倒れた後の若槻礼次郎内閣でも蔵相として留任して金解禁政策を堅守していましたが、金解禁から約二年後の一九三一年一二月、軍部との対立で民政党の若槻内閣が倒れ、現実主義者として知られた高橋是清が犬養毅政友会内閣の大蔵大臣に就任したことで金解禁は終わりました。しかし、井上が金解禁を維持していた最後の数か月、とりわけ、一九三一年の九月、金本位制の総本山ともいうべき英国が金兌換を停止したにもかかわらず金解禁政策を維持して大量の投機を浴びたことは、単なる経済財政問題にとどまらない影響を日本に与えたと思います。この投機で中心的役割を演じたのが当時の財界の主導的立場にあって自由主義経済を標榜していた三井財閥だったこともあって、「人々の苦しみの中で巨利をむさぼる財閥とそれを許す政党政治」という見方が図式として定着し、そうして図式化された政治経済体制への反発が、財閥を抑えて軍部が国民を指導すべきとする昭和軍国主義の感情的底流になっていったように思えるからです。

もっとも、経済という観点だけから言えば、日本は他の主要国より早く世界大不況から立ち直った方です。理由はいくつか考えられるのですが、すでに内閣総理大臣を経験した大物政治家ながら犬養の下での大蔵大臣就任を引き受けた高橋是清の貢献を書き落すわけにはいきません。高橋は国債の日銀引受という「非常の策」まで動員してデフレ心理の拡散を食い止め、日本経済を再拡大の軌道に乗せることに成功しています。この高橋蔵相主導の金融財政政策は「高橋財政」という名で呼ばれ、当時から今に至るまで、日本のみならず世界からも称賛され、他方で非難の的ともなっていますが、私は世上の毀誉褒貶の多くは高橋財政の本質を見ていないと感じています。彼は国債を引き受けて通貨を増発するだけでなく、事態を収拾した後の国債売却と通貨回収までをしっかり考えており、そこに高橋の財政家としての本質があると思うからです。ただ、そのことは二〇一八年六月に岩波新書として刊行した『金融政策に未来はあるか』に書いたばかりですので、ここでの詳述は略させてください。高橋は、愛嬌のある丸顔で「ダルマさん」として庶民にまで親しまれた苦労人ですが、陸軍皇道派将校らによる「二・二六事件」で一九三六年に殺害されています。

さて、大不況後の世界がどうなったのかというと、金兌換の停止と財政拡大という政策セットを採用した国から順に不況からの脱出に成功していった観があります。金兌換の停止を体制切り替えのメルクマールとしてみると、その一番手は大戦の敗戦国だったドイツで一九三一年七月、次いでポンド価値を過大評価しているとの見方が絶えなかった英国が同年九月、日本が前述の通り同年一二月ですが、米国は遅くて三三年になってからで、フランスは三七年まで制限付きではありましたが金兌換の建前は維持していました。

この金本位制崩壊以降の時代を特徴づけたのは、主要国が自身を中核とする貿易圏を作るという仕組み、後に「ブロック経済」と呼ばれるようになる貿易体制が形成されたことでしょう。ただし、この「ブロック経済」という体制を「自由貿易体制」と対比して議論することは必ずしも適切ではありません。

自由貿易体制とは、主な貿易相手として選んだ国との輸出入に対しては、品目別や産業別に政府が介入することをしない体制という意味です。ですから、穀物の輸入は関税面や輸入手続き面で優遇するが工業品は許可制にするなどというのは自由貿易ではありません。ところが、戦間期のブロック経済では、各ブロックの内部では自由貿易が基本でした。ブロック経済とは、貿易を自由とする相手国のリストを中核国の認める範囲の国に限定するという意味だったのです。一方、今の世界は自由貿易体制だと称していますが、自由である貿易相手国のリストは無制限ではありません。その限りでは、今の西側諸国の経済体制だって米国を中核国とする巨大なブロックだと言ってよさそうだし、一昔前の東西冷戦の時代については米国ブロックとソ連ブロックが対峙する時代だったということになるでしょう。しかし、その東西冷戦の時代をブロック経済とは言いません。では、何が異なるのでしょうか。

私は、経済圏を形成する目的が異なるのだと思っています。東西冷戦の時代の貿易圏分割は体制間競争あるいは体制間対立の結果として生まれたものでした。しかし、戦間期のブロック経済は体制間対立の結果ではありません。大不況の後でブロック経済的な貿易圏分割が始まった初期には、米国も英国もフランスも、ドイツや日本ですらも、政治体制的には極端な対立のない国同士だったはずです。ブロック間のせめぎあいが政治体制対立の色彩を強くしたのは、一九三〇年代も後半に入ってからですから、順序関係は反対になっているわけです。

では、なぜ、大不況後にブロック経済が形成されたのでしょう。それは、各国の政府が財政政策によって景気テコ入れを本気で行おうとするとき、そこで生じる政策効果と負担の非対称を嫌ったためだと思います。面倒な言い方をしましたので、たとえ話を少々させてください。

仮に貴方が政府の政策決定者で、落ち込んでいく景気を支えるためにダムを作るとか橋を架けるというような公共事業を、財源として国債を発行することで実行しようと考えたとします。そうした事業は土木作業員の雇用増としてだけでなく資材需要の活発化として自国経済を潤しますが、恩恵を受けるのは自国だけにとどまりません。自由貿易体制の下では、国内における財政拡大は海外の資材産業などにも刺激を与える効果があるからです。ところが、その財源の方はどうでしょう。公共事業拡大を賄うために発行した国債の利払いや償還には自国民の将来の納税をあてざるを得ません。そこまで考えれば、財政による景気テコ入れを目論んでいる貴方は、景気テコ入れ効果を国境で封じ込めたい、自由貿易を許すのは自国と政策的に同調できる国との間に限りたい、そう思い始めるのではないでしょうか。

こんな想像をすれば、大不況後の世界で金本位制の停止と財政拡大そしてブロック経済化が同時進行したのも当然と思えてくるでしょう。でもそこに不幸の種があったのです。世界の主だった国々がブロックを作り始めると、ブロック形成による「景気テコ入れ効果の封じ込め」は、ブロック間で打ち消しあって意味あるものになりません。それどころか、自国が作るブロックが小さく、ブロック内だけで十分な国際分業が成立させられないと、他ブロックから締め出されることによるダメージの方が大きくなります。そうしたブロック間のせめぎ合いは、次の大戦の原因の一つになっていきます。

図表6：戦間期主要国のＧＤＰ推移

（1990年米ドル基準実質値・金額百万ドル／増減率％）

	1920（対1913年比）	1930（対1920年比）	1939（対1930年比）
フランス	125,850（−12.9%）	188,558（+49.8%）	200,840（+6.5%）
ドイツ	170,235（−28.3%）	258,602（+51.9%）	374,577（+44.8%）
英国	212,938（−5.2%）	249,551（+17.2%）	300,539（+20.4%）
米国	593,438（+14.7%）	768,314（+29.5%）	862,995（+12.3%）
日本	94,654（+32.1%）	118,801（+25.5%）	203,781（+71.5%）

データ出所：https://www.rug.nl/ggdc/historicaldevelopment/maddison/

第一次大戦後の主要国の国力の変化をもう少し数字で観察しておきましょう。上の「戦間期主要国のＧＤＰ推移」と題した表を見てください。第一次大戦後の世界が落ち着きを取り戻した一九二〇年から三〇年までの時期と、それから第二次大戦が始まる同三九年までの時期とを並べてみると、大戦後は超インフレに悩まされていたドイツが二〇年代に入ると国力を大きく伸長させ、一九三九年には大戦後しばらくは勢いを保っていたにもかかわらず大不況後に失速したフランスをはるかに凌ぎ、またかつての覇権国だったにもかかわらず勢いが冴えなくなった英国をも上回るようになりました。また、第一次大戦後の十年ほどは迷走気味だった日本も、三〇年代に入ってからはまるで別の国になったかのような勢いで成長を加速させ、一九三九年には大国という点では老舗のはずのフランスに並ぶほどの国力に達しています。こうした力関係の変化が、世界が再度の大戦に突入する背景にあったのでしょう。その先は、

パネル14：スペイン内戦

戦間期の最後の時期には現代にも通じる重要な事件が多く起きている。なかでもフランスとスペインという西欧圏中核国で、反ファシズム反帝国主義を掲げる「人民戦線」が短期ながら政権を握り、しかし崩壊した事実は重い。フランスの人民戦線は文化人ロマン・ロランやアンドレ・マルローらの呼びかけによって生まれたもので、1936年の選挙で政権を掌握したものの翌37年には内部対立などから政権を失った。また、スペインの人民戦線は1936年の選挙で組閣に成功するが、ナチスドイツなどの支援を受けたフランコの反乱により内戦状態に入り39年に最終的に消滅している。このスペイン内戦に人民戦線側義勇兵として参加したジョージ・オーウェルは、そこで見た人民戦線支援者であるはずのソ連の姿から人々の心を支配しようとする独裁者「ビッグブラザー」というモチーフを得たとされる。写真はロバート・キャパが撮った1938年10月の人民戦線の義勇兵軍団「国際旅団」の解散式。戦後のキャパは、1954年4月に初来日し、貧しいながらも平和が戻った東京の情景を暖かく撮影した数枚を残しているが、直後の5月、インドシナ戦争取材中に帰らぬ人になった。享年40歳だった。

どの教科書にもある通りです。第一次世界大戦の反省からは二度と起こり得なかったはずの大戦が再び起こり、しかも戦死者も双方で二千五百万、非戦闘員つまり民間人の死者は三千万人を超えるという大惨禍になりました。

こうしてみると二度の大戦は欧州大陸で興隆するドイツを巡る同国と周辺国との利害対立を原因とする一連の戦争であり、戦間期とはその間の比較的長い休戦期、ブロック経済とは一つの利害対立が起こした二度の「熱い戦争」の間のしばしの冷戦期経済に過ぎなかったようにも思えるところもあります。でも、そうした歴史論は措くことにしましょう。その後の世界、とりわけ「西側」と言われるようになった世界を支配したのは、ブロック経済がこれまでにない悲惨な戦争を起こしたという認識から生まれた為替制度と貿易体制だからです。それをブレトンウッズ体制と言います。

二　グローバリズムの波の中で

ブレトンウッズの世界

二度の大戦のあと、南北米大陸と欧州大陸の西半分つまり西側世界には自由貿易が戻ってきました。ＩＭＦ（国際通貨基金）と世銀（世界銀行・国際復興開発銀行）を軸とする国際通貨体制の時代です。この体制は、新しい通貨体制構築で第二次大戦後世界の経済秩序を作るということを決めた国際会議が開かれたホテル所在地の名を取って、ブレトンウッズ体制と呼ばれます。会議が開かれたのは大戦中の一九四四年ですが、実際に機能し始めたのはＩＭＦが四七年で世銀は四六年です。また一九四八年には自由貿易体制を推進する枠組みとして今のＷＴＯの前身にあたるＧＡＴＴ（関税及び貿易に関する一般協定）も発足し、ここで西側経済圏での自由貿易体制の基本的な枠組みが出そろったことになります。ちなみに、日本がこの体制に正式参加したのは一九五二年で、これはサンフランシスコ平和条約の発効年と同じになります。

さて、ブレトンウッズ体制とは何かと言えば、それは形式的には大不況前の金本位制への回帰です。ここで「形式的」と言ったのは、実際に自国通貨と金との交換を復活させたのは大戦後西側世界で圧倒的な巨人になっていた米国だけで、他の国はそのドルに対して平価を設定するというやり方だったからです。米国が設定した金とドルとの平価つまり交換レートは「一トロイオンス＝三十五ドル」でした（ちなみにトロイオンスとは約三十一・一グラムです）。しかも、実はここが重要な点なのですが、米国の金兌換は協定加盟国の政府および中央銀行に対して提供されるだけで、他国の民間部門はもとより米国民に対しても義務を負担するものではないというものだったことです（米国内法体系としては大不況期に制定された「金準備法」により一般の米国民には貨幣用の金の保有が禁じられていたので、これが国内向けの兌換を拒む根拠になったようです）。つまり、ブロック経済以前の体制への回帰と言ってもそれは形ばかりのもので、この通貨体制の本質は、要するに固定為替レートによる国際貿易体制だったと評価して良いでしょう。ちなみに、日本は、平和条約が発効してＩＭＦへの加盟が実現するよりも三年も前の一九四九年に、ＧＨＱすなわち連合軍総司令部との調整により「一ドル＝三百六十円」の為替レートを設定していますので、日本のブレトンウッズ体制への参加は実質的にはこの四九年と位置づけるのが普通のようです。

ところで、このブレトンウッズ体制、今の私たちが「グローバリズム」と呼んでいる経済体制とどこが違うのでしょうか。それは為替レートが固定相場だという点です。しかし、為替レートが固定制だと現実の経済のどこが変わるのでしょう。

変わるところはいろいろありますが、私が最も重要と思うことの一つは、固定為替相場の世界では国境を越える資本移動を自由にさせておくことが難しくなるという点です。固定為替相場の下でも貿易は自由にさせて良いのですが、その結果、恒常的に輸入が輸出を上回るような状況が生じたとき、当局つまり政府あるいは中央銀行は自国通貨を買い支える必要が生じます。たとえば日本だったら、外国為替市場に当局が出て行ってドル売り円買いをするわけです。これを為替介入と言います。この為替介入は制度維持上必要なものでした。それをしないと国際的に約束した「一ドル＝三百六十円」の為替レートが維持できなくなってしまうからです。しかし、実行には外貨が必要となる為替介入を限りなくできるはずもないので、為替レートを安定的に維持するための本当の道具は、当局自身が自分で行える財政金融政策ということになります。具体的に言えば、貿易収支が赤字気味の国は、財政を緊縮気味に運営し金融政策を引き締めて、輸入が増えすぎるのを抑え込むのがブレトンウッズ体制での基本動作になります。

ところで、そうして為替レートを維持しようとしている当局者にとっては、自由な国際資本移動というのは目障りなものとなります。せっかく財政と金融を引き締めて景気の過熱を抑え込んで為替相場を維持しようとしているときに、それで景気が悪くなると予想する外国人が投資を引き揚げようとしたら、外国為替市場では自国通貨売りドル買いの圧力が生じてしまいます。もちろん実際の為替相場はずっと複雑で、財政や金融の引き締めが外国からの投資を誘う筋書きも十分考えられるのですが、当局者というのは、今も昔も自分の思う通りに動くとは限らないプレーヤーが存在するのを嫌うものです。そんなこともあって、こうした固定為替レートの時代には、貿易は自由に行うことを許していても、資本取引は自由にしないのが普通でした。また、名目上は自由貿易を掲げていても、為替レートの維持に自信がない国は、何らかの形で貿易を管理下に置くことも少なくありませんでした。

たとえば日本が貿易自由化の方向を打ち出したのは一九六〇年で、GATTやIMFのルールに適う形で貿易を自由としたのは、一九六三年から翌六四年にかけてです。それまでの間は、ブレトンウッズ体制に参加していたと言っても、資本取引どころか貿易だって自由ではなかったわけです。要するに、第二次大戦後に自由な貿易体制が復活したと言っても、それには多くの例外が含まれていたし、ましてや国際資本移動の自由などとは程遠いものだったのです。

この辺で、第二次大戦後の各国や各地域の状況を俯瞰しておきましょう。左ページの「第二次大戦後世界の国別一人当たりGDP」と題した表の左の二欄、一九五〇年と同七三年をみてください。一九五〇年は第二次大戦後の混乱が収まって一定の秩序のようなものが世界で復活した年、七三年は後で述べるようにブレトンウッズ体制が完全に崩壊し世界が変動相場制に移行した年です。この表を見て何に気付くでしょうか。

図表７：第二次大戦後世界の国別一人当たりＧＤＰ

（1990年米ドル基準実質値）

	1950年	1973年	1983年	1988年	1999年	2008年
フランス	5,186	12,824	15,245	16,790	19,754	22,223
ドイツ	3,881	11,966	14,329	16,160	18,380	20,801
英国	6,939	12,025	13,404	16,110	19,516	23,742
米国	9,561	16,689	18,920	22,499	27,735	31,178
旧ソ連諸国	2,841	6,059	6,687	7,043	4,102	7,904
アルゼンチン	4,987	7,962	7,387	7,054	8,746	10,995
ブラジル	1,672	3,860	4,498	5,155	5,377	6,429
中国	448	838	1,258	1,830	3,162	6,725
インド	619	853	1,043	1,216	1,845	2,975
日本	1,921	11,434	14,307	17,185	20,198	22,816
フィリピン	1,070	1,964	2,407	2,105	2,293	2,926
トルコ	1,623	3,477	4,230	5,086	6,101	8,066
ガーナ	1,122	1,397	933	1,034	1,247	1,650
南アフリカ	2,535	4,175	4,112	3,964	3,808	4,793
(全アフリカ合計)	(889)	(1,387)	(1,450)	(1,438)	(1,431)	(1,780)
世界平均	**2,111**	**4,083**	**4,541**	**5,056**	**5,833**	**7,614**

データ出所：https://www.rug.nl/ggdc/historicaldevelopment/maddison/

まず眼を引くのは米国の豊かさでしょう。米国は人口も非常に大きい国ですから、その国がこの豊かさなら西側諸国の盟主になっても不思議はないところです。そして、大戦で大きく傷ついた西欧諸国も復活しています。なかでもドイツの復活は目覚ましく七三年には戦勝国の英国とフランスにほぼ追い付き、増加率でいうと豊かさを約三倍にするほどの成長を達成しています。しかし、復活ということなら何と言っても日本でしょう。日本の一人当たりGDPは約六倍に増加し、ついに西欧諸国に迫る水準にまで達しています。

もっとも、この時代に成長をしているのは、米国や日本を含む西欧圏だけに限りません。アジアやアフリカの国々も、出発点とした一九五〇年の水準は低いものの程々の成長を遂げていることには注意した方がよいと思います。このブレトンウッズの時代は西欧圏の成功が輝かしかっただけに、アジアやアフリカは停滞していたと思われがちですが、一人当たりGDPの増加率では第二次大戦前の西欧圏諸国程度には成長を続けていたわけです。こうしたことがアジアやアフリカの国々も、時間さえかければ西欧圏諸国のような豊かさを手に入れられるのではないかという楽観的な見方を定着させたのでしょう。その後の状況を知っている現在からみれば、この時代のアジアやアフリカで起こっていたことは、貿易を通じて西欧圏諸国の経済成長のおこぼれに与っていた程度のことで、それは後にポメランツが「発見」した世界の大分岐の様相を本質的に変えるものではなかったのですが、この時代、すでに豊かになっていた西欧圏諸国を「先進国」と呼び、そうなっていない国を、いずれ豊かになるのだという見込みのもとで「発展途上国」と呼ぶという現代の用語法が生まれました。

ところで、ここまで話を続けて来ると気になる国がいくつか出てきます。たとえば、旧ソ連諸国（というよりは、この時代は「ソ連」そのものです）と南米アルゼンチンです。なぜ気になるのか、その理由を説明させてください。

まずソ連については、社会主義国なのに一人当たりGDPを二倍以上に増加させ、米国や英国を超える勢いで国力を増進させていることに驚かされます。自分が住んでもいない国について、その国が豊かになっていたことに驚くというのは申し訳ないのですが、私などは自由主義経済体制を支持し賛美する書物から、ソ連型計画経済の非効率に関するエピソードの数々を教え込まれてきていますので、この時代のソ連が大きく成長しているという事実に多少なりとも驚いてしまうのです。ソ連経済が崩壊したのは、冷戦初期の人工衛星や大陸間弾道弾の開発成功などの経験から一種の自信過剰状態に陥り、本気で国力の背比べをしたら敵う相手ではないはずの米国との軍拡競争にのめり込んでしまったせいではないかと私は思っています。

そして、もう一つの「謎」が南米のアルゼンチンです。この表だけからは分かりにくいかもしれませんので、ここで九九ページの「分岐後世界の国別一人当たりＧＤＰ」の表も見直してください。私たちは中南米やラテンアメリカという地域を一括りで見てしまいがちですが、その代表国ともいうべきアルゼンチンとブラジルを比べると、一九世紀末から第二次大戦後しばらくまでの間、この両国はまったく異なるタイプの国だったことが分かります。アルゼンチンは西欧圏的な国で、ブラジルはそうではなかったのです。この頃、アルゼンチンの首都ブエノスアイレスと言えば、南米のパリとも呼ばれたほど豊かで華やかな都会で、当時の欧州の多くの国の人たちに

パネル 15：アルゼンチンの物語

19 世紀イタリアの作家エドモンド・デ・アミーチスの代表作『クオーレ』には、ジェノバの少年マルコが、南米に出稼ぎに行ったまま音信不通になった母を探しに、1880 年代のアルゼンチンに渡る作中話が含まれている（もともとは、『クオーレ』の作中話『アペニン山脈からアンデス山脈へ』だったのだが、日本では『母をたずねて三千里』という単独の物語として愛読された）。この作中話、アルゼンチン庶民から少年が受ける親切や同地に根付いたイタリア移民たちの同朋愛を描く物語なのだが、少年の母を家政婦として雇い入れたアルゼンチン人夫婦の優しい思いやりも鮮やかに描かれている。こうした物語が広く読まれていたとすれば、第二次大戦前には英国ブロックに組み込まれ、大戦中はブロックのオーナーとなった米国からの圧力にもかかわらず、大戦の最末期まで枢軸国側に好意的中立を保ち続けたアルゼンチンとイタリアそしてイタリアの同盟国ドイツとの関係に納得がいくだけでなく、20 世紀半ばまでのアルゼンチンが多くの欧州諸国をも凌ぐ豊かな国だったということにも気付くことになる。写真はエバ・ペロン。エバは、枢軸国派軍人から転じて社会革新者的意識に目覚めかけていたフアン・ペロンと 1943 年に出会い 45 年に結婚、翌 46 年に夫が大統領に当選した後は、女性参政権実現や労働組合保護など彼の左派的ともいえる政策を支え続けた。フアンの政権は 1955 年に軍部のクーデターで倒されたが、その 3 年前の 52 年に死去したエバは今でも愛称「エビータ」のままで語られ続けている。

とって憧れの都の一つでした。そのアルゼンチンは、第二次大戦後の西欧圏の成長の波から取り残され、一九七〇年代以降はほぼ完全な停滞状態にはまり込んでしまっています。アルゼンチンと言えば、ミュージカルから映画にもなった『エビータ』ことエバ・ペロンの物語を思い出す読者も少なくないかもしれません。そのアルゼンチンが第二次大戦後での経済停滞に陥ったのには、農畜産物の競争力が強過ぎて他産業が発展することができなかったという理由もある一方、アメリカ大陸に自国と異なる政治的方向性を持つ政権が生まれるのを嫌う米国の政策が影響していたことも大きいように思います。この国にとっての米国の存在は、そこまで重かったのです。

資本移動の自由がもたらしたもの

第二次大戦後の西側世界貿易秩序の中核となっていたブレトンウッズ体制は、一九七一年の夏に米国の大統領リチャード・ニクソンが、ドル金兌換を放棄するという突然のテレビ・ラジオ演説を行ったことであっさりと崩壊してしまいました。この経緯に私たちが学ぶことの一つは、米国の大統領は世界の人が呆気にとられるような政策転換を自分の都合だけでやってしまうことがあるということですが、このニクソンの決定自体は長い眼で見れば西側経済にとって「正解」だったという面があります。ブレトンウッズの固定相場制がそろそろ制度疲労に陥っていたタイミングで、固定相場制から変動相場制へと国際経済体制を切り替えたことは、第二次大戦後の成長のシナリオを延命させることに結びついたように思えるからです。

そのことは一一一ページの表に戻って、一九七三年以降の各国の一人当たりＧＤＰの動きをチ

図表８：輸出額対ＧＤＰ比率（%）

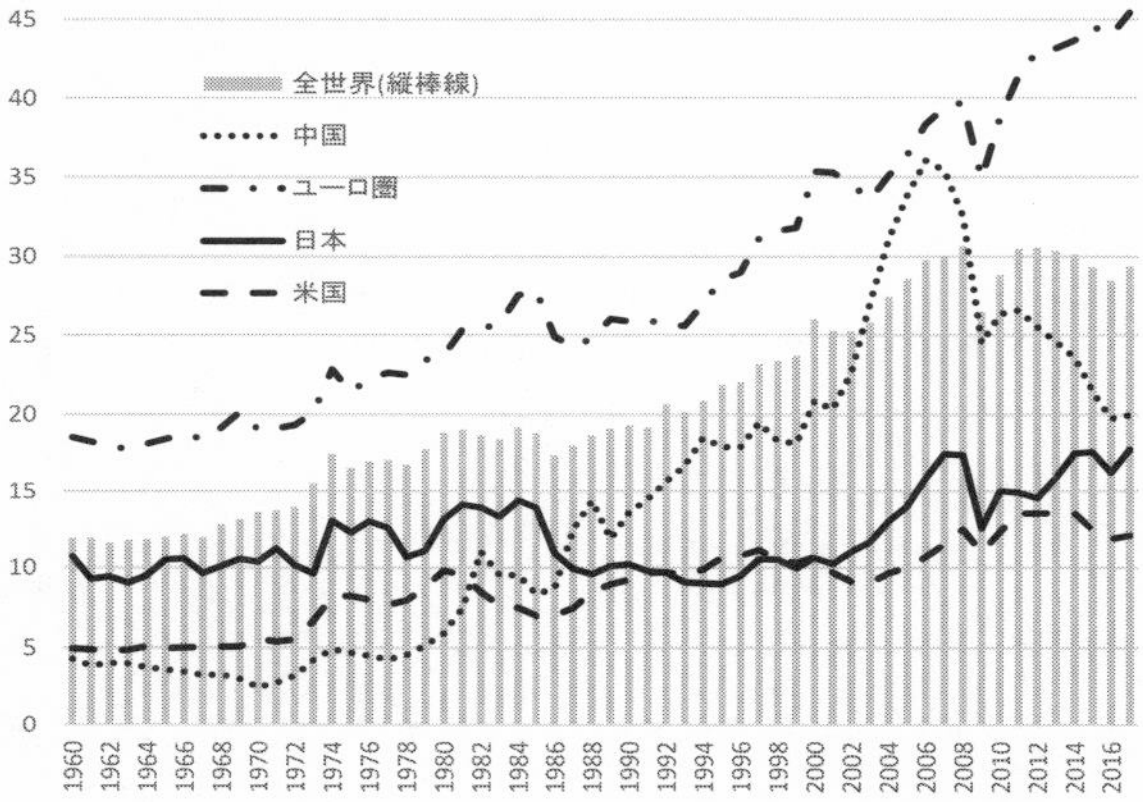

データ出所：https://data.worldbank.org/indicator/NE.EXP.GNFS.ZS

ェックしても見えてきます。たとえば、固定相場制の崩壊とオイルショックと呼ばれた国際原油価格の高騰でパニックに陥りかけた日本経済も、一九八〇年代になると「ジャパン・アズ・ナンバーワン」などと持ち上げられるほどの好況を謳歌することができました。なぜそうなったのでしょうか。変動相場制移行のどこが「正解」だったのでしょうか。

まず考えられるのは、固定為替相場という重石が取れ、通貨価値が経済の実態に合わせて変動するようになった結果、貿易が活発になったからだという見立てでしょう。しかし、ここで上の「輸出額対ＧＤＰ比率」と題したグラフを見てください。確かに縦棒線で表した全世界ベースでの貿易は活発になっているように見えるのですが、その主たる要因はヨーロッパでやがてＥＵに発展する欧州経済共同体の統一市場が成立したことや（ＥＵ域内での商取引もこの統計では「貿易」ということになります）、中国が米国や日本などと国交を回復し「世界の工場」として本格的に世界経済に参加したことが大きいことが分かります。言い換えれば、そうした大きな枠組みの変更がなかった日本や米国では、貿易の重要性は実はブレトンウッズの時代と大きくは変わっていないのです。では、本質的な変化をもたらしたのは何だったでしょうか。

私は、変動相場制が世界経済にとって「正解」になった理由は、国際的な資本移動の自由化を実現したからだろうと思っています。前にも説明した通り、固定為替相場制の下では、各国の政府は国際的な資本移動に対して「どうぞ、お好きなように」とは言えません。ところが、固定為替相場制の廃止によって、そうして資本移動を管理する必要性が消えてしまったわけです。

時間順に起こったことを説明すると、一九七一年にニクソンの決定でブレトンウッズ体制が崩壊した後も、西側主要国は話し合って対米ドル価値を調整した為替レートでの固定為替相場制を復活させたのですが（この体制を「スミソニアン体制」と言いました）、それも間もなく無理が来て、二年後の七三年には世界は完全な変動相場制に移行します。しかし、体制の完全移行というのは時間がかかるものです。西側の主要国が資本移動を自由とする体制を整え終えるのは、一九八〇年代の初めぐらいまでかかりました。そして、世界は新しいグローバリズムの時代に入ることになったわけです。

ここでデータを見てみましょう。国際的な資本移動は、外国の企業が発行する株式や社債を購入する「証券投資」と、企業自身が外国で工場などを作る「直接投資」とがありますが、国境を越えた企業活動移動という点で大きなインパクトを持つのは「直接投資」です。次ページの「直

図表９：直接投資受入額対ＧＤＰ比率（%）

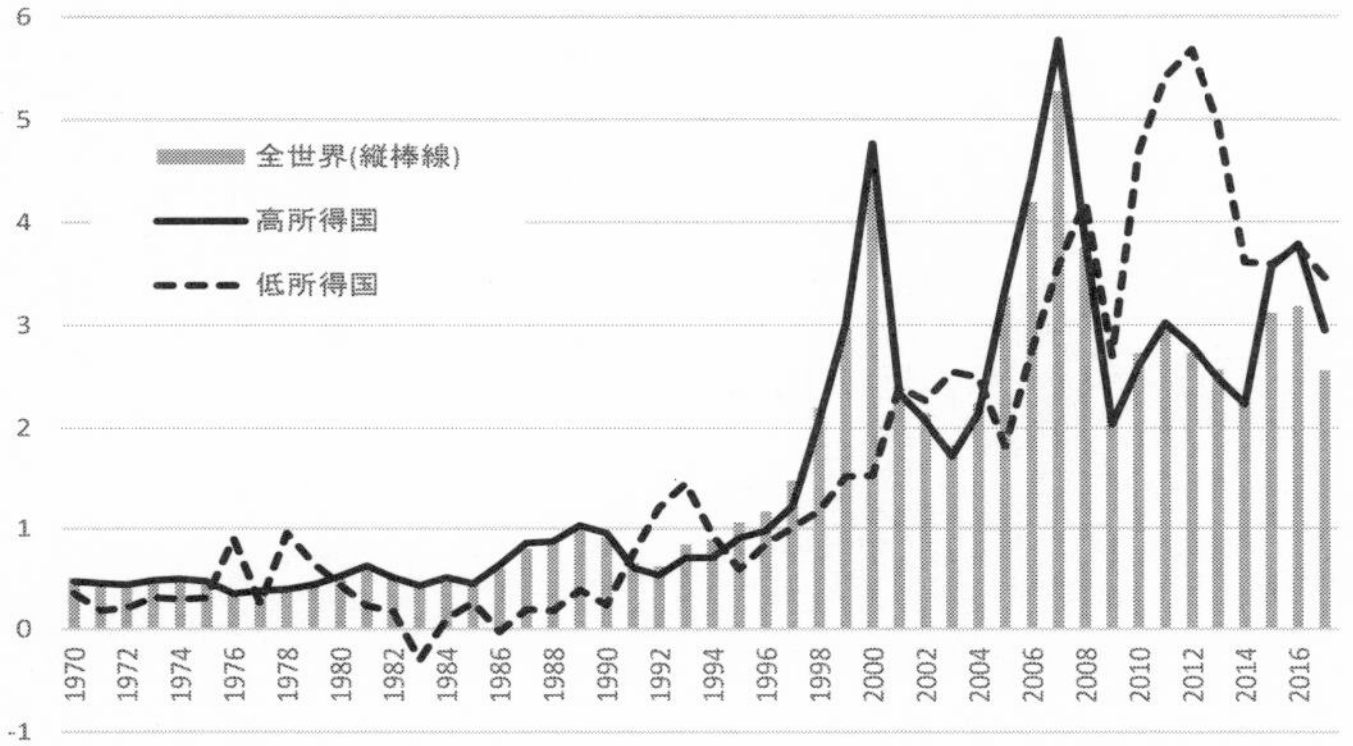

データ出所：https://data.worldbank.org/indicator/BX.KLT.DINV.WD.GD.ZS

接投資受入額対ＧＤＰ比率」と題したグラフは、この直接投資が国内にどのくらい流れ込んだのかを対ＧＤＰ比率で測ったものですが、見れば分かる通り、何回かの波はあるとはいえ全体として増加傾向にあることに気付くでしょう。そして、もう一つ気付いて欲しいことは、そうした直接投資はこのグラフでは高所得国と表示した先進国同士の間で活発らしいということです。それは世界全体の直接投資の動きと高所得国が受け入れている直接投資が描く波がほぼ同じ波形を示していることからも察しが付くと思います。それは何を意味するでしょう。

それが意味するのは、先進国間で直接投資つまり資本流入への優遇を通じた企業活動の誘い込み競争が生じているということです。

企業活動に必要な要素を大きく括れば、資本と労働、それに消費者、さらには環境ということになりますが、そうした企業活動に必要な要素の国際間移動の難易度には大きな差があります。環境と消費者は企業が望むようには移動してくれません。ですから日本に石油採掘施設を持ち込んでも意味はありませんし、エアコンの販売代理店を南極に作っても成果が出るはずはないのです。では、労働はどうでしょう。労働という生産要素は国境を越えて移動することが可能です。企業活動に参加する従業員の相当部分を国外からの通勤者に頼っているルクセンブルクのような国もありますし、有利な就労機会を求めて移住したり国外に長期滞在したりする人も最近では少なくありません。また「オフショアリング」と言って、データ入力などの業務について、通信回線を使って海外の人たちに働いてもらうという方法もあります。

しかし、その労働に比べても、資本の空間移動性は圧倒的と言えるほど高いものがあります。そして、資本の空間移動性の高さは、私たちがグローバリズムと呼んでいる動きに、今までとは違う要素を持ち込んで来ました。それが「底辺への競争」（英語ではRace to the Bottomです、前著では、これを「底辺への競い合い」としていましたが、本書では表現を改めさせてください）ともいうべき資本誘致のための制度間競争です。この競争がどのようなかたちで現代世界に現れているかは主に次章で説明したいと思いますが、それはポメランツたちが指摘していない「第二の大分岐」が、今度は、国と国あるいは地域と地域との間ではなく、一つの国や地域のなかでの亀裂として生じ始めていることにつながるもののように思えます。

ところで、「底辺への競争」が始まる理由は、単に法制度が資本移動を自由にしたからだけではありません。現代の国家たちによる制度間競争には、もう一つの背景があります。それは企業活動のデジタル化いわゆる「デジタライゼーション」の浸透です。

パネル16：英語の罠あるいはフィリピンというクイズ

グローバリズムのもう一つの側面は英語の標準語化だが、そこでクイズとなるのがフィリピンだろう。フィリピンは、1898年の米西戦争以来ここを支配していた米国が以前の宗主国スペインに比べれば収奪一辺倒でなかったこともあってか、第二次大戦後のアジア・アフリカ世界では最も英語が普及した国の一つで、したがって大きな飛躍の可能性があると信じられていた国だったのだが、事実には裏切られた。フィリピンで起こったことは、英語が使える人のうち高度教育を受けた人は米国へ移住し、そうでない人はアジア英語圏である香港やシンガポールに出稼ぎに行くという現象だったからだ。一般には資本と労働の国境を越える移動は資本の方が容易だが（111ページの表で1950年のフィリピンの一人当たり所得が、大戦前比で大きく落ち込みながら戦後に急回復したのは、この間の米国資本の動きによるものだろう）、フィリピンのように英語が普及していると、英語を仕事で使える人が国を出て行ってしまうことで産業空洞化が起きかねない。ただし、今のフィリピンは、高い出生率にも助けられて力強く成長する国に変わっている。2016年に大統領となったロドリゴ・ドゥテルテに対しては、その強権的な犯罪対策で国際的には多くの批判があるが、一方で、コスモポリタン的知識層が国を出て行った後に残った庶民たちの彼への支持は強固らしい。過激とも野卑とも言える言動で注目を集める政治家だが、実像は法科大学院を卒業したエリートである。写真は車で混み合うマニラの風景。経済発展の代りに手に入れたマニラの交通渋滞はアジア最悪という評がある。

デジタライゼーションとグローバリズムの相乗

世界が新しいグローバリズムの時代に入った一九八〇年代から九〇年代、私たちの生活や企業の活動の仕方を大きく変える変化が急速に進行し始めました。生活や企業活動の基盤がデジタル情報技術で駆動されるようになったのです。私たちが知っていること、考えたことが、コンピュータのメモリーやチップに記録されるようになると、私たちは他人の知識や思想を今までとは比べものにならない程の小さなコストで写し取り活用することができるようになります。そして、それは企業活動の態様をも変えることになります。

大学で経済学を習った読者は記憶されていると思いますが、経済学の先生は競争という概念を大事にする人が多いようです。それにはいくつかの前提があるのですが、なかでも重要な前提の一つが、企業の生産プロセスにおける収穫逓減とか費用逓増という状況を想定することです。なぜそう想定するかというと、企業の経営者が合理的にものを考える人だったら、自分が生産活動に投入できる生産資源のうち、まず最も生産性に優れている資源を投入し、その後で次善の資源を投入するだろうと想像するのが自然だからです。

たとえば、仕事がなくて困っている昭和の下町雑貨工場に急に輸出の商談が舞い込んだ場面でも想像してください。そんなとき、社長さんは、まず熟練で働き盛りの職人さんに仕事をしてもらうでしょう。でも、そこに追加の商談が持ち込まれたら、今度は入社したての新米さんに仕事をしてもらうほかなくなります。当然のことながら不良品も出やすくなります。そのときには熟練さんの足も引っ張られますから効率全体が下がります。そこに追加注文が来たらどうしましょう。パートさん募集の貼り紙が必要になってしまいます。このように企業が生産水準を上げようとすると、それに伴って必要になる資源の追加投入単位当たりの生産性がだんだん低下していくことを収穫逓減、正確には「限界収穫の逓減」といいます（ちなみに「逓」とは「だんだんに」という意味です）。また、費用逓増というのは、この生産性の逆数つまり追加的な生産単位当たりの費用がだんだん上昇していくことで、これは「限界費用の逓増」ともいます。要するに収穫逓減と費用逓増とは、理論的に同じことを反対の面から言っていることになります。

ところで、この収穫逓減とか費用逓増というような原理が働くと、企業は各々が初期条件の中で与えられている自分の「分際」のようなものをわきまえて競い合うので、普通は圧倒的な強者あるいは独占者は生じないということになります。自社の分際を超えて市場を占有しようとしても、そうした企業の生産効率は、慎ましやかに分際を守っていた競争者に劣後してしまうからです。このように一定の歯止めがきくことが、経済学者が競争的な企業行動あるいは市場というものを肯定することの根拠になっているわけです。

しかし、企業の生産要素や生産過程がデジタル化されると話は変わります。経験とか熟練というような要素はともかくとして、単なる知識は簡単に複製され拡散されますから、もはや企業の規模拡大の足かせにはなりません。しかも、企業が作り出す商品の価値が、その商品を設計したり市場に認知させたりするのに必要な知的あるいは情報的な活動にかかる資源投入に多く依存するようになると、最初の製品群を作り出すのに投入した資源は次の製品群を設計し販売するために再投入できてしまうことになります。

簡単に言えば、砂糖工場で使ったサトウキビの搾りかすから再び砂糖を精製することはできないのですが、自動車会社なら最初のモデルを世に送り出すのに注ぎ込んだ製造技術やマーケティング費用は次のモデルを作るのに役に立つし、同じことはコンピュータゲームの開発やソーシャルメディアの提供だったらさらに大きく働くということです。知識や情報とりわけデジタル化された知識や情報は、使い減りせず何度でも繰り返し生産過程に投入可能な生産資源なのです。その結果として、現代の企業たちはアダム・スミスが想定していたような分際をわきまえて牧歌的な競争を繰り広げる企業ではなく、何としても競争相手を倒して縄張りならぬ市場シェアを奪おうとする企業に変化してしまいます。

企業という活動の最も本質的な構成要素は何でしょうか。たとえば製鉄会社の場合、その本質は溶鉱炉のような設備や、ヤードに積み上げてある鉄鉱石や原料炭の山ではないはずです。製鉄会社を製鉄会社にしているのは鉄を作るために働く人々の知識や経験、あるいは製鉄会社という企業を間違いなく運行させていく経営者たちと呼ばれる専門家たちに共有されている意識や判断力でしょう。それらの人々の中に分け持たれている「知」は、かつては個々の人のものでした。たとえば、中世ヨーロッパの生産活動で最も深い知識と経験を要した分野の一つは、あの壮麗なゴシック教会の建築技術とりわけ石材の加工と組上げの技術でしたが、それを担った石工たちは技術が自分自身に固有であることを誇りとして欧州大陸を自由に渡り歩いていたようです。そうした技術者集団の後裔が現代におけるエリート結社集団として秘密の組織のように語り継がれている「フリーメイソン」なのだそうですが、中世から近世に至るまでの時代では、知識や経験はそこまで「個人」に結びつき、個々の人格から切り離せない価値だったのです。

しかし、その状況は変わります。状況を最初に変えたのは印刷技術とそれを活用した教育システムだったのですが、知のデジタル化は変化をさらに決定的なものにしました。知識や知恵がデジタル化されると、そうした知識や知恵は、それを作り出した人たちから切り離され、空間的な距離にも国境にも関係なく流通するようになります。

そして、さらに重要なことは、現代の企業活動から生み出される「知」の大半は、それを生み出した人々のものではなく、知の創出活動の場を提供した企業のもの、企業が株式会社である場合には究極的には株主のものとなるという制度ができ上がってしまっていることです。

やや理屈っぽい話になりますが、経済学者たちは長く企業の主たる構成要素を資本と労働とに二分して議論してきました。しかし、私は現代企業の主たる構成要素とは何かを考えるのなら、それを資本と労働とに二分して考えるよりは、労働というものをさらに一般化させ、企業活動に関与する人々が投じた「時間」と定義し直した方が適切なのではないかと思っています。伝統的な経済学が考える典型的な労働の価値というのは、要するに従業員として契約を結んだ人たちが企業に提供した時間の価値なのですが、企業に提供される時間には、他にも経営者と分類される人たちが提供した時間もあるし、企業活動に協力した学者や研究者あるいは弁護士などが提供した時間もあり、さらには企業がどんな商品やサービスを提供してくれるのかを感じてくれる消費者が提供してくれた時間もあります。現代の企業とは、それらのかたちで提供された「時間」の生み出した知的な価値を企業自身のものとして自己運動させていく装置であると考える方が、その運動律の本質に近いように思います。

こんな現代企業の運動律をあのカール・マルクスが見たら、現代資本主義は「労働疎外」ではなく「知識創造時間疎外」の時代に入っているなどと主張したかもしれません。でも、私がここで言いたいのはそのことではありません。こうした「知」を、雇用契約などの法的枠組みによって、それを生み出した従業員その他の人たちと切り離した生産資源として所有するようになった企業たちは、法制度的には自らのものとなった「知」を最大限活用すべく、より大きな市場を求めて世界を見渡そうとするだろうし、そうして見渡される立場になったことに気付いた各々の国の政府たちは、企業たちの視線を意識して動かざるを得なくなるだろうということです。

つまり、各国の政府たちは、デジタル化された「知」を最大限に活用しようとする企業に好まれるよう法環境を整備する、具体的には著作権や特許などの「知的財産権」に関する法整備を熱心に行うようになります。

そして、それが生み出したのは、知的財産権を武器にする企業活動に対する便宜提供競争と、国境を越える資本に対する誘致競争でした。国際間資本移動への門戸は、固定相場制の下ではヨーロッパのような等質性の高い国の間でしか開放されていなかったのですが、変動相場制への移行で世界全体へ大きく開かれることになったわけです。しかし、それだけでは単に制度的制約がなくなったというだけで、企業が新しい機会に跳び込むためのエネルギーは十分には出てきません。それが出てくるためには、企業の経営資源としての「知」のデジタル化が一般化し、企業が今までと比べても格段に大きな市場を求めるようになったこと、大きな市場を確保することに対

パネル 17：ノーモア映画どろぼう

知的財産権は人工的な権利だから、それ自体、私たちの「感性」と衝突することもある。たとえば、映画を見るに際し、さあ見るぞという盛り上がった気分に思い切り水を差してくれるのが、上映開始前に映写される「ノーモア映画どろぼう」という数分間のフィルムである。作成者は面白おかしく作ったつもりだろうが、これがどうにも笑えない。ちなみに、このフィルムで強調される「画面撮影は、10 年以下の懲役もしくは 1000 万円以下の罰金またはその両方です」という量刑は注目に値する。普通の泥棒つまり窃盗は刑法第 235 条で 10 年以下の懲役または 50 万円以下の罰金なのだから、映画撮影つまり著作権法でいう複製権の侵害は通常の窃盗よりも重大犯罪だということになるからである。窃盗より複製権侵害を重く取り締まるとしている法制度デザインの背景には、映画産業だけでなくあらゆる著作権ビジネスを保護するのが国家の利益だという認識があるのだろうが、それが知的な活動をする人への支援ではなく、雇用契約などにより知的活動の所産を「財産」としてしまう企業への支援として機能している面は無視されるべきではあるまい。横行する著作権侵害に胸を痛める人たちが苦労して作っただろうフィルムを見て笑えない背景には、見る人や読む人の気持ちに訴えようとする映画や出版物のような創作的表現だけでなく、コンピュータのプログラムのような産業用無形資産まで同じ著作権という名の権利で保護してしまうという、今の法制度の枠組みの無理があるともいえる。

右は「ノーモア映画どろぼう」のコスプレ。これならなかなか「創作的」で思わず笑えてしまうと持ち上げたら、その筋から叱られてしまうだろうか。

して、収穫逓減だの費用逓増だのという古典的な経済学の原理からの抵抗力が働きにくくなったこと、それらが大きいのだろうと思います。

罠に嵌る中央銀行たち

第二次大戦後の歴史の中で中央銀行たちの役割にも浮き沈みが起こります。全体としてみれば、固定相場制の時代は中央銀行にとっての試練の時代だった面があります。固定相場制のもとでは、基軸通貨国だった米国以外の国の経済政策は対ドル平価を維持することが前提になりますから、金融政策は財政と歩調を合わせて動くことが当たり前となってしまうからです。この時代、自国通貨がドルに比べて弱くなりそうなら財政と金融をともに引き締め、強くなりそうなら反対のことをせざるを得ませんでした。財政政策と金融政策に異なった目標を与えて独自に運営することを「ポリシーミックス」と言ったりするのですが、そんなことが可能だったのは、教科書の中の世界以外には、基軸通貨国である米国だけだったのです。日本を含め多くの固定為替相場制参加国では、政府と中央銀行は一体として行動せざるを得ませんでしたし、そうとなれば中央銀行総裁の任命権を持つ政府が政策決定の主導権を握るのが一般的なパターンになります。

そのパターンを変えたのがブレトンウッズ体制の崩壊による変動相場制への移行でした。為替相場が国際協定に縛られなくなると、金融政策を財政と協調させる必要はなくなります。経済学の教科書が教える通りのポリシーミックス、たとえば景気維持のためには財政政策を使い、物価の安定のためには金融政策を使うというような政策の組み合わせが、少なくとも短期的には可能になったのです。そうした枠組みは多くの西欧圏諸国で採用され、程度やタイミングの差こそあれ中央銀行の独立性は強化され、蔵相や財務長官の名より中央銀行総裁の名の方が知られているというのが普通になりました。日本について言えば、第二次世界大戦下の総動員体制下で制定された旧日銀法により日本銀行は政府に従属する立場とされていたのですが、その改正が一九九七年にようやく決まり、日銀も長い念願だった金融政策決定における独立性を手に入れることになりました。

しかし、中央銀行にとっての「幸せの時代」は、皮肉にもこの辺りで曲がり角を迎えます。日本などにおけるその表面的な理由は、それまで雇用や景気への対策を名分に拡大路線を進んできた財政に、ついに国債累積という限界が見えてきて、今度は金融政策に雇用や景気への考慮を求める声が強まったことです。しかし、本当の原因はもっと深いところにあったと思います。それは、全世界的な成長ポテンシャルの衰えがもたらす利子率の低下です。

利子率にはカネの利子率とモノの利子率とがあります。カネの利子率とは要するに普通の金利です。これに対し、モノの利子率とは、今は自分が持っている「モノ」（食べ物やガソリンなどの財あるいは観光旅行や遊園地入場などのサービスを一括してこう呼ぶことにさせてください）に対する権利を、将来のモノに対する権利と引き換えに他の人に譲るときの交換価格です。

たとえばですが、現在に比べて十年後の世界ではガソリンの供給量が二倍になると誰もが予想したとしましょう。そうなれば、現時点でガソリン一リットルを使う権利は十年後には二リットルを使う権利に相当すると考えるのが普通でしょう。つまり、現在から将来にかけてモノが豊富

図表10：自然利子率の推計例

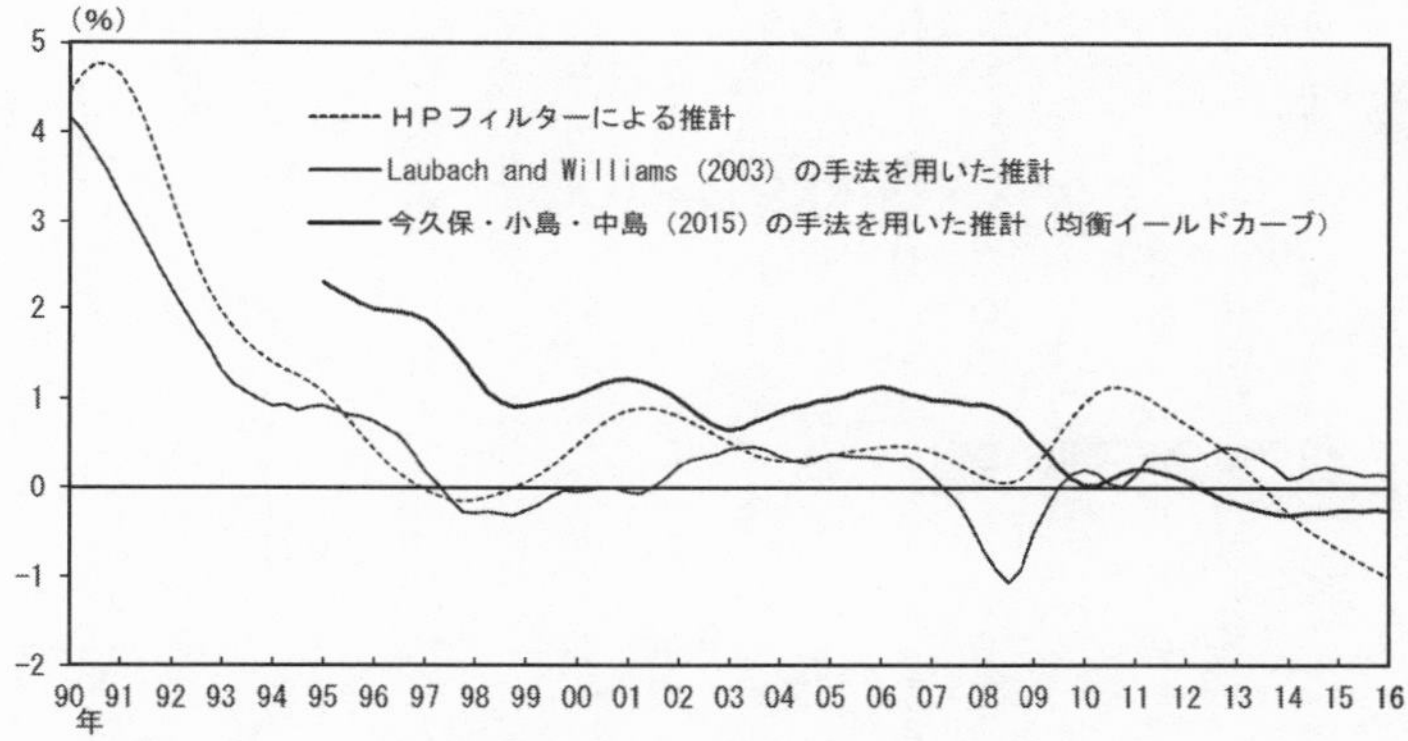

出所：日本銀行『総括的検証』(2016年9月) の付属文書 (背景説明) より

になっていくだろうという予想が拡がれば、モノの利子率は高くなるわけです。カネの利子率と違って、モノの利子率は直接見ることこそできないのですが、現在と将来の富の交換価格として私たちの世界に影響を与えているわけです。

こうした現在と将来の間でのモノの交換比率を、経済学では「自然利子率」と呼んでいます。これに対して、同じ交換を金銭で行おうとするときの交換比率、つまり現在と将来のカネの交換比率が「金利」です。そして、モノとカネとの交換比率が「物価水準」です。ですから、自然利子率と金利そして物価水準の変化率は互いに関連していることになります。その関連性を使って経済活動を加速したり抑制したりしようとするのが金融政策だということになります。

中央銀行にとっての問題は、この自然利子率が二〇世紀の最後の時期に入って大きく低下し、それが戻らないという傾向が定着してしまったことです。

自然利子率の低下はまず日本で現れました。前ページの「自然利子率の推計例」と題した図は二〇一六年に日銀が公表した『総括的検証』と略称されている文書からのコピーですが、日本の自然利子率はバブル崩壊と言われるようになった一九九〇年ごろから大きく低下し、その後は回復していないことが見て取れます。ところが、自然利子率が大きく低下すると中央銀行は悩むことになります。

金融政策が景気に対して加速的になるか抑制的になるかは、金利を自然利子率より低めに抑えるか高めに維持するかで決まります。物価変動を考慮しても金利が自然利子率よりも低ければ、カネを借りてモノを確保し投資活動を行おうとする人が増えるし、金利が高ければ逆になるからです。ところが、そうした金融政策つまり中央銀行の行動にはゼロ金利という制約があります。金利は論理的にはいくらでも上げることができますが、下げることには限界があるからです。金利ゼロの金融資産である銀行券（現金）が存在する限り、それに阻まれて中央銀行はゼロを超えて金利を大きく引き下げることはできません。これが、あのケインズが「流動性の罠」と呼んだ金融政策の限界です。ここで「流動性」とは、要するに中央銀行が作り出すオカネの量のことなのですが、日銀は、二〇世紀から二一世紀への変わり目のころ、バブル崩壊後の不況に対処するため緩和に次ぐ緩和を繰り返しているうちに、この限界に嵌り込んでしまったのです。

二〇一三年春に登場した黒田東彦日銀総裁は、これまでにない程の大量の国債を買い入れ、貨幣の供給量を一気に二倍以上にすることで物価に対する人々の見方を変え、それで「流動性の罠」から逃れることを試みましたが、結果を出すことはできませんでした。自然利子率と金利との間には物価水準の変化に対する期待つまりインフレ期待がありますから、これを高めることができれば、金利を自然利子率よりも高くできるので、それで金融政策は「流動性の罠」から抜け出すことができそうです。黒田が試みたのもこれだったのでしょう。しかし、彼が実証してくれたのは、人々の物価に対する期待は中央銀行が貨幣供給を増やすぐらいでは変わらない、少なくとも国債を買って貨幣供給を増やすという方法では変わらないということでした。

自然利子率の低下については、日本がかかった病気だ、バブル崩壊後の金融政策運営が下手だったことから起こった一時的な問題だというのが、黒田が日銀総裁に就任するころまでの世界とりわけ米国の経済政策論リーダーたちの標準的な見解でした。ところが、これはいつものことなのですが、同じことが米国で起こると、彼らはこれこそが世界的な現象だと言い始めます。米国を代表する経済政策論リーダーと言えば、クリントン政権下での財務長官やハーバード大学学長などを歴任したローレンス・サマーズの名がよく上がりますが、かつては日本の金融政策を批判していたはずの彼は、二〇一三年秋になると「長期停滞論」という議論を展開し、世界的な自然利子率の低下を警告する立場をとるようになりました。こうした豹変ぶりを見ると政治力のある米国人というのはいい気なものだという感じもしますが、それはともかく、なぜここに来て自然利子率の低下という現象が日本そして世界を覆い始めたのでしょうか。

まず考えられる原因は人口構成の変化です。総人口に占める働き盛りの人たちの比重が減ると、働き手一人一人の生産性は同じでも、一人当たりのGDPつまり豊かさは小さくならざるを得ません。ところが、自然利子率はモノに対する法的権利を持つ人たちの間で形成される現在と将来のモノの交換比率ですから、その価格付けには働き手だけではなく引退した老人たちも加わります。そして、そこで基準になるのは人口一人当たりのGDPであって、働き手一人当たりの生産性ではありません。ですから、人口構成が高齢化して生産年齢人口比率が低下するという見通しを多くの人が持つようになると、自然利子率に下方圧力が生じてしまうわけです。

もっとも、こうした人口構成の変化から起こる自然利子率の低下なら、それが永遠に続くと悲観する必要もありません。人口構成の変化つまり生産年齢人口の比率低下は、経済を停滞させる原因になりますが、自然利子率という観点から見れば重要なのは生産年齢人口比率の「低下」であって、その絶対的な「水準」ではないからです。人間の寿命が永遠に伸び続けるなどということはないでしょうから、長い時間が経てば生産年齢人口比率は低くなりながらも安定するはずなのです。そうなれば、生産年齢人口比率の「低下」は止まるわけですから、もはやそれは自然利子率を押し下げる要因ではなくなります。つまり、人口構成の変化などの人口学的な変化が永遠に一方向に動き続けるわけではない以上は、今の日銀を含む西欧圏モデルの国々の中央銀行が背負っている重荷も、やがては軽くなると達観することはできます。

また、自然利子率の動きを決めるのは人口構成の変化だけではないことも希望をつなぐ材料です。そこには社会のあり方が関係するからです。働く意思も能力もありながら家庭や企業経営の都合で生産活動に参加していなかった人たちが富を作り出すことに向けて動き出せば、自然利子率を支える力が生じます。女性とりわけ子供を持つ女性に働きやすい環境作りをという掛け声には、そうした文脈からの期待によるものもあるのでしょう。日本という国について十年あるいは二十年のタイムスパンでみるのなら、おそらくこれが最も大きな現実的希望のはずです。

さらに言えば、経済を長期停滞から救う手段はそれだけではありません。もう一つ、誰もが期待をつなぐのが科学あるいは生産技術の進歩です。一九世紀に始まる世界経済とりわけ西欧圏経済の大成長を支えたのが、一八世紀の産業革命と一九世紀から二〇世紀にかけての飛躍的とも言える科学技術の進歩でした。科学技術における大発明と大発見の時代が再び始まれば、世界経済は人口の高齢化を克服して大成長を取り戻すことができるかもしれません。

ただ、こうして一つ一つの要因を数え上げてみても、これからの世界経済の見通しについて楽観することは控えた方がよさそうな気がしてきます。地球環境制約という大問題に目をつむるとしても、蒸気機関や内燃機関あるいは自動車や飛行機が登場し実用化されたほどの社会経済的インパクトを、スマホやSNSの普及が演出することができるとは思えません。そして、これも言うまでもないことですが、人口構成の変化から生じる自然利子率にかかる下方圧力から世界全体が解放されるのには、間違いなく極めて長い時間がかかります。日本の人口高齢化のスピードは一時よりは落ち着いたものとなっているようですが、世界全体で見れば、あの「一人っ子政策」で若年人口が極端に低くなっている中国をはじめとして、近い将来に日本が抱えたのと同じ問題に悩まされそうな国は少なくありません。そのとき、世界の通貨制度あるいは中央銀行たちの運命は大きく変わるのではないか、私はそうした予感から離れることができないでいます。

パネル18：科学は終わるのだろうか

前々著の『貨幣進化論』でも少し触れたことだが、1990年代の終わりごろ、米国の科学ジャーナリスト、ジョン・ホーガンの『科学の終焉』（竹内薫訳、徳間書店）が話題を集めた時期があった。物理学のような基礎科学においては、大きな問題は既に解き明かされてしまったので、19世紀末から20世紀前半にかけて人類が経験したような科学技術の大革命は簡単には続かないというのが彼の議論である。この議論に対しては、物理学は終わると言われ続けながらも、新しい局面を次々に切り開いてきたという反論もあるのだが、ホーガンが指摘することの中で自然利子率という観点から重要と思われるのは、科学は収穫逓減の時代に入ってしまった、新発見のために投じなければならなくなる費用がどんどん大きくなっているということである。窮理の学である科学の意義を金銭で測ることを気軽にするべきではないが、それに要する費用と人類にもたらす富の大きさなら、カネという尺度を使えば程々には測ることができるし、それが引き合わなくなってくれば（より正確には、引き合わなくなるだろうと人々が思うようになれば）、技術進歩に対する期待は自然利子率を支える要因にならなくなるからだ。たとえば、ニュートリノ検出で小柴昌俊のノーベル賞受賞につながった初代カミオカンデの建設費は5億円もかからなかったそうだが、弟子の梶田隆章のノーベル賞受賞につながった次世代のスーパーカミオカンデの建設費は100億円を超え、次々世代のハイパーカミオカンデは建設費800億円となっているようだから、こと費用という点だけから見れば、ホーガンの主張も見当はずれではない面がある。写真はカミオカンデ施設内で小泉首相（当時）に語る小柴博士。

もう一つの分岐の予感

ユーラシア大陸の東西という観点からみれば、ポメランツが大分岐と名付けた現象は収斂に向かいつつあるように思えます。世界銀行は、一日当たりの所得が一・九ドル（二〇一一年米ドル換算値）に満たない人々を貧困層と分類して、その割合を地域別に集計していますが、その集計結果をまとめた左の「世界の地域別貧困率の推移」と題したグラフでみると、一九八〇年代に入るまでは総人口の八割以上にも達していた東アジア大洋州地域における貧困層の割合は、八〇年代になる頃から急速に低下しています。その背景には、開発独裁という手法で国内の産業構造を一気に転換することに成功した韓国の「漢江の奇跡」や、政治的には共産党の一党独裁体制を維持したまま市場経済システムを取り込むことで爆発的ともいえるほどの急成長を実現した中国の「改革開放」があることは間違いないでしょう。東アジアそして南アジアの多くの国々は、一九世紀から二〇世紀半ばにかけ日本や西欧圏諸国により政治的に支配される時期を経験していますが、それでもそこに住む人々の国民としての一体感は維持され続けたので、国民国家と企業制度そして通貨シ

図表11：世界の地域別貧困率の推移

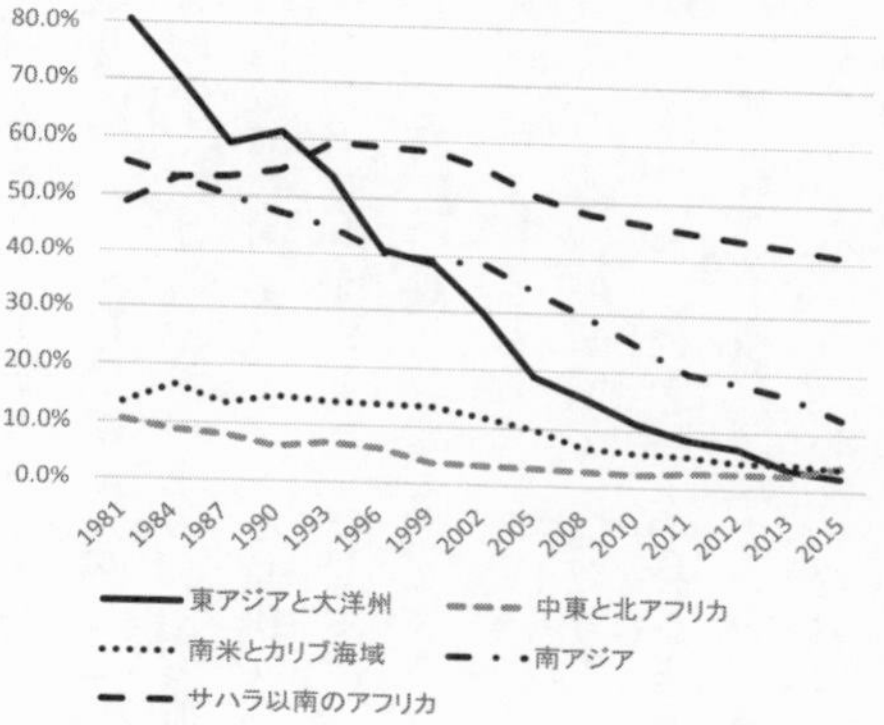

データ出所：http://iresearch.worldbank.org/PovcalNet/povDuplicateWB.aspx

ステムを確立し、生産と資本蓄積そして投資の循環を支えることができるようにすることで遅れを取り戻すことが可能だったのでしょう。

とはいえ、なお分岐の下の枝から脱け出せない地域があります。サハラ以南のアフリカです。この地域の貧困率はアジアが貧困から脱け出し始めた一九八〇年代以降もなお四割という高さのままです。理由はさまざまでしょうが、一七世紀以降の大西洋三角貿易で持ち込まれた大量の銃によって部族間対立が深刻化し、さらにそれが一九世紀から二〇世紀に至る西欧諸国による植民地支配で固定化されたことが大きいと思います。ただ、それだけが原因なら、この地域の政府たちが資本と投資の循環を機能させるために必要な意識基盤を国民に植え付けることに成功すれば、それで分岐の下の枝から上の枝へと跳び移れる可能性はあるでしょう。そう簡単でないかもしれませんが、でも手順を踏んでいけば乗り移れる可能性はある、そう私は思っています。

しかし、その一方で心配になることがあります。それは、一八世紀に始まった大分岐後の世界で成功者になった日本を含む西欧圏の国々、そして二〇世紀末からの急速な追い上げに成功しつつあった東アジアの国々で、新たにもう一つの分岐が始まり、それが急速に深刻化しつつあるらしいことです。その分岐とは、国内における貧富の格差の急速な拡大です。米国では「一パーセントの富裕層が所得全体の四分の一を稼ぎ、資産の四十パーセントを保有している」と言われていますが、そうした格差は、時代がグローバリズムへと遷移した一九八〇年代に入って急速に拡大しています。そしてそれは、私たちに、これまでに経験していなかった形での危機を予感させるものでもあります。

第三章　競争の海に落ちる国家たち

現代の国家たちの姿は、あこがれの太陽に向かって上昇し続けた結果、太陽の熱で翼を融かし天空から落ちてしまったイカロスの伝説を思わせる。はじめのうち国家と国民に豊かさをもたらしたグローバリズムは、ぎらつく砂漠の太陽のように彼らを苦しめ始めているからだ。絵はピーテル・ブリューゲル画と伝えられる『イカロスの墜落のある風景』だが、海に落ちたイカロスは画面右下に海面から突き出た足として見つけ難いほど小さく描かれ、絵の主題は牛を飼う人の静穏な日常になっている。画家がこの絵で何を伝えたかったかについては諸説あるが、この絵が描かれた16世紀のベルギー地方の状況を考えると、その地を支配し「太陽の沈まぬ国」ともされていた当時の世界帝国スペインをイカロスに見立て、やがて起こるだろうその「墜落」を予想しつつ、帝国とは関係なく自分たちは暮らすのだという画家の思いが込められているような気もする。

現代のグローバリズムの特色は、企業の製品や原材料が国境を越えて行き来することを許すだけでなく、企業活動の構成要素である資本と労働に対して国境を越えて自由に行き来することを許すというところにあります。

しかし、それは、グローバリズムが自由貿易体制と同義だった時代にはなかった問題を、国家と国家の主人であるはずの私たちに突きつけるものともなります。企業活動の国際間移動が容易な世界では、政府が国全体を豊かにしようと思えば思うほど、多くの企業活動を自国の域内に惹きつけるために他国との間で競わざるを得なくなるからです。

ほんの数十年前までの国家は、域内に住む人たちにとっても、立地する企業にとっても絶対に近い存在でした。しかし、現代の国家は違います。国境の壁は、労働者よりも資本家に対して低く、貧者よりも富者に対して低いからです。そうしたなかで、国家たちが互いに他の国家よりも大きく豊かな存在になろうとすれば、それは、企業や企業の支配者である株主たちあるいは富者たちを引き寄せるための競い合いに行き着かざるを得ません。それが「底辺への競争」です。そうした現代の国家たちの姿は、太陽にあこがれて上昇を続け、最後には太陽の熱で翼を融かし海に墜落したイカロスの運命を思い起こさせるものです。

この章では、企業たちを呼び込もうと競い合う国家たちの現在と将来を考えてみることにしたいと思います。

一　底辺への競争

法人税引き下げ競争の連鎖

一九八〇年代から、世界はグローバリズムの時代に入りました。単なる貿易の自由という意味ではなく、国境を越える企業活動の移動を自由とする時代に入ったのです。それは企業と国家との力関係を根底から変えることにつながります。かつて、企業が国家という垣根の中に閉じ込められていた時代、国家は企業の支配者でした。国家と企業との間では、国家が常に優位にあり、企業は国家による監視と保護の対象でした。しかし、企業が自身の活動地を自由に選べるようになると事情は変わります。法制度や税制の管理者である国家たちは、多くの企業活動を域内に呼び込もうと法制を工夫し税率を引き下げる競争、すなわち「底辺への競争」を始めざるを得なくなるからです。競争の姿はさまざまです。分かりやすい方法もありますし、気付かれにくい方法もあります。最も分かりやすい方法は、法人税を引き下げることでしょう。

やや技術的な話ですが法人税にはいくつかの種類があります。たとえば日本では、企業の利益に対しては、国税としての法人税のほかに、地方法人税と法人住民税そして法人事業税が課税されますので、これらを合計した税率を、法人実効税率、略して法人税率と言います。ところで、この法人税率、ほんの十数年ほど前までは、いわゆる先進国ではかなり高いのが普通でした。日本や米国の法人税率は約四十パーセントで、高いと言われていたドイツだと五十パーセント、大英帝国の栄光を法人税引き下げで取り戻そうとしたサッチャリズムの遺産で低いと言われることが多かった英国でも三十パーセントぐらいはあったのです。上の主要国法人実効税率比較と題したグラフをみてください。このグラフは二〇〇〇年と二〇一九年における日本と欧米諸国の法人税の実効税率を比較したものですが、二〇世紀の最後の年である二〇〇〇年の法人税率は、この世紀後半を経済的成功の時代にすることができた日本や米国そしてドイツが高く、「英国病」とか「オランダ病」などと呼ばれる悪戦苦闘を経験せざるを得なかった国の方が低いところがあります。ちなみに「英国病」というのは、社会保障整備や基幹産業国有化などが国民の勤労意欲低下や既得権益主張の蔓延をひき起こし成長を阻害しているという認識から生まれた語で、「オランダ病」というのは北海の天然ガス田が他産業への投資不足を招いてかつては世界トップクラスだったオランダの製造業を衰退させたという認識から生まれた語です。そうした認識が当たっているかどうかは別としても、英国や

図表 12：主要国法人実効税率比較（%）

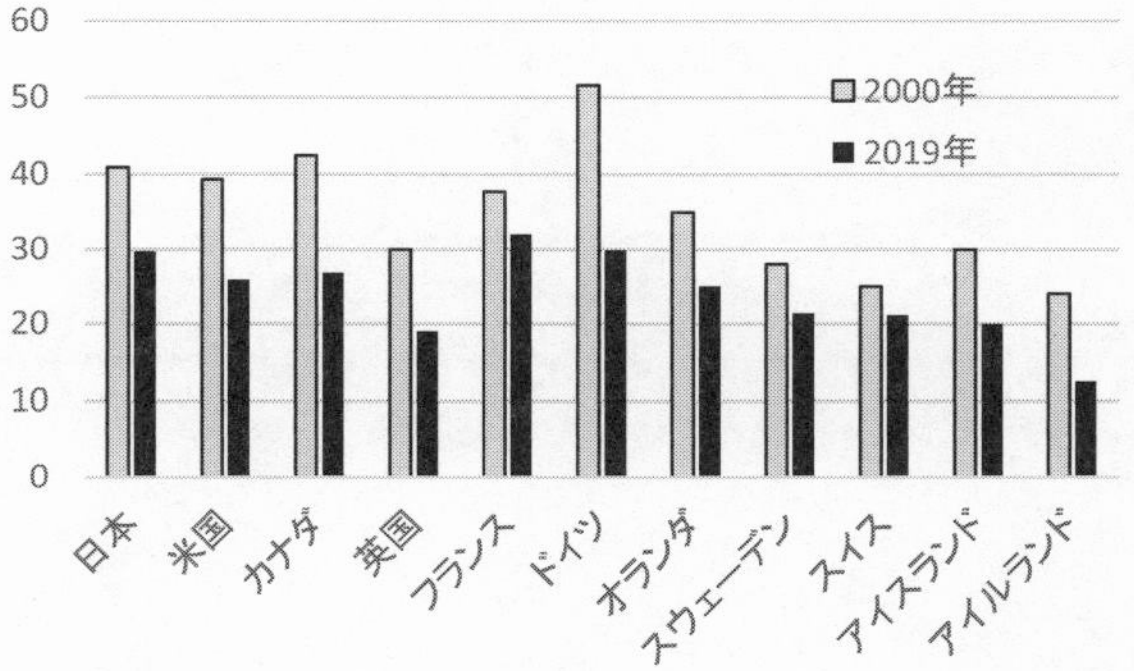

データ出所：http://www.oecd.org/

図表13：主要国法人実効税率推移（%）

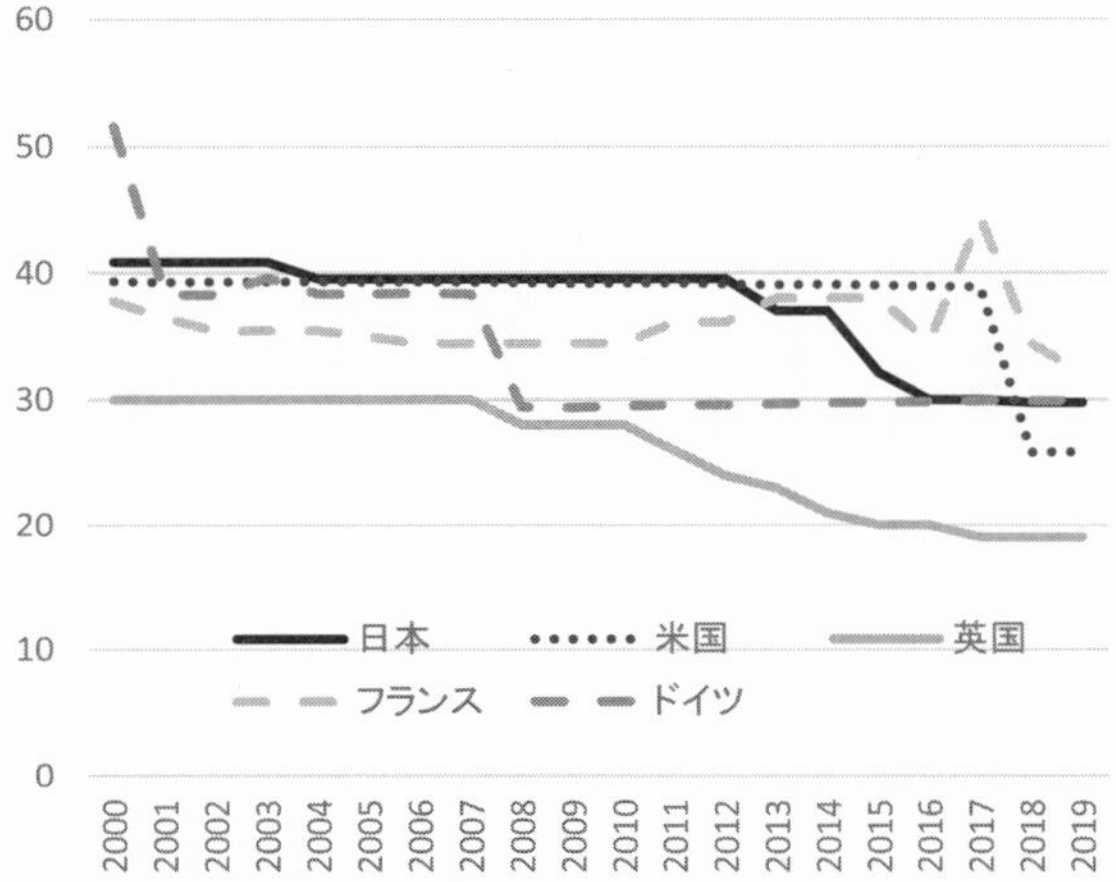

データ出所：http://www.oecd.org/

オランダの法人税率が低かったことは事実ですし、また、企業立地拠点としての拡がりに不足している「小国」は低めになっています。

ところが、その状況は、時代が二一世紀に入るころから変化します。変化の時期や経過は国ごとの政治事情などによりさまざまですが（これについては見やすさのために対象を絞り込んで上の「主要国法人実効税率推移」としたグラフに纏めておきました）、これらのグラフを眺めれば、ここ二十年ほどの間に法人税の引き下げ競争が世界的に拡散したことが読み取れるでしょう。最後まで四十パーセント近い税率を維持していた米国も、二〇一七年に就任したドナルド・トランプ大統領が連邦法人税を三十五パーセントから二十一パーセントへと引き下げたことで、地方税を合わせた実効税率で二十パーセント台という「世界標準」で横並ぶことになりました。二十パーセントといえば、以前はいわゆるタックスヘイブン対策税制において「有害税制」に当たるかどうかの基本的判定基準がそれだったのですから、ほんの数年前まで有害と決め付けてい

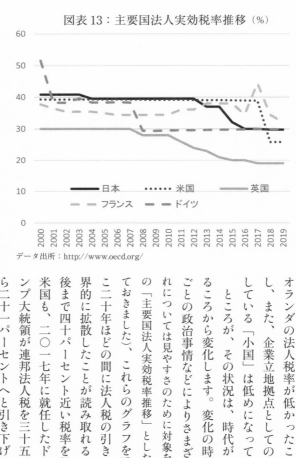

パネル19：タックスヘイブン

法人税を思い切って軽くする、あるいはゼロにしても、それで国外からの業務出張者などが増加すれば勘定があうこともある。ときに「タックスヘイブン」と言われる小さな国々がそれだ。このtax-haven（ヘイブンとは避難所あるいは保護区の意味）をtax-heaven（ヘブンつまり天国）と間違って、これらの国々を脱税天国のようにいう議論もあるが誤解である。多くのＯＥＣＤ諸国では、これら軽税地を利用した国際的租税回避に対処するため、「タックスヘイブン対策税制」といわれる税制が導入されており、海外の外国子会社がタックスヘイブンと指定された地域であげた利益は、本国に取り戻されるときに課税されたり、本国企業の税額計算のときに合算されて「みなし所得課税」されたりするからだ。それでもタックスヘイブンが利用されるのは、所得課税の持つ宿命的とも言える時間的非対称性（利益は常に課税されるが、損失は発生後一定期間内の利益計算に繰り延べることしかできない）を避けることが必要な金融セクターなどの便宜的な置籍地にするのに向いているからで、単純に税制の網をかいくぐるのが目的ではない。だから、こうしたタックスヘイブンを巡る問題は、グローバル企業の本拠地そのもの、つまり企業活動の実質所在地を奪い合う「底辺への競争」の問題とは区別して考えるべきである。写真はタックスヘイブンの典型とされるカリブ海ケイマン諸島のビーチ。こうした島々では法人税をゼロにしてしまっても、タックスヘイブンならではの法務や会計サービス関連の雇用増やそれらに伴う客入りで島民の生活が潤えばお釣りがくると考えているのだろう。

た水準すれすれに自分で入り込んでしまったというのが今の先進国たちの姿なのです。

ちなみに有害税制とは、これこそ先進国の思い上がりと言いたくなるような表現ですが、先進国クラブとも言われるＯＥＣＤなどは本当にこの言葉を使っていました。他国の制度に対し「有害」とはよくぞ言ったものですが、Ｇ７が「有害な税の競争」に対する反対運動を始めたのが一九九六年で、それを受けたＯＥＣＤが実効税率二十パーセントという判定基準をまとめたのが二年後の九八年ですから、この合意は二十年もたずに自分たちの行動により骨抜きになったわけです。この辺りに企業の自由移動を許すグローバリズムというもののすごさがあります。

消費税という見えにくい労働課税

次に見ておきたいのが消費税です。こうした順序で説明しようとすると、税制に詳しい読者からは、順番が違うのではないか、法人の所得に課税する法人税についての動きを見たら、次にチェックすべきは個人に対する所得税だろうと言われるかもしれません。しかし、ここでは法人税の次に消費税を検討しようと思います。それは、消費税と法人税とは、企業が生み出す富の大きさに課税するという点では互いによく似た性質を持つ一方、企業活動に参加する労働をどうとらえるかという点では対照的とも言える性質を持っているからです。この章では、国家を支える財政的な役割が誰から誰に移りつつあるかを考えたいので、その観点からは法人税の次に消費税に生じている動きをチェックしておきたいのです。

さて、私たちは消費税とか間接税などと言いますが、人々が商品やサービスを購入する際に払わされる税金には大きく二つの類型があります。

第一の類型は売上税と言われるもので、対象となる商品やサービスの売上高全体に課税するものです。かつての日本では酒やタバコなどの嗜好品を中心に非常に高い税率の課税が行われていましたし、米国では多くの州で大多数の商品やサービスの売上に一律の税率を課すという税制が存在します。これらが売上税です。

そして第二の類型が付加価値税と言われる種類の税金です。これは商品やサービスの売上全体を課税対象とするのではなく、そうした商品やサービスを製造販売するのに要した仕入れ金額を控除した残差部分に課税するものです。これを仕入税額控除というのですが、現在の日本の消費税もそれを行うので付加価値税の一種ということになります。

こう説明すると、売上全体に課税するのと仕入れ額を控除した残りに課税するのと大差ないではないかという気がするかもしれませんが、それは違います。売上税は、対象となる商品やサービスを消費すること全体に課税するものであるのに対し、付加価値税は、売上高から仕入費用を差し引いた残りに課税しているわけですから、そうした商品やサービスを作り出すことで生まれる富（これを「付加価値」といいます）の大きさに課税していることになるからです。つまり、付加価値税は、単純な売上税と異なり、企業活動が生み出す経済価値の大きさに課税するという点で、決算利益に課税する法人税とよく似た性質を持っているのです。

ちなみに、この付加価値税は、第二次大戦後の西ヨーロッパで生まれたものです。背景は、売上税の場合、商品の流通がたとえば生産者から卸業者そして小売業者というような多段階で行われると、商品が業者間で転々するたびに税金がかかってしまい商品流通業者間に垂直統合圧力が生じてしまうばかりでなく、商品が国境を越えて流通する障害になってしまうからでした。こうした観点から、付加価値税は域内で経済活動の移動を自由にすることを目指していた今のＥＵの前身である欧州経済共同体の理念と目的に適ったのでしょう。

そんな経緯から生まれた付加価値税ですが、企業活動が生み出す経済価値の大きさに課税するという方向感が良かったのでしょう。現在では、オーストラリアやニュージーランドそれにカナダなどの西欧圏諸国のほか、中国や韓国などの東アジア諸国にも広く普及して、先進国と言われる国々でいえば、この税制を採用していない米国の方が少数派といえる状況になっています。付加価値税の税率は欧州の国々では非常に高く、フランスや英国では二十パーセント、北欧のスウェーデンやデンマークは何と二十五パーセントという高さです。また、この分野では後発の東アジアについてみても、韓国が十パーセントで中国は十三パーセントですから、私は増税論者ではありませんが、八パーセントの消費税率を十パーセントまで引き上げるのが大問題になっていた日本は、まだまだ「幸せな国」なのかなあという気さえしてくるところです。

しかし、それにしても、ここで見落として欲しくないことがあります。それは国の歳入の軸足を法人税から付加価値税へと移すことは、雇用あるいは労働に対して新たな課税効果を生じさせるということです。

付加価値課税と企業利益課税の両者がどう違うかと言うと、売上から何を費用として差し引くかが違います。売上から原燃料費などの投入原価を差し引いたものを付加価値として課税の対象とするのが付加価値税ですが、売上から原燃料費などの投入原価のほかに賃金などの人件費も費用として差し引き、その残り、つまり企業への資本提供の対価として株主に帰属する取り分である利益を対象にするのが法人税です。

それが何を意味するかは、たとえば「賃金税」というタイプの税金があると考えると分かりやすくなります。賃金税とは、企業が従業員などの雇用者に支払う報酬にかかる税金のことで、日本では馴染みがありませんが、たとえばフランスでは、銀行などの金融機関の賃金支払いに実際に課されている税金です。そこで、一種の思考実験として、日本でもこういう税金があるとしてみましょう。そうすれば、付加価値税ならぬ消費税は「法人税＋賃金税」と要因分解できることになるはずです。するとどうでしょう。日本のように法人税を減税する一方で消費税を増税するというのは、株主に帰属する資本収益だけへの課税である法人税の引き下げで失った税収を、資本収益に加えて賃金支払いにも課税する付加価値税を引き上げることで取り戻しているのだということになります。すると何が起こるでしょうか。

もし企業経営者が付加価値税とは何かを正確に理解しているとすれば、起こりそうなことは資本設備の増強と雇用の抑制でしょう。それは、たとえば輸入品に新たな関税がかけられることとなったので、関税の対象にならない国内産品に仕入や消費をシフトさせることが合理的な行動であるのと同じように、企業経営としては合理的な反応のはずです。

こう整理すると、付加価値税発案国とされるフランスに、賃金税なる税金が存在する理由も分かるところがあります。その理由が、付加価値税「非」課税の金融サービスについては、その賃

パネル20：金融サービスと付加価値税そしてシャウプ勧告

金融業については、課税対象の定義が困難という理由で付加価値税を非課税としている国が多い。しかし、たとえば銀行業について考えるのであれば、リスク中立金利を基準に、それを上回る（or下回る）金利収入額とそれを下回る（or上回る）金利支払額を金融サービスの販売（or仕入）とみなすなどと頭を切り替えれば課税理論の構築は可能なはずだから、課税対象の定義が難しいという程度の理由で金融サービス全体を非課税とするのは制度論的には粗雑というべきだろう。金融業は製造業や小売業などと比べても国境を越えて簡単に移動するので、彼らに逃亡されるのが嫌で課税を避けておくというのが政府たちの本音かもしれない。話は変わるが、付加価値税の発案者とされるフランスの財務官僚モーリス・ローレが、1954年の同税提案時に参考にしたのは、1949年にＧＨＱの要請で来日したカール・シャウプを団長とする使節団の日本向け報告書「シャウプ勧告」の中で提唱されながら、実施に準備が必要などとして法制化されないまま葬られた「附加価値税」だったらしい。シャウプ勧告は、激しいインフレで募る重税感が生産勤労意欲を損なうことがないよう所得税の最高税率を85％から55％に引き下げる一方で、公平維持のために金持ちの純資産に課す富裕税を提唱するなどよく考えられた内容で、その大部分は翌50年の税制改正に取り込まれたのだが、3年後の53年に勧告の柱の一つであったはずの富裕税が廃止になるなど占領解除後は骨抜きになっていった。写真は勧告とりまとめに当たり、商店主たちの話を聴くシャウプ博士。真摯な人柄をしのばせる１枚である。

金支払いに課税しないと産業間での公平を欠くということなのだとしたら、いかにもエリート官僚支配国家と陰口されることの多いフランスらしい税制だからです。私が分からないのは、頭の良さではフランスのエリート官僚に引けを取らないはずの日本の専門家とか有識者などと呼ばれる人たちの議論に、消費税増税の労働課税強化性についての問題意識がほとんど見られないことなのですが、それで日本は大丈夫なのかやや心配になるところです。

フラット化する個人所得税

最後が個人所得税です。この税の特徴は、所得が多くなるほど税率が高くなるという累進税率が多くの国で採用されていることです。ところで、この累進税率、法人税の引き下げ競争が全世界化するのより一足早く切り下げられるようになりました。累進税率の仕組みは複雑なのですが、とりあえず最高税率を基準に主要国の状況を追ってみたのが、次ページの「主要国個人所得税最高税率推移」と題したグラフです。比較開始の時期を一九七八年としたのは、この翌年に英国にサッチャー首相が登場し、消費税率を一気に八パーセントから十五パーセントに引き上げることを財源に、所得税最高税率の思い切った引き下げを行ったからです。

グラフを見れば、サッチャリズムとも言われた彼女の政策が、どのように西側世界に波及したかが一目瞭然です。所得税の世界では、法人税に対するより早く彼女のイニシアティブで「底辺への競争」が始まってしまったのです。サッチャーが狙ったのは所得税引き下げによる英国経済活性化で、全世界的な規模での金持ち優遇税制化ではなかったはずですが、政策の世界でも流行

図表14：主要国個人所得税最高税率推移（%）

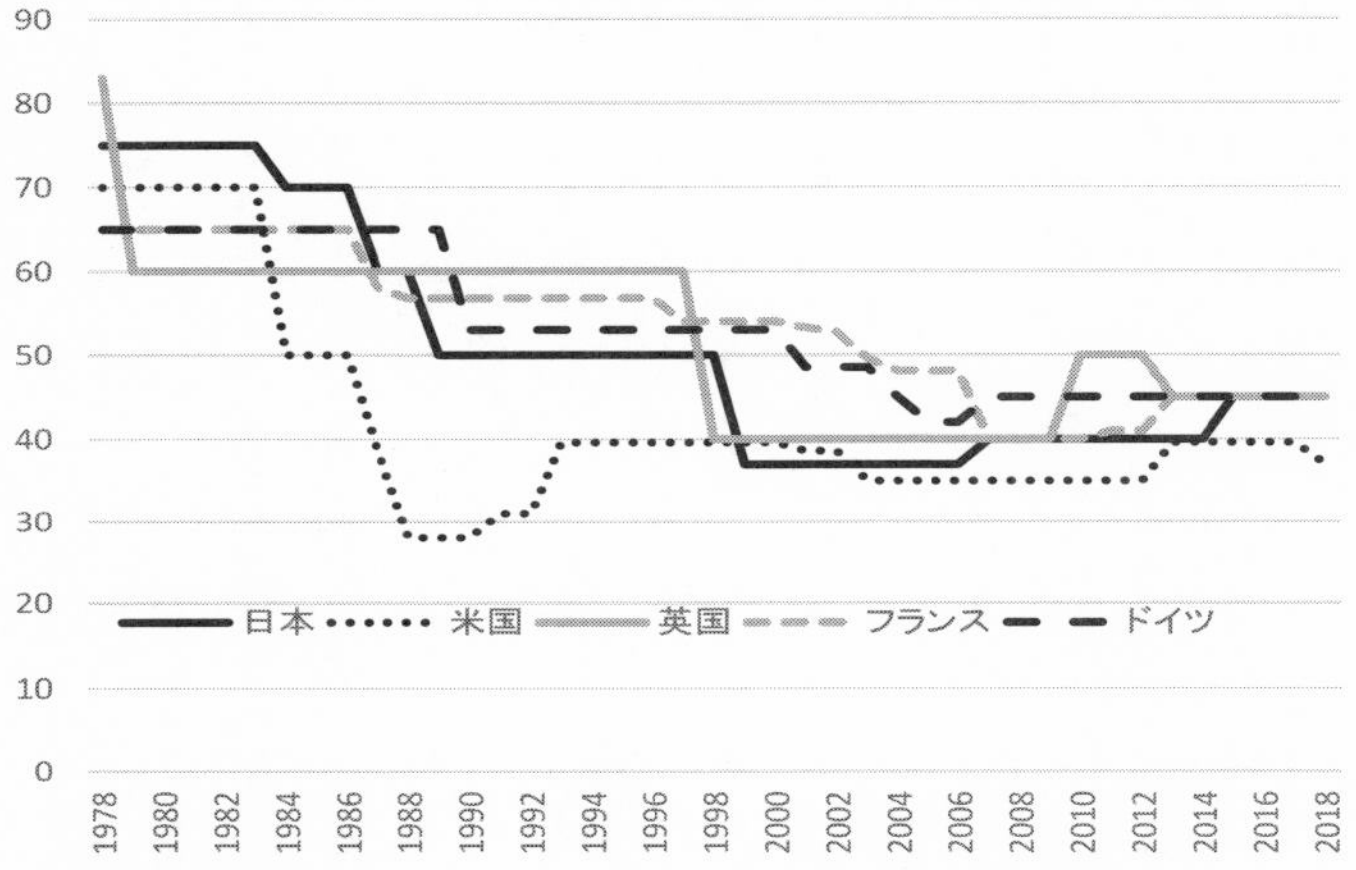

データ出所：https://www.mof.go.jp/tax_policy/summary/income/b02.htm

とか勢いというものがあるのでしょう。米国ではサッチャーの盟友ロナルド・レーガンが八一年に大統領に就任し、英国以上に猛烈な勢いでの所得税最高税率の引き下げを開始します。

レーガンの政策はレーガノミクスなどとも呼ばれましたが、そのレーガノミクスの根拠になったのは、当時、アーサー・ラッファーという経済学者が「所得税率がゼロだと税収はゼロになるが、税率が百パーセントだと、（誰も働かなくなるので）やはり税収はゼロになる、だから最適な税収はその中間にあるはずで、したがって所得税率の引き下げが税収増につながることもある」という理由で「ラッファー曲線」と呼ばれる考え方を主張したことによるものです。ラッファー曲線論の顚末を見ると、さすがにレーガン減税はオーバーシュート気味だったようで、その後に税率が上方修正されて現在に至っています。考えてみれば当たり前の話ですが、

「税率が高すぎて税収が小さくなることがある」ということと「税率を下げれば税収が大きくなる」ということとは別の話で、レーガンの政策は粗雑に過ぎると今からは思えるのですが、それが簡単に受け入れられたのは、当時から今に至るまでの米国に特有ともいえる背景もあったのではないかという気もします。それは、アイン・ランドという女流作家の『肩をすくめるアトラス』という小説が作り出した一種の思想運動のことなのですが、その話はこの章の後半に回しましょう。個々の背景は別にして、サッチャーやレーガンの政策は「新自由主義」という名で世界に波及することになりました。

日本でも、一九八二年に首相となった中曽根康弘が所得税最高税率の引き下げに踏み切り、欧州大陸の国々も八〇年代の終わりごろには所得税最高税率の引き下げ（これを「所得税制のフラット化」ということがあります）の方向に進み始めます。

ところで、こうした最高税率の引き下げが始まると、それが富裕層呼び込み競争に転化しやすい地域があります。それは欧州統合の流れの中にあった西欧諸国です。統合が進むと、今までは容易でなかった域内での移住や国籍移動が簡単にできるようになります。もちろん、そんなことが誰にでも可能なわけではありませんが、有名人であったり何らかの分野のスターであったりグローバル企業の経営者であったりするような人たちにとっては、また、投資家と呼ばれるほどの財を蓄えた富者にとっては、国境の壁などないも同然になって来たわけです。すると彼らは、所得税率が低い国を探して移動をするようになります。そして彼らが国境を越えて国を選ぶことを始めると、今度は国家たちも富者たちに選ばれるよう、彼らに媚を売ることを始めなければなり

パネル21：富者たちの逃亡

150ページのグラフを見ると2000年以降の所得税率については、フラット化と累進強化の動きとが入り乱れているように見えるが、累進強化の動きの背景には、財政赤字への懸念からのものと、格差是正狙いのものとがある。後者としては、2012年に発足したフランスのオランド社会党政権が所得税最高税率を一気に75パーセントにまで引き上げようとした試みがあるが、それが報道されると、ファッションブランドＬＶＭＨのベルナール・アルノー最高経営責任者がベルギー国籍を申請したり、俳優ジェラール・ドパルデューが「政府は成功を収めた人と才能ある人を罰しようとしている」と批判したりという具合に騒ぎが広がった。オランド政権の試みは、最後は憲法会議の違憲判決により頓挫させられたのだが、それがなくても欧州のような地域で隣国をはるかに上回る最高税率を実現させるのは難しかったろう。下はドパルデュー主演でカンヌ映画祭受賞作となった『シラノ・ド・ベルジュラック』から。主人公は17世紀に実在した詩人にして哲学者そして剣豪なのだが、1897年に上演されたエドモン・ロスタンの戯曲で顔の真ん中に位置する巨大な鼻に悩む人として描かれ、以来、内なる悩みの人としての「鼻のシラノ」のイメージが定着した。ところが、それを演じた俳優の方は鼻ではなく納税通知書に悩んでいたというのが落ちである。ドパルデューは、翌13年にロシアのソチを訪れ、プーチン大統領から直々にロシアのパスポートつまり国籍を頂戴するという「栄」に浴しているが、この辺りでフランスの世論からも見放されたらしい。いかに名優といえどもロシア行きは失敗だったようだ。

ません。企業に媚を売る「底辺への競争」に加えて、富者に媚を売るという意味での「底辺への競争」も始まり、そこから引き返せなくなっているという現実が一五〇ページのグラフの裏に隠れているわけです。当初は国内向けの経済刺激策として始まった所得税率の引き下げが、いつしか全世界的な富裕層の呼び込み競争の色彩を濃くしてきたのです。

一九七〇年代から八〇年代にかけてテニス界のスパースターだったスウェーデンのビヨルン・ボルグが、税金が高すぎるという理由でモナコに居を移し現役引退後しばらくしてスウェーデンに戻ったというエピソードがありましたが、それを批判するかどうかは別として、企業ばかりでなく高所得のエリートたちをいかに国内に繋ぎ止めるかという面でも、欧州大陸の国々は「底辺への競争」に巻き込まれていったという面があると思います。

のしかかる重荷とすり抜けるテクニック

この辺りで、税収という観点から、国家を誰が支えているのかを見ておきましょう。比較のために日本と米国そして西欧大陸圏代表としてフランスについて、主な税種別に対GDP比率を計算したグラフを次ページに掲げておきます。グラフを見て気付くのは、法人税は、話題になることが多い割に税収そのものは大きくなく、日本はともかく米国やフランスでの状況を見ると、法人税率そのものは決して低いわけではなかったのに、実際の税収は大きくなかったという事実です。なぜでしょうか。それは法人税に実務的な抜け道が多いからです。抜け道のいくつかは租税特別措置などという名で提供されているもので、設備投資減税などがこれに当たります。

図表15：主要税種別対GDP比率（%）

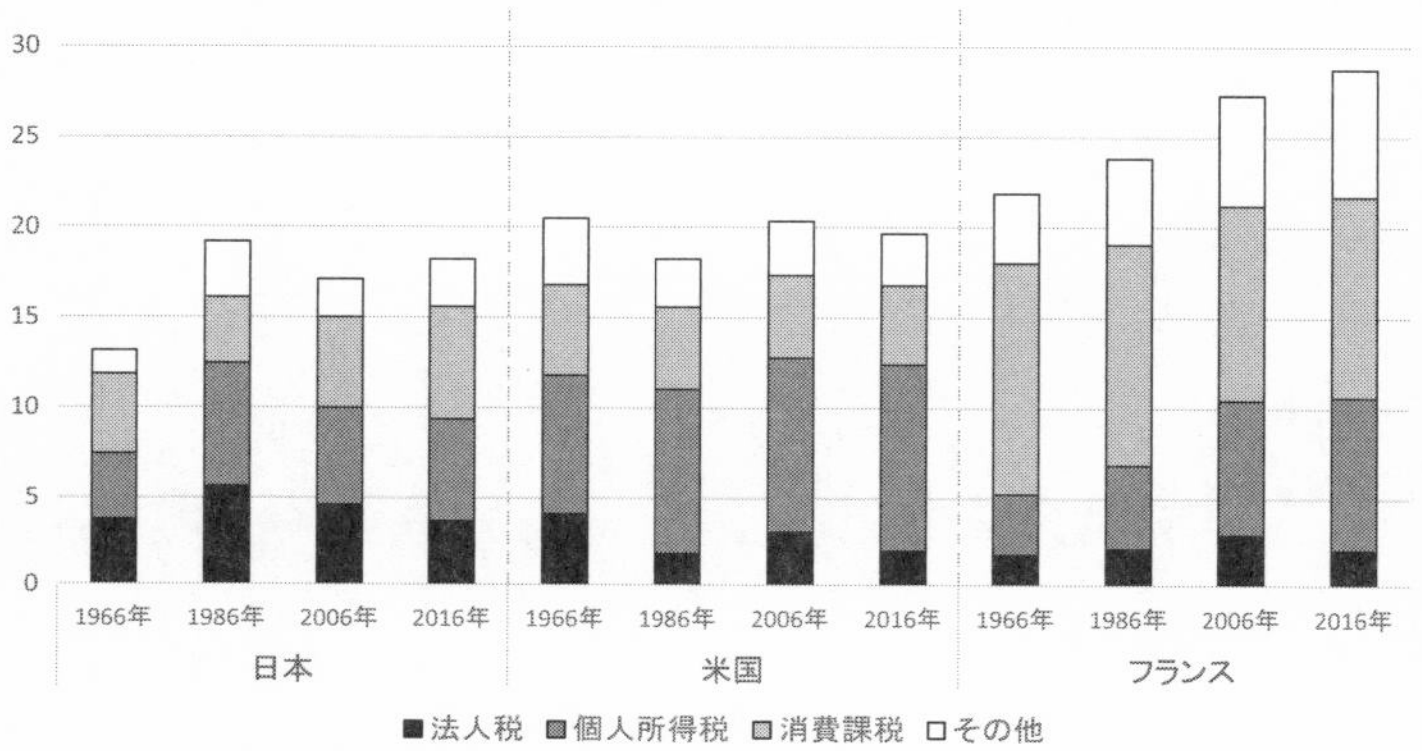

データ出所：http://www.oecd.org/

また、米国やフランスなどで、法人税収と税率との隔たりが大きいのには、別の理由もあります。それは、多数の国で同時に活動を展開する企業がどこの国でどのような利益をあげているかを、課税という観点から特定するのは簡単でないというところから生じるものです。たとえば、私たちにもおなじみのスターバックスは、米国シアトルが本拠のコーヒー店チェーンですが、一九八八年に英国に進出して以来、十五年間で累計三十億ポンドの売上を出していたのに、法人税の支払いは累計八百六十万ポンドのみでした。この会社が使っていた節税策の軸になったのは、コーヒー豆取引の契約上の実施地を英国よりは税率の低いスイスに集中させることと、商標から上がる使用料をやはり税率が低いオランダに集中させることだったのですが、結果として英国法人の利益は極端に圧縮されていたわけです。ちなみに、この節税策は英国内で世論から袋叩きにあう事態になり、同社は英国に「自主的」に追加納税を行うことで決着をつけたというおまけまであるのですが、もう少し高度にして複雑な事例もあります。

こちらで有名なのはアップルで、同社のやり方は、基本的にどの会社を国内の会社として、どの会社を国外の会社とするかの基準が、国によって違うことを利用したものでした。具体的にはアイルランドと米国での会社所在地認定の差を利用する一方で、アイルランドとオランダとの国際的な課税調整制度を使うことで、何と実質的な法人税負担を二パーセントそこそこにまで抑えることに成功していたのです。同社が使っていた仕組みは、「ダブルアイリッシュ・ダッチサンドイッチ」という名前までついているくらいで、調べだすとややこしくも面白いのですが、説明は省略させてください。具体的な中身はともかく、これだけ有力にして有名な企業で実質税負担二パーセントというのは凄いとしか言いようがありません。

ただし、誤解のないように書き加えておきますと、スターバックスにせよアップルにせよ、彼らがやっていたこと自体は脱税つまり違法ではありません。法の精神に則っているかという点では、英国世論の怒りという感情に自主的納税という形で屈してしまったスターバックスの対応の方が危ういくらいです。世界各国の事情はさまざまですから、各々の国は自分のところの事情に合わせて、どのような基準で税制を作り運用するかについて、各国なりのやり方はあって当然でしょう。彼らはそれを組み合わせて合理的に行動していたにすぎません。

わが日本も、かつては海外の子会社からの配当について海外での納税額を差し引いた残りを日本本社の課税対象所得とするという税制だったものを、二〇〇九年以降は海外子会社からの配当の九十五パーセントを文句なく課税対象から外すという制度改正を行っています。このような税制改正は、国内外の株主を喜ばせる一方で、国内の雇用を海外に押し出す効果を持っていますから、日本企業グローバル化の支援にはなっても、あまり日本人のためにはなっていないはずなのですが、その観点からの議論は特に行われていなかったように思います。二〇〇九年と言えば、前年のリーマンショック対応で企業赤字対策と外国人投資導入の必要性が叫ばれていた頃ですから、この税制改正にかかわった人たちが考えていたことについては察しが付くようなところもありますが、ことほどさように、税制をどう設計するかは各々の国の事情により異なるわけです。

ですから、私たちは、こうしたことは普通に起こりうることだし、それが完全に起こらないようにすることは、世界の国々が税に対する「主権」を放棄しなければできないと考えざるを得ないでしょう。そして、そう考えざるを得ないから、税に関する有識者と呼ばれる人たちの多くは、法人税より付加価値税型の消費税を支持するのだと思います。輸出入を管理する税関という仕組みに守られ、実務上も売上とか仕入という外形的な数字に依存して課税する消費税は、企業組織形成や決算手続きに依存して課税する法人税よりは、いわゆる「節税」を行いにくいはずだからです。グラフで取り上げた米国やフランスに限らず、法人所得に課税するより付加価値に対して課税する方に軸足を大きく移しつつあるのが、世界の先進国と言われる国々の傾向です。日本の消費税すなわち付加価値税の引き上げにも同じような側面があると私は思っています。

それでは個人所得税はどうでしょうか。興味深いことに、世界の先進国グループと言われる多くの国で、GDP対比でみた個人所得税収は、数十年のトレンドでみても大きくは動いていないのです。これを当たり前とは思わないでください。一五〇ページのグラフでも示した通り、先進各国の個人所得税の最高税率は大きく引き下げられています。それにもかかわらず、国民経済活動の大きさとの対比で見た税収が大きく変化していないということは、中低所得層の税負担がどんどん大きくなっていることを示しているからです。

しかも、高所得層の人々、なかでも現代のパワーエリートと言われる企業経営者たちにとり、グローバリズムの恩恵ともいえるさまざまな抜け道が存在していることは見逃せません。日産自動車を「再建」したカリスマ経営者として絶賛されていたカルロス・ゴーン同社会長（当時）が二〇一八年秋に逮捕起訴されながら海外に逃亡した事件は（最初の逮捕容疑は有価証券報告書における役員報酬過少記載でしたが、その後、会社資金の不正流用で再逮捕されています）、カネさえあれば国境だってすり抜けられることを示したという意味でも私たちを驚かせましたが、ここで私が注意した方が良いと思うのは、彼が日産自動車から豪華な住居を与えられたり、彼や彼の家族が作った会社に多額の資金が流し込まれたりしていたということは、それを可能とした手続きが違法かどうかとは直接かかわりのない事実らしいということであり、また、手続きが合法であるとすれば、それこそが現代資本主義の病理を示すものだということです。

ここで引き合いに出すのが適切かどうかは分かりませんが、かつての高度成長時代の日本の経営者代表として私が思い浮かべるのは、一汁一菜の質素な生活で「メザシの土光さん」の異名をとった土光敏夫です。その土光も石川島播磨重工の社長時代の一九五四年に造船疑獄事件で逮捕されたことがありますから（最終的に不起訴になっています）、私は、検察に逮捕されたからという

パネル22：企業エリートたちと国家との切り離せない関係

ゴーン逮捕事件の当初、フランス政府要人は、コメントを求められるたびに推定無罪という言葉と長期未決勾留への懸念とを繰り返していた。だが、国を代表するともいえる企業のトップに疑惑が生じたとき、普通の政治家なら「公正厳正な捜査で事実関係が明らかになることを望む」というような言い方で自身の中立的立場を訴えるのが通例だろう。推定無罪は当然の話だが、捜査段階の事件にそれを言うフランス政府関係者が長期未決勾留への懸念をも表明と聞くと揚げ足を取りたくなる。日本の刑事裁判における未決勾留の長さは大きな問題だが、フランスだって、日本を含め多くの国で廃止されている予審判事制度が残っていて、予審判事（判事という名は付いているが刑事捜査官の一種である）が認めれば最長4年もの起訴前勾留が可能という珍しい国なのである。ゴーンという存在が国益に深く絡まなければ飛び出しそうもない発言という気がする。また、事件の翌2019年4月にキャロル・ゴーン夫人が出国しようとしたとき（彼女はレバノン国籍のほか米国籍も持っていて、このときは検察に押収されなかった米国のパスポートを使ったらしい）、フランス市民でない彼女の出国を「見届ける」ために駐日フランス大使が搭乗口まで付き添ったという報道もあった。よほどの個人的関係がゴーン家とフランス政府との間に存在しなければ考えられぬ話である。そんな関係熟成に役立っていそうな場の一つがダボス会議とも呼ばれる「世界経済フォーラム」だろう。こうした場で熟成される「親交」が、世界で進行する貧富の格差拡大をリーダーたちが「上から眺める」ことの背景になっていなければよいと思うこともある。写真はダボス会議でスピーチする安倍首相。

理由だけで企業経営の任に当たる人を評価しようとは思いません。しかし、彼が文字通り一汁一菜の生活費以外の全てを自身の母堂が設立した横浜の橘学苑に寄付していたということを知るにつれ、合理化で企業を再建する経営者は自身の生活に厳しくあるべきだし（土光が経営者として高い評価を受けたのは石川島播磨重工そして東芝の経営再建でした）、またそうであったことが、彼の会社再建が単純な従業員の切り捨てや債務の踏み倒しではないのだということを、従業員たちを含む世間に納得させたのだろうと思うようになりました。

事件の話は程々にしましょう。ゴーンの事件は国家とエリートたちとの関係について少なからず考えさせるものですが、ここからは税という支柱がたわみ始めている現代の国家たちがどうなってしまうのか、そこに的を絞って考えることにしたいと思います。話の糸口は、レーガン税制でも触れた小説『肩をすくめるアトラス』です。

二　国家はどこに行くのか

フィクションが作り出した現実

米国のエリートたちに絶大な影響を与えていると言われる小説の話をしたいと思います。それが『肩をすくめるアトラス』です。米国では読んでいない知識人はないとすら言われるこの超大作（何しろ翻訳書が厚手の文庫版で三冊になるという「超大作」です）ですが、正直に言ってしまうと、イデオロギー的な主張を秘めたフィクションを同時代の現実であるかのように語るこの本を私は好きではありません。ですから、新自由主義なるものの精神的起源を解明しようという使命感にでも支えられなければ読む気がしないし、中身の紹介をするのも気が進まないのですが、本書のテーマを考える上では無視できない作品なのでできるだけ簡単に説明をしましょう。

この超大作の舞台は一九五〇年代の米国らしいのですが、作者ランドの描く世界では、その米国は企業の多くが国有化されたり労働組合に支配されたりしている「混合経済」体制になっています。いわゆる「パラレルワールド」です。そして、そのパラレルワールドとなっている米国では、なお企業家精神を失わない経営者たちが、国家や労働者たちの不当な要求や規制の下で「肩をすくめる」だけで重荷に耐えようとし（ここで「肩をすくめる」というのは、肩をすくめ両手を拡げ、あの「もうお手上げ」というポーズをするという意味でしょう）、やがて押し潰されて夢や財産を捨てることになりながらもなお使命感を失わず、かつて存在した自由な資本主義の黄金時代への回帰を模索するという、そんなようなドラマが延々と演じられるというのが、この超大作でランドが作り出した筋書きです。いくらなんでも簡単にまとめすぎと叱られそうですが、私の忍耐力ではこのぐらいが精いっぱいなのでお許しください。

それだけの話であれば、好き嫌いは人の自由ですから目くじらを立てることはないでしょう。しかし、この小説が、一九五七年に初版が刊行されて以来、現在に至るまで売れ続けて累計発行部数は七百万部を超え、米国では聖書に次ぐベストセラーと言われていると聞くと、これは見過ごすわけにいきません。もう少し付け加えると、一九九一年に米国議会図書館と米国最大の書籍通販組織が会員五千人に「人生で最も影響を受けた本」を尋ねる調査を実施したところ聖書に次いで二番目にランクイン、また高名な自由主義経済学者ルートビィヒ・フォン・ミーゼスや、アフリカ系ながら保守派の最高裁判事になったクラレンス・トーマスなどが称賛し、一九八七年から二十年近くも米国の中央銀行に当たる連邦準備制度（ＦＲＢ）の議長を務めたアラン・グリーンスパンもこの小説について「目的と理性を回避する寄生者は滅びるべくして滅びる」などと絶賛の投稿をしているそうですから、その影響力は、彼女の思想を普及させるべく創設されたアイン・ランド協会が数十万冊もの本を高校生たちに寄贈しているらしいという事実を差し引いても、ともかく生半可なものではないのです。

そして、さらに見過ごせないのが、彼女がこの小説で言いたかったらしいことをまとめて、自由放任型の資本主義を理想とする「オブジェクティビズム」といわれるイデオロギーを作り出して、それを一種の社会運動にしてしまったことです。ちなみに、訳せば「客観主義」ということになる「オブジェクティビズム」というのは、「オブジェクティビティ」つまり「否定できない現実」という言葉から作り出した造語のようなのですが、その現実なるものについての認識が、彼女が一九五〇年代に行った取材、それも当時のニューヨークセントラル鉄道への取材だったというのですから、これは笑えない冗談かという気がします（この鉄道会社がどんな会社だったかということについては五九ページのパネル８をご覧ください）。彼女が取材したのは一九五〇年代の後半ですから、素人のランド女史が進行しつつあった会社の実態を見過ごしてしまうのは無理ないかもしれませんが、その後の米国史上に残る大放漫経営事件である七〇年の「ペンセントラル鉄道倒

パネル23：誰がアトラスなのだろう

ギリシャ神話におけるアトラスはゼウスたちと戦って敗れ、その罰に天球を担ぐように命じられた巨人だから、天球を担いだまま肩をすくめて手のひらを上に向けるポーズなんかしたら肝心の天球が転がり落ちてしまう。写真はナポリ国立考古学博物館蔵のアトラスだが、この姿で天球を担いでいたアトラスに頼まれたペルセウスが、メデューサの首を見せることで巨人を石の山に変えたのがジブラルタル海峡の南に連なるアトラス山脈だということになっている。ちなみに、ランドの称賛者リストに名を連ねるグリーンスパンは歴代ＦＲＢ議長の中でも群を抜いた対話の名手にして産業と銀行の守護神とされた人物だが、もしかすると『肩をすくめるアトラス』から大事な教訓を読み取っていたのかもしれない。教訓は、財力のある者に国を支えさせようとすると彼らは肩をすくめて逃げてしまう、それなら、逃げ出そうにも逃げ出せない連中に重荷を負わせた方がうまくいくという教訓である。彼の魔術的ともいえるほどに巧みな金融政策説明術は米国の富者たちをますます富ませ、最後にリーマン・ショックと呼ばれるバブル崩壊を招いたが、ランドを絶賛したグリーンスパンは客観的現実とは何かについてどこまで考えていたのだろうか。彼には、デカルトの「われ思う、故にわれあり(Cogito ergo sum)」を「われ思うとわれ思う、故にわれありとわれ思う（Cogito cogito ergo cogito sum)」と添削してみせたアンブローズ・ビアスの『悪魔の辞典』を読んでいたかどうか聞いてみたくなったりする。

産事件」を知らぬはずがないグリーンスパンまでが、彼女の「客観主義」を手放しで称賛したと聞くと、彼らの「客観主義」というのは要するに自分に都合が良いお話を事実だと主張することなのかという気にもなります。彼女の「客観主義」の最大の問題は、世界を支えるのが誰か、それが企業の経営者や富豪などというエリートたちなのか（彼女は、それをギリシャ神話の巨人「アトラス」にたとえているわけです）、それともエリートではない普通の人々なのか、それについての実証あるいは分析モデルの決定的な欠如にあると私は思っています。

ところで、ランドの小説をここで取り上げたのには、もう一つ理由があります。それは、この小説がフィクションでありながら、「リバタリアン」と名乗る現実の政治勢力を作り出す精神的源流になったからです。ちなみに、リバタリアンを訳せば「自由を重んじる人」となって、これは政治的自由派にして福祉推進派である「リベラル」と語源は同じなのですが、彼らの主張（それを「リバタリアニズム」と言います）は、リベラルのそれとは大きく違っています。

リバタリアニズムの浸透が意味するもの

さて、リバタリアニズムです。この政治思想あるいは主張の始祖とされるのは一九七一年に政党としてのリバタリアン党を創設したデイビッド・ノーランという人物ですが、このリバタリアニズムを掲げるグループの主張を簡単にまとめれば、次ページに掲げたような図解になります。このような図解は、始祖ノーランの名にちなんで「ノーランチャート」といいます。こうした単純な図解はそれ自体が政治的主張を含んでいるので注意が必要ですが、ここは分かりやすさ重視

図表16：ノーランチャート

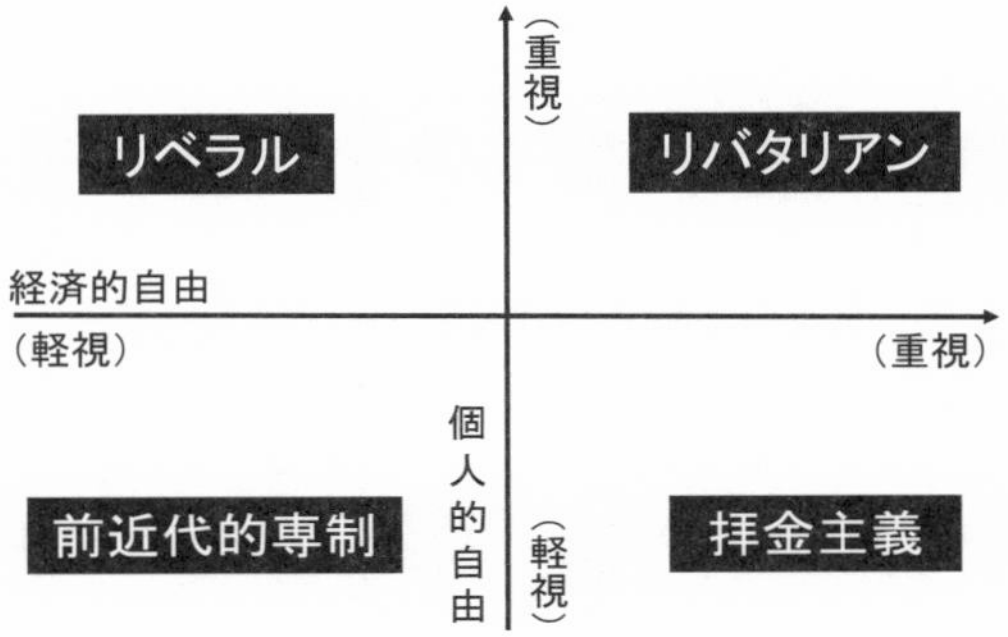

で彼らのチャートを使いましょう。要するに彼らは、「自由」を「個人的自由」と「経済的自由」に分け、政府による富や所得の再分配を経済的自由への侵害だとして左派的なリベラルと自分たちを区別する一方、保守思想を支持あるいは信奉する人たちの中にある権威主義的あるいは思想統制的な側面に対しても、個人的自由への侵害だとして反対の立場をとるわけです。

　ここで私がこのリバタリアニズムについてどう考えているかと言えば、それはあまりにも浅く、また心情あるいは感情のようなものを思想と言っているところもあって、とても同調する気になれません。たとえば彼らは、「他の誰かの身体や財産に対する物理的な暴力の使用か脅しを開始すること」（マレー・N・ロスバード『新しい自由のために』岩倉竜也訳・二〇一六年・デザインエッグ株式会社）を「自由への侵害」だとし、これに抗することがリバタリアニズムだと主張するのですが、「他の誰かの身体」という概念は自明だとしても、「他の誰かの財産」という概念は制度的なものであることに注意を払っているようには思えません。また、彼らは「経済的自由」と「個人的自由」を独立した目標としているようですが、この二つに現実として相反する面があるからこそ、そこにどのような妥協を見出すかを巡り一九世紀から二〇世紀にかけての長い葛藤の歴史があったわけです。その歴史を、先住民の住む土地を「フロンティア」として「物理的な暴力の使用か脅し」によって奪い取ることなどで幸せな成功の時代にすることができた米国の彼らは、あまりに軽くみているような気がします。

要するに、彼らの問題意識には幼い部分が多いのです。彼らの主張には、あえて国家を不気味な怪物にたとえながら国家の意義を説いた法哲学者ホッブズのような悩みは見当たりませんし、また、彼らが経済学あるいは政治学におけるリバタリアンだと位置付けている先人たち、たとえば経済的自由を強く主張したフリードリヒ・A・ハイエクにしても、所有権は各々の人が持つ当然の権利であるとするような教条主義から議論を形成したわけではありません。私がリバタリアンたちに共感できるのは、彼らの思考の中に人々の心まで支配しようとする全体主義的政治手法への反発があるということぐらいです。

ところで、彼らの政治的影響力ですが、二〇一六年の米国の大統領選挙と同時の上下院議員選挙では、彼らの政党であるリバタリアン党の得票率は三パーセントを超えています。民主と共和という二大政党が地域社会に深く根を下ろしている米国の事情を考えれば、これは少数政党としては驚くほど高い数字です。また、彼らは必ずしも得票率にこだわらず（つまり選挙区に独自候補者を立てず）、民主共和両党の候補者のうちから彼らの主張に近い方の候補者に投票することを原則にしているようなので、その影響力は得票率よりもはるかに大きいと言われています。

また、さらに注意すべきことは、リバタリアンたちには、経済的に最上層の大富豪も最下層の有色系市民も少なく、教育程度の高い白人中間層が多いことです。理由はさまざまでしょうが、想像すれば、自分たち白人中間層は、国を支える重荷を過剰に負わされている、自分たちはランドの『肩をすくめるアトラス』で描かれたような状態から脱する権利があるはずだという気持ちが根底にあるのだと思います。それは、グローバリズムのもとで底辺への競争に追い込まれている政府たちが、国境を容易に越えることができるほどの富を蓄えた「本当の富者」にその負担を求めることができなくなっていて、せいぜい「あまり豊かでない富者」あるいは「比較的ましな貧者」である彼ら中間層に負担を集中せざるを得なくなっていることへの怒りだと言い換えても良いと思います。リバタリアニズムという思想的あるいは感性的な傾向自体は、ランドの「超大作」が発売以来売れ続けているという事実が示す通りで、米国では以前から存在していたはずなのですが、それがこの十年ほどの間に第三の政治勢力と言えるまでに伸長した背景には、時代の状況によるところも大きいのではないでしょうか。

しかし、そこまで考えてみると、米国同様のリバタリアンたちの増殖が、日本や欧州でもやがては起こり得ると思った方が良いような気がしてきます。米国のリバタリアンたちの主張のうちで、銃規制に関するものについては、幼いだけでは済まされない国家観が含まれていて、これは今の日本には入っては来るまいと思っているのですが、それを除く彼らの主張が一定の体系として流入すれば、それは相当の政治的支持を集める可能性は十分にあるからです。

そして、それは、福祉という名で呼ばれる国家の機能について、今まで以上に深刻な議論を引き起こすことを予感させるものでもあります。

パネル24：星条旗への誓い

リバタリアンの経済政策における主張は新自由主義者に近く、要するに政府介入反対派になるのでリベラルたちと大きく異なるのだが、さらにリベラルと明確に異なる傾向を持つのが銃規制についてである。リバタリアンたちの多くは国家に対する自立の象徴として銃規制反対の立場のようだが、ここには、米国人の国家観と私たち日本人の国家観との違いも現われているといえる。政府を改廃することを人民の権利だと独立宣言で謳い（39ページ参照）、憲法修正第2条では「規律ある民兵は、自由な国家の安全にとって必要であるから、市民が武器を保有し、また携帯する権利は、これを侵してはならない」としている米国と、武装して国家に反抗すること自体を「内乱罪」としている日本との違いは大きい。日本人は生まれながらにして国民で「ある」という意識を持つが、米国人は星条旗に忠誠を誓うことで市民に「なる」という意識を持つからなのだろうかという気もするのだが、そう思ってみるとリバタリアンたちが腰に拳銃をぶら下げるのも儀式の延長みたいなところがある。ただ、儀式に国家が絡むと簡単には済まなくなるのは万国共通である。写真は米国の小学校での「星条旗への誓い」の風景だが、2019年2月、この誓いを拒んだフロリダの少年が逮捕されるという事件が報じられた。逮捕理由は学校業務妨害と公務執行妨害だったのだそうだが、少年が誓いを拒んだ理由は「星条旗には黒人に対する差別がある」ということだったらしい。個人的自由とも深く関係しそうな事件なのだが、これに対するリバタリアンたちの反応は特には伝えられていない。彼らの主流が白人エリート層ということも関係しているのかもしれない。

福祉国家の実像

「夜警国家」という言葉があります。これを言い出したのは、フェルディナント・ラッサールという一九世紀ドイツの社会民主主義者で、当時の自由放任主義的な国家運営への批判の文脈で作られた言葉でした。つまり、国家は軍事や警察の機能だけを果たしていれば良いという当時の主流だった考え方を批判して、人々が幸福に生きられるように経済面や健康面のことまで国家が積極的にかかわるべきだとラッサールは考えたのです。

ところで、このラッサールという人物、なかなか華麗な経歴の持ち主でもあります。一八二五年に裕福なユダヤ系家族に生まれた彼は、大学在学中に二十歳年上のハッツフェルト伯爵夫人と知り合い、彼女の離婚問題解決のために八年間にわたって奔走して最後には裁判で勝利するのですが、その間にマルクスと出会い十年以上にわたり親交を結んだあと決別し、ドイツ社会民主主義運動の創始者の一人となりました。具体的には、当時の自由主義左派の主流だった進歩党と別れ全ドイツ労働者同盟を結成しています。この労働者同盟が、第一次大戦後ドイツのワイマール共和国時代と第二次大戦後のドイツで、数度にわたって政権を担ったSPD（ドイツ社会民主党）の源流です。しかも、彼自身は、そうした政治活動とは関係のない恋愛騒動が原因となった決闘で重傷を負い、ついにはハッツフェルト伯爵夫人に手を握られながら三十九歳で死亡しますから、まさに当時のロマン主義を体現する生涯を駆け抜けた人物といえそうです。

ところで、ラッサールは、社会民主主義を創始する一方で、国家主義的ドイツの源流ともいえる鉄血宰相ビスマルクとも関係を維持していましたから、国家との距離感という点では現在の左派とかリベラルと言われる人たちとは別の感覚を持っていたようです。その彼が、当時のブルジョア放任主義的な国家論を批判して夜警国家という言葉を作り出したのも、産業化が進むなかで困窮する民衆を救済する存在としての国家への役割期待があったのでしょう。そうした困窮する民衆への救済者としての国家への期待は、二〇世紀になるころから「福祉国家」という名になって多くの国の設計原理に入り込みました。

しかし、一方のビスマルクは、もう少し複雑に考えていたような気もします。それは困窮する民衆を放置しておけば彼が理想とする強い国家が作れない、民衆の救済は善悪の問題ではなく体制を維持するために必要だ、そうした冷徹な思考があったようにも思えるからです。ラッサールは富者が貧者を支える国家を理想としていたのでしょうが、ビスマルクは誰が誰を支えるかには関心がなく、ただ困窮する貧者を放置しておけばプロイセン王国（一八七一年からはドイツ帝国です）の維持が難しくなるという観点から、あえてラッサールを引き付けておいたのではないでしょうか。ビスマルクは、当時の社会主義勢力への鎮圧者だった一方で、医療保険や養老保険などの「社会政策」の先駆者であったという顔も持っています。百戦錬磨のビスマルクは熱血のラッサールより一枚も二枚も上手だったのではないかというのが私の想像です。

ところが、そこにこそ、現在につながる問題の萌芽があったように思えてなりません。それは、私たちが福祉国家のあり方を議論するとき、それに賛成する側も反対する側も、そこで政府が「何をするか」を基準に考えていて、その政府を「誰が支えるか」を基準には考えて来なかったことです。社会民主主義者ラッサールは、資本家に労働者を支えさせようと考えていたのでしょ

図表17：強制的社会保障負担対ＧＤＰ比率（％）

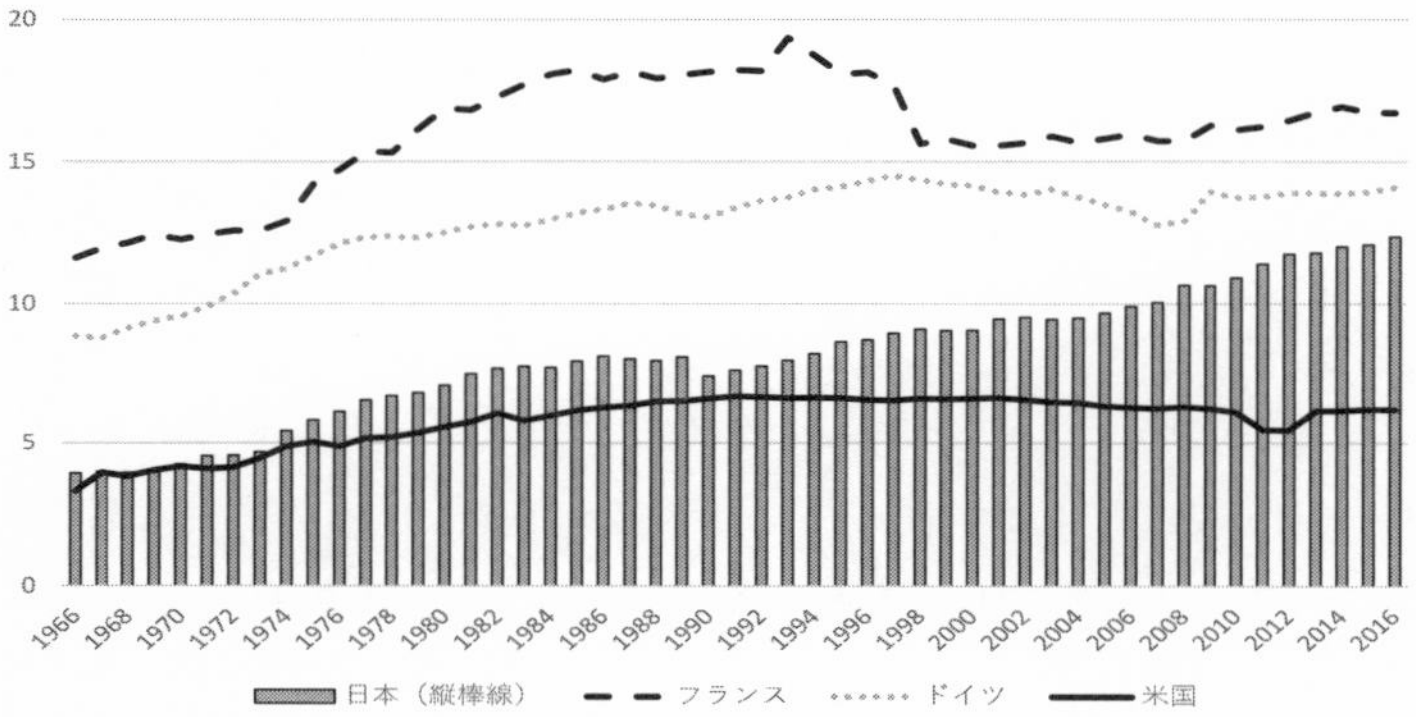

データ出所：http://www.oecd.org/

うが、鉄血宰相ビスマルクが創始した社会保険制度は、ときに企業からのお手伝いを得つつも、その基本は労働者が労働者を支える仕組みですから、困っている人を助けようということでは同じでも、支え手を誰にするかでは二人の意識は最初から違っていたように思えます。

ここで、現代の「福祉国家」の実態を見ておきましょう。その現状を示唆するグラフを上に掲げておきます。このグラフは、ＯＥＣＤによる強制的社会保障負担対ＧＤＰ比率に関する統計の一部を取り出したものですが、これを見て「米国は別だが世界では数字的にも困窮者への救済は進んでいるのだな」などと納得してはいけません。なぜなら、ここで示されている強制的社会保障負担の本質は、所得税以上に累進性の乏しい国民への賦課に過ぎないからです。多くの国の強制的社会保障負担は、最低額基準はあるものの、負担金が徴収されるレンジに所得が達すれば所得スライド負担になるのが基本です。しかも、徴収には頭打ち額がありますから、たとえば日本では、年間所得が何億円という高所得者でも厚生年金と健康保険とを合計した保険料は年間で二百万円強にしかなりません。そのことを考えると、日本を含めて多くの国の社会保障制度は、富者が貧者を支えることではなく、中間層と呼ばれる人たちが自分たちで自分たちを支える仕組みに過ぎないということに気付くことになります。こんな福祉国家のあり方に代案はないのでしょうか。

理屈の上ではいろいろ考え得ると思います。最もすっきりしたアプローチとして、社会「保険」という呪文、起源をたどればあのビスマルクに始まる呪文、それから自由になって、その人が過去に年金や保険のようなかたちでいくら払い込んだかに関係なく、すべての国民に対し最低限度の生活が営める金額を、政府から一律に支給するということにしたらどうでしょう。

こうしたやり方で国に住む人たちに安心を届けようというアイディアが、このごろ話を聞くことが多くなった「ベーシックインカム」という仕組みです。ところで、このベーシックインカム、あのリバタリアンたちの中にも支持者が多いと聞くと、やや不思議な気がします。リバタリアンたちがベーシックインカムを支持する理由は、一律に一定額を給付するというやり方の方が個人の経済生活に対する政府の介入度合いが少なく、しかも簡素な仕組みで行政コストも安くなる、つまりは彼らの好みに適うからなのだそうですが、本気でこれを採用したら、彼らが最も嫌うはずの途方もなく「大きな政府」が登場しかねません。それが不思議に思う理由です。

簡単な計算をしましょう。最低限の生活費とはいくらかは、それ自体が大問題ですが、たとえば日本の生活保護費の総支給額が四兆円弱で支給者数二百万人強という数字から推して、ぎりぎり百万円くらいということにしてみましょう。四兆円を二百万人で割ると答は二百万円になってしまうのですが、厚生労働省の資料によると生活保護支給の大きな部分は医療費だということなので、ここは半分の百万円とします。そこで、この百万円に日本の成人人口一億人をかけると答は何と百兆円です。百兆円といえば日本の一般会計の総予算額に相当する大きさです。国防や警察などの夜警国家維持費に加えて道路や治山治水など国土維持経費を賄う総予算額に相当する大きさなのです。リバタリアンたちの気分には、政府のあらゆる福祉的な活動をやめてベーシックインカムに移行させれば財源ぐらい出てくるだろうという皮算用があるようなのですが、そのぐらいでは勘定が合いません。これをやろうとすれば、大幅な増税が必要なはずなのです。でも、そんなことは、法人税そして個人所得税についての軽減競争を繰り広げ、ついには付加価値税としての消費税以外の財源をほとんど失いそうな現在の世界では無理な話でしょう。富者どころか中間層までも所得を海外移転しようとするのを、壁と鉄条網ならぬ全国民に対する資産監視で抑え込む、そうした強権的な仕組みでも考えなければできるはずのない話なのです。

しかし、私がベーシックインカムに懐疑的な理由は金勘定の問題だけではありません。それは、こうした制度を導入した場合に国家というもののかたちが変わってしまうことを恐れるからでもあります。ベーシックインカムについては、二〇一七年にフィンランドとカナダのオンタリオ州で開始された実験などもあるのですが、ここで実験に挑戦したのがフィンランドとオンタリオ州というのが示唆的です。考えてみてください。これらの国や地域は、たとえば日本や米国のような国あるいは東京やニューヨークのような都市と比べても、国民や住民同士が同志的連帯感で結ばれた国や地域です。そうした同志的連帯は美しいのですが、他方でメンバー同士が互いに互いを見つめること、悪く言えば監視し合うことによって維持されるものです。

フィンランドやオンタリオ州での実験には、無条件にお金を給付すると人は働かなくなるというベーシックインカム反対論に対抗しようという意図があったようですが、私が懸念するのは、隣人が自分にぶら下がっているのではないかという猜疑心が世の中に蔓延すること自体が、個人の自由を尊重してきた私たちの「国のかたち」を変えてしまうことです。

今の社会保障制度でも、隣人が自分にぶら下がっている、あの世代は自分たちにぶら下がっているという猜疑心は深く静かに拡がっているし、そうした猜疑心からの制度批判も後を絶ちません。リバタリアンたちは政府による市民監視に反対の立場のようですが、日本で過去に起こっていたことや現在起こりつつあることを振り返ると、市民たちによる他の市民への監視は政府による市民監視以上に大きな問題を含んでいるはずです。税金を国防や生活安全あるいは社会インフラ整備に使うことについては文句を言わなかった人たちが、生活保護のようなかたちで困窮している人を税で支えるということになると、とたんにあの人は自分にぶら下がっているというような議論を始め、そこでぶら下がっていると決めつけた人たちに対して、ときにバッシングとも言える行動を起こしたり、それを呼び掛けたりすることがある、そうした現実が存在することから私たちは目を背けるべきではないのです。今の社会保障制度が、ただ乗り防止のためには全社会的な相互監視制度が必要などという議論を国全体に蔓延させずに存在できているのは、制度自体

パネル25：体制維持コストとしての御救と施行

困窮者あるいは貧者の救済はなぜ行われたのだろうか。キリスト教世界でのその理由は慈悲だったし、日本でも中世まではそうだった。だが、同時代の世界の中でも珍しいほどの国内的安定を実現した徳川幕藩体制の下では、困窮者に対しては適切な施しを行うのが「仁政」という名で為政者の義務と意識される傾向が強かったようだ。これは宗教的あるいは道徳的な動機というよりも体制維持コストとしての救済である。倉地克直の『徳川社会のゆらぎ』（2008年・小学館『日本の歴史十一』）には、幕藩体制下では各藩による救済である「御救《おすくい》」と民間による救済である「施行《せぎょう》」が頻繁に行われたとあって興味深い。たとえば、承応3年（1654年）の岡山地方大洪水に際して、岡山藩主池田光政が、延べ90万人分の災害復旧事業を興し領民に日傭米を与えたことに対する家中の不満を「民は餓死すべきとも、先ず士さえよければと存ずる者は、いかなりあさましく候えば、士の本意にも、民を豊にするに有る事必然たり」と言って抑えたという話が記載されているが、これには御救を体制維持コストとする意識が現れている。また、享保17年（1732年）の飢饉に際し大阪で行われた施行には2万人近い町人が参加し、前年の低米価対策として幕府が推進した米の買い占めに協力して巨利を稼いだ大和屋三郎左衛門の寄付額は2153両（現在価値で約2億円）に上ったと書かれている。これも体制維持意識の現れだろう。絵は御救を描いた1838年の「荒歳流民救恤図」より。画は渡辺崋山とされているが異説もある。

は国家の強制に支えられているとはいえ、制度内の経済関係では、自助に相互扶助性を加えた「保険」という形式をぎりぎりで維持しているからだという面があります。

改めて歴史を振り返ってみると、困窮者あるいは貧者の救済者としての役割を国家が果たすこと自体は、近代あるいは現代に始まったものではありません。近代以前の時代、たとえば幕藩体制下の日本でも、「御救《おすくい》」とか「施行《せぎょう》」という名で飢饉時などでの困窮者救済は少なからず行われていましたが、その背景にある考え方は困窮する人々を放置すれば国家の維持そのものが危うくなるという危機意識でした。今の先進国という国々で拡散しつつある格差に対しても、それを放置すれば国家のかたちの維持が難しくなるという危機意識なしに臨むことができない領域に入りつつあるのが現在の私たちなのです。

夜警国家の逆襲

貧者を顧みない政府への批判を含意してラッサールが唱えた夜警国家という言葉が、政策目標に近い文脈で復活しつつあります。福祉国家への志向は、もともと社会主義勢力が一定の力を持っていた西欧や日本だけでなく、あの米国ですらリンドン・ジョンソンが「偉大な社会」という綱領を掲げて一九六四年の大統領選挙に当選したことからも分かるように、一九七〇年代に向けて頂点を迎えたわけですが、八〇年代に入ると流れが変わりました。理由はグローバリズムと世界経済成長の屈折でしょう。サッチャーやレーガンの「小さな政府」が支持された背景には、いわゆる英国病があり、またベトナム戦争の泥沼化による米国の苦しい財政事情があったと思いますが、それらが日本や西欧各国に拡散した背景には、「底辺への競争」がもたらした税収制約と、一九世紀後半以来続いてきた大成長の屈折という二つの事情があったはずです。それは、もはやラッサールが思い描いたような「大きな政府」は維持できない、好むと好まざるとを問わず、政府は福祉国家を諦め夜警国家に回帰せざるを得ないということを意味するものでもあります。

しかし、夜警国家に回帰すると言っても、それで国家たちの「図体」が小さくなるとは限りません。グローバリズムの下でも続く国家間の政治的緊張は国防費を減らすのを妨げますし、役人が自身の雇用を維持するために仕事を作り出すという「パーキンソンの法則」は健在だからです。日本について言えば、民間の知恵を入れた政府の投資活動という名目でスタートした「官民ファンド」などは、民間とは違う原理で動くからこそ政府の存在意義があるはずだ、民間の知恵が有効だったらファンドは普通の民間企業になるべきだ、などという批判をよそに膨張し、そして予想通りの失敗を繰り返しています。

その一方で空洞化が進んでいるのが富の再分配機能です。社会保障や福祉と言われている国家の役割は、富者が貧者を支える仕組みを作ることではなく、中間層が中間層を支え、そして貧者は誰も支えない、そうした仕組みを維持するだけのものになりつつあります。社会保障負担について言えば、一七〇ページのグラフで示した通り大きくはなっています。しかし、中間層が中間層を支える仕組みが社会保障なのだとしたら、それは民間でも維持することは可能のはずです。自動車損害賠償責任保険という制度がありますが、これは強制保険ですが国営保険ではありません。ですから、理屈の上では、年金保険や健康保険あるいは失業保険を同じような位置に置き直すことは可能でしょう。ただ、私は、年金保険や健康保険あるいは失業保険などを「民営化」せよと主張したいわけではありません。それどころか、こうした社会保障制度は普通の人が考える投資運用期間を超える超長期の関係性を形成するわけですから、株主ガバナンス下にある株式会社制度のような組織が引き受けるのは弊害の方が大きいだろうと考えています。

しかし、そうした組織設計論は別にして、現代の国家における社会保障制度の実質は、要するに政府による超長期の金融サービスの一種であって、私たちが「福祉」という言葉から受けるイメージとは異なるものです。それなのに福祉国家という名でここまで国営保険制度の拡張が可能だったのは、あの高度成長の時代に中間層が明るい未来を見込むことができたおかげでしょう。気になるのは、世界的に最も早く長期停滞の状況に落ち込んだはずの日本で一九九〇年代以降も制度が膨張を続けていた点なのですが、最近では制度そのものの財政事情から逆向きの動きも生じているようなので、しばらく流れを見守るべきでしょう。日本の年金に不都合な事態が生じつつあることは確かですが、それは、背景にある経済的格差の拡大に手を付けない限り、本当の解決には至れない問題だからです。それについては後の第五章で考えさせてください。

小さい政府への回帰の話になったところで、国営事業の「民営化」について整理しておきます。私は、国営事業が民営化されるときの基準は、その事業が国家のかたちを維持するのに必要かどうかによるべきだと思っています。日本における国営事業民営化といえば、国鉄と郵政の民営化ですが、この二事業の民営化ができた理由は、そこを外していなかったからです。民営化を主導したのが政治事情だったことは確かですが、ここではそのことと切り離し、この二事業とは何だったかを、国家のかたちを考える観点から改めてチェックしておきましょう。

国鉄と郵政、この二事業が国家の経営するものとなった経緯は、ずいぶん違います。国内の主要な鉄道路線が国鉄すなわち日本国有鉄道として「国有」とされた目的は、よく知られているように主として軍事のためでしたが、これは一九世紀から二〇世紀にかけての世界の流れの一つでした。どれだけ多くの兵士と武器とを短時間で戦地に運ぶことができるかが戦争の帰趨を決めるようになると、兵士と武器を運ぶ鉄道は有事における作戦の要になります。隣国との関係が不安定で国境防衛が重要な国ほどそうなります。この時代に、鉄道の国有化に関心がなかったのは、二つの大洋に守られて外征以外の軍事を深刻に考える必要がなかった米国ぐらいです。

そうした軍事のための鉄道という意義が薄れたのは、戦争が兵士の肉体でなく巨大な機械で行われるようになったからでしょう。戦争のための機械が大きく重くなり、戦場でも自走するようになれば、戦地に運ぶのにも列車に乗せるより自分で走って行ってもらう方が良くなります。その文脈からみれば、鉄道が民営化されたのは、経営効率化のためというよりは、それを国家の中に取り込んでおく必要性が薄れたから可能になったのだと考えた方が良いと思います。

では、郵便はどうでしょう。郵便事業の特色は、基本的に国家の領域内には同一料金で信書を届けるというところにあります。民営化された今でもそれは変わりません。しかし考えてみれば、これは不思議な料金体系です。価格は需給で決まるとする民間の宅配便ではそんな料金設定にはしません。なぜ郵便はそうするのでしょうか。それは国家を統合するために作られたという郵便制度の歴史があるからです。

国家が経営する信書伝達制度としての郵便の歴史は基本的には一九世紀に始まるわけですが、それは国民国家にとって、領域を束ねるための装置として郵便制度が必要だったからです。日本に国営の郵便制度が導入されたのは一八七〇年つまり明治三年の前島密の建議によりますが、日本が取り込んだ西欧型国家の制度的装置の中でも、郵便を取り込んだのは群を抜いて早いと言えます。これは、郵便というものが国家統合にとって不可欠だという西欧世界の「常識」を取り込んだからでしょう。当時の「御一新」つまり明治新政府成立に戸惑う庶民にとっては、畏れ多いものであったはずの「お上」が時候の挨拶どころか借金の督促状や恋文までも届けるようになったという変化は驚きだったはずですが、それは空白の地域なく情報インフラを整備することが国家統合の成立条件だったからで、そのことは郵便物を運ぶ交通手段が馬車から鉄道そして航空機へと変化しても変わることはありませんでした。

その郵便事業が民営化されたのは確かに大きな変化でした。ただ、それで私たちが何を得たのかについては、そろそろ検証が必要でしょう。郵政株を売却した利益が多少の財源確保に役立ったほかは、いわゆる不祥事に際し取材カメラの前で頭を下げる役回りだったはずの担当大臣が、民営化後には事業体の社長を呼んで叱り付ける役回りになっただけだとしたら、滑稽を通り越して馬鹿馬鹿しくなります。それより、郵便を含む物流サービスが、人手不足が叫ばれる日本でいつまで国土の隅々にまで維持できるのか、それが民間の宅配業者の企業経営に完全に頼ることが可能な分野なのかどうか、改めて考えるべき時に来ていると私は思います。

もっとも、物流という文脈でなく情報通信という文脈で考えれば、郵政民営化は正解だったと私は思っています。郵便に代わる情報伝達技術である電信や電話が実用化されても、日本を含めて多くの国でそれらは国家や国家の息がかかった公社により提供されるものでした。しかし、インターネットのような水平分散型の通信技術の普及と暗号技術の実用化により、情報通信の大きな部分は、多くの国で民間企業が担えるものになったからです。

振り返ってみると、当時の日本における郵政民営化論議に、そうした情報通信技術動向への意識が深くあったかどうかは疑わしいところがあります。ただ、基本的に郵便配達サービスだけしかしていない米国の郵政公社は、情報通信革命の中で赤字が累積してもはや民営化が難しい状況だと聞くと、日本の郵政が民営化できたのは、郵便事業とは別に、完全に民との競合サービスである貯金や保険などの金融事業も営んでいたことで、郵政株売却に大きな財政収入が見込まれたおかげだという面もあるように思えてきます。やはり日本は「運が良い国」なのでしょうか。

私は基本的には「小さな政府」の支持者ですし、多くの欠陥はあるにせよ株式会社という企業組織形態を評価はしているので、このような民営化の流れに反対ではありません。しかし、私が小さな政府を支持する最も大きな理由は、私たちの「心」に政府が踏み込んで来ることに反対だというところにあります。ですから、もし情報通信を扱う株式会社企業の存在が、かつての帝国あるいは王国のようになるとしたら話は別です。そうなったら、民主主義によるチェックが効かない分、政府よりも質の悪いことになるかもしれません。ただその話は次の章ですることにさせてください。

パネル 26：夜間飛行

はじめのころの郵便は馬車で運ばれていたが、間もなく鉄道に代わられた。国家統合の象徴である郵便を運ぶ郵便車はメイルトレインなどと呼ばれる路線最高速列車に連結されることが多かったが、英国グレイトウェスタン鉄道のメイルトレインは、1848年に平均時速90.7キロという猛スピードでロンドンとオックスフォード近郊との間を疾走したという記録が残っている（その24年後の1872年における日本最初の鉄道の新橋横浜間平均時速は29キロである）。当時の郵便が最優先で運ばれるべき荷物だったことを象徴するような話だが、そうした位置付けは20世紀になって郵便輸送に飛行機が使われるようになっても変わることはなかった。あの『星の王子様』のアントワーヌ・ド・サン＝テグジュペリもその時代の郵便機乗りの一人だったのだが、彼の『夜間飛行』（1931 年）からは、当時の郵便輸送飛行にかかわる人たちの使命感を読み取ることができる。サン＝テグジュペリは、第二次大戦中の 1944 年、偵察型に改造された米国製 P38 戦闘機で自由フランス空軍パイロットとして地中海を飛行中に行方不明になるが、その後の 1998 年に沈んでいた機体が発見され戦死の海域が特定された。彼の乗機を撃墜したのが自分だと知った旧ドイツ空軍パイロットは、「長い間、あれが彼でないことを願っていた、知っていたら撃とうとは思わなかった」と語ったという。写真は日本の中島式 P-1 型郵便機。夜間での運用を重視して 1933 年に開発された機体だが、夜間飛行が大きな危険を伴った当時、郵便物にはそれを冒してでも早く運ぶべきとされていたのである。

国家とグローバル企業たち

国家とは何でしょうか。国土つまり物理的な空間領域の支配者です。かつての国家は、そこに住む人々と活動する企業にとって絶対に近い存在でした。しかし、インターネットのような水平分散型の情報通信ネットワークで人と人とがつながるようになると、物理空間を統べる者としての国家の地位は相対的とならざるを得ません。そして、それに代わる求心力を発揮しつつあるのが、グローバリズム下で国境を越えて活動する企業、いわゆるグローバル企業です。

これまで見てきたように、企業に対する国家の立場はグローバリズムで大きく変わりました。かつて企業を統制し監視していた国家たちは一転してグローバル企業を誘いこもうと競い始めます。しかし、国境を越えることが容易になっただけでは、彼らグローバル企業たちは国家を凌ぐほどの存在にはなれないでしょう。その彼らに力を与えているのがあらゆる分野で進むデジタル化です。デジタル化された情報のやり取りは、人々の知識と関心そして思考を互いに結び付けることで、国土という物理的な空間によらない人々の繋がりを作り上げます。それらは国民や市民とは異なる文脈での繋がりとして、国家の統制の及ばないところで動き始めるでしょう。

もちろん、知識や関心あるいは思考が作り出す繋がりに依存して活動をするのは、グローバル企業だけではありません。宗教や慈善団体あるいは政治集団なども同じです。しかし、デジタルテクノロジーを通じて人間の欲望や損得勘定に巧妙に働きかける手法において、グーグルやフェイスブックに代表される情報系グローバル企業の右に出るものはいないでしょう。次の章では、そうした問題意識からグローバル企業たちが作り出す世界の姿を探ってみたいと思います。

第四章　人々の心に入り込む企業たち

リバイアサン（ラテン語 Leviathan の英語読み）とは、旧約聖書にある海の怪物の名を借りてホッブズが行った国家の機能についての喩えである。あえて国家を不気味な怪物に喩えながら、その存在意義を説いたホッブズの心中は複雑だったろう。1651 年にロンドンで出版された『リバイアサン：Leviathan or the matter, forme and power of a common-wealth ecclesiasticall and civil』は、王政派とされた彼が 1640 年に大陸に亡命し、1642 年に始まる清教徒革命から逃れて来た王太子（1660 年の王政復古後のチャールズ 2 世）の家庭教師を務めながら執筆されたものだからである。図は同書の表紙の一部。地平線上に半身を現した巨人つまり国家の身体をよく見ると、それは無数の人たちの集合として描かれていることに気付く。こうした無数の人たちの集合的怪物としてのイメージは、巨大化して人々の心に君臨するようになった現在のグローバル企業にこそ当てはまる。

現代のグローバル企業たちはあたかも国家のような存在になりつつあります。国土という物理空間を支配し人々の心を統べようとするのが国民国家なら、国境の壁を越えて人々の心に入り込み、彼らの思う方向に向かわせる力を付けつつあるのが、現代のグローバル企業だからです。

そうした彼らに「足」を与えているのがデジタライゼーションです。デジタル化されたデータは容易に国境を越えて移動してしまうし、それを統制したり課税対象にしたりしようとすれば、あらゆるコミュニケーションを国家が管理しなければなりません。それは現代の民主主義国家にとって不可能な話でしょう。

デジタライゼーションの中で立ちすくむ国家たちをしり目に、現代のグローバル企業たちは、国家を超えて私たちの心を束ねる存在へと進化しつつあるようにも思えます。

一　関心という新たなフロンティア

なぜ彼らは巨大化するのか

ＧＡＦＡという言葉があります。検索エンジンのグーグル、ネット通販のアマゾン、ＳＮＳのフェイスブック、そしてコンピュータとスマホをファッションにしてしまったアップル、この四企業をまとめてこう呼びます。彼らの共通のキーワードは「デジタル」でしょう。世界経済のデジタル化、いわゆるデジタライゼーションの寵児とも言える彼らは、二〇世紀が終わるころから相次いで登場し、またたく間に世界の経済地図を大きく塗り替えるほどの成長を遂げました。

もっとも、このGAFAたちを一括りに扱ってしまうのが良いのかどうか、そこには迷うところがあります。たとえばアップルですが、彼らの基礎になっているのはコンピュータ技術そのものですから、とりわけ新しいタイプの会社ではありません。私は、アップルの本質は、IBMやマイクロソフトと同じようなコンピュータ会社で、ただ彼らのマーケティング面でのやり方が時代にマッチしたことが、先行する巨人たちに追いつき追い抜くことができた主な理由だと思っています。アマゾンはもっと普通で、情報ネットワークだけに閉じこもらず、物流という世界で支配力を確立したことが彼らの基礎となっていますから、これは一九世紀から二〇世紀における鉄鋼や資源などの独占企業と似たような顔を持つ企業だと言えます。

これに対して、グーグルとフェイスブックは確かに新しいタイプの企業でしょう。彼らは、アップルやアマゾンと比べても、私たちの心に直接的に働きかけることで居場所を築いてきたという面があるからです。彼らは「人々の心」という世界に彼らの開拓すべき原野を発見したのです。それができたのは、彼らが知識やデータを主たる投入資源とする企業活動モデルを作り上げたことにあると思います。そうした企業活動の資源として使われる知識やデータを「デジタル財」と呼ぶことにしましょう。それに対し、伝統的な製造業の投入資源である鉄鉱石や綿花などは「リアル財」です。その二つのタイプの「財」の違いを意識することが、今後の世界を見通すときの鍵になります。理由は、デジタル財が、リアル財と違って、使い減りしない資源だからです。第二章で説明したことに少し重なりますが、おさらいもかねて整理しておきましょう。

農業や伝統的な工業では、生産過程に投入された生産資源は再び投入できません。畑に一度まいた種を他の畑にまくことはできませんし、もう種がまいてある畑に追加的に種をまいても収穫を増やすことはできません。こうした産業の生産効率は生産活動を拡大しようとするにつれ低下することになります。この現象を、経済学では収穫逓減とか費用逓増と呼びます。これは、企業活動の規模には各々の企業があらかじめ持っている人的あるいは物的な能力に応じた「分際」のようなものがあって、その分際をわきまえて生産水準を決定するのが合理的な経営だということを意味します。そして、各企業が自らの分際を守って生産水準を決めていれば、あのアダム・スミスが「見えざる手」と名付けた市場の原理によって需給が調整され、おのずと調和的な市場が成立するはずだったのです。これが従来の産業社会における「常識」でした。

しかし、その常識を当たり前でなくしてしまったのがデジタライゼーションです。なぜなら、デジタル財は、それを知的財産権として確保さえしていれば、後は何回使い回しても消えることがない資源だからです。GAFAたちは、作ったプログラムを何度でも使うことができるし、手に入れた顧客データは何度でも彼らの役に立ってくれます。つまり、デジタル財を主たる生産要素にする企業にはわきまえるべき分際のようなものはなくなり、競争相手に対してわずかな優位を持つことにいったん成功すれば、たとえそれが思い付き程度のもので生まれた優位であったとしても、かつて石油王や鉄鋼王などと呼ばれた産業資本家たち以上の強力さで、市場を独占することができてしまうのです。それがＧＡＦＡに代表されるデジタル財企業たちが、またたく間に世界を席巻した理由でしょう。

しかし、ＧＡＦＡのような企業の巨大化は事実だとしても、彼らはなぜその地位を維持し続けることができるのでしょうか。彼らは、かつての石油王や鉄鋼王と違って、油田や製鉄所のような「リアル財」である生産要素を買い占めて巨大化したわけではありません。ですから、彼らが、今の市場支配に安住しているだけなら、遅かれ早かれ新しく現われる挑戦者にその地位を奪われることになるでしょう。

もちろん、ＧＡＦＡと一口で言っても中身は四者四様です。私は、スマホとコンピュータの作り手であるアップルや、物流を支配してインターネット通販業界の覇者となったアマゾンの立場は、少なくとも国家に対しては、あまり強いものではないと考えています。リアルの世界に基盤を持つ彼らの巨大化が眼に余るほどのものになってきたら、国家たちは古典的な独占禁止法で対処できるはずだからです。もしそうなれば、アマゾンの創業者として千億ドルつまり十兆円を超える富を築いたとされる起業家ジェフ・ベゾスについても、二〇世紀初めのカーネギーやロックフェラーたちのような産業資本家に起きたのと同じ物語が始まるかもしれません。

しかし、グーグルやフェイスブックはどうでしょうか。彼らの企業活動は、果たして独占禁止法によって「分割」できるでしょうか。後でもう少し説明しますが、それは簡単でないはずです。それは、彼らと私たちとの関係が、今までの巨大企業たちと私たちのそれとは、ずいぶん違うものとなってきているからです。

パネル 27：独占禁止法と産業資本家たちの物語

私のように無趣味の者でも、ニューヨークのカーネギーホールぐらいは知っている。この音楽の殿堂は、スコットランド生まれで米国に渡り一代で財を成した鉄鋼王アンドリュー・カーネギー（写真）が作ったものだが、彼は、引退後に資産の大半を数々の慈善事業に投じ、残った財産も遺志により慈善活動などに贈っている。従業員のための年金基金創設までした彼の活動の全部が打算だとは思えないが、単なる公共への奉仕の心だけに動かされていたわけでもあるまい。全米第2位の資産家とされていた彼が、巨大企業に対して日々高まる批判を身に感じていなかったはずはないからだ。米国最初の反トラスト法（日本風に言えば「独占禁止法」である）であるシャーマン法が制定されたのは1890年だから、カーネギーホール落成の時期（1891年）と符合している。ちなみに、当時の全米第1位の資産家とされていたのは石油王ジョン・ロックフェラーで、彼が1913年に創設したロックフェラー財団は今でも世界最大の民間慈善団体として活動しているが、その一方で、孫に当たるネルソン・ロックフェラーを副大統領にするほどの家族財産は確保していたようだ。そのロックフェラーの石油会社は、シャーマン法により1911年に30社以上に分割されたのに対し、カーネギーの鉄鋼会社は、1901年に金融資本家ジョン・Ｐ・モルガン率いる投資会社に売却された後、モルガン所有の他の鉄鋼会社などと合併して市場の３分の２を支配する巨大会社となったにもかかわらず、分割圧力を潜り抜けてＵＳスティールとして存続している。

時間の希少性と関心の欠乏

世界にコンピュータが普及し始めたばかりの一九七一年に、現在のデジタル社会の姿を見事に予言した学者がいます。限定合理性と言われる考え方を提唱した業績などで知られるハーバート・A・サイモンです。サイモンは、彼が五十五歳のときの講演で、かつての世界では情報を持つ側が持たない側に対して優位に立つのが普通だったが、コンピュータが人々の知的活動を大きく加速する時代になると、情報は持つ側が恵んでやるものではなくなり、むしろ情報を持つ側が持たない側の人々に読んでもらったり聞いてもらったりするために努力するようになるだろうと予言しています。一九七一年と言えば、まだコンピュータが電子計算機と呼ばれていて、私たちがそれに接するのは、国鉄の主要駅に設置され始めた「みどりの窓口」で列車の指定券を購入するときぐらい、パソコンやスマホなど影も形もないころですから、世の中にはずいぶん先まで見えている人がいるものだと思うほかないエピソードですが、現在に生きる私たちの生活実感が、サイモンの予言に近いところにあるのは間違いないところでしょう。

今、私たちがインターネットに接続したパソコンの画面をのぞき込んだとします。画面にはさまざまな情報があふれていますが、それらの多くはインターネットに接続するだけで、無料で手に入ってしまいます。なぜ無料なのでしょうか。理由は、情報を提供する側がそれを見てもらいたい、場合によっては、カネを払ってでも見てもらいたいと思っているからです。

しかし、このように情報が無料で手に入るようになったのは、長い人類史から見るとごく最近のことです。中世から近世と言われた時代、欧州でも日本でも旅芸人と呼ばれた人たちがいて、音楽を奏でたり詩を吟じたりして各地を回っていたという記録が残っています。彼らが旅をすることができた理由は「芸」だけにあったのではありません。彼らの生きた時代は、遠くから旅をしてきた人はそもそも歓迎すべき人で、定住して暮らす人は旅人が来れば無料で宿を貸し食事も与えて歓待し、彼らが語る話に耳を傾けるのが普通だったからです。通信やメディアが発達していない時代は、どこで争いがあるのか、都で何が流行っているのかといった情報は、宿を貸したり酒食を振る舞ったりして、ようやく得られる知識だったのです。

このような状況を最初に変えたのは印刷技術の普及でしょう。情報を紙に印刷して配ることができるようになると、情報の有り難さが大きく変わりました。ちょっと都の流行を知っているぐらいではなかなかカネにならない、そんな時代がやって来たのです。しかし、そうなっても、まだ情報は無料が原則とまではいきませんでした。単なる風聞ではなく、信憑性のある事実を正確かつ詳しく知るためには本や新聞を読む必要があるし、そのために料金を払うのは当たり前というのが、最近までの世界でした。情報はカネを払って手に入れるものだったのです。しかし、インターネットはそれを変えてしまいました。

もちろん、今でも本や新聞は無料ではありません。しかし、インターネットでは、それとあまり変わらない情報が、正確さという点では遜色なく、早さという点では本や新聞を楽々と越え、なんと「無料」で手に入ってしまうのです。先ほども書いたように、それは情報を提供する側が自分の情報をたとえカネを払ってでも見て欲しいと思っているからなのですが、その背景には、情報を受け取る側の人間が自分の「時間」を無限には持っておらず、しかもカネをかけても時間を作り出すことができないということがあるように思います。

情報の受け手が、受け取った情報から価値を得るためには、多かれ少なかれ自分の時間を使わなければなりません。経済学風に言えば、情報を消費して効用を得るためには自身の時間を並行投入することが必要だ、ということになります。本や新聞の他にも、時間を並行投入しなければ効用つまり満足感を得られない商品は、シアター通い、レストランの食事、学校の授業などたくさんあります。こうした商品を購入する人々は、限られた自分の時間を使うに値するかどうか、慎重にその価値を検討することになります。

そのことが、従来の経済学ではきちんと考えられていない、それを考えなければ現実を正確には分析できないということは、ゲイリー・S・ベッカーという経済学の先生が一九六五年に指摘しています。このベッカーの論文は、やや面倒な数式モデルを駆使した論文ですが、私たちの行動を制約する条件としての「時間の希少性」を初めて取り上げたものだと言えます。その六年後のサイモンの議論は、それを「情報の問題」というかたちにして考えることで、コンピュータが大きな役割を果たすようになった世界では、いわば「関心の欠乏」とも言える状況が生じ、それが社会を変えることになるだろうと予言するものだったわけです。

では、「関心の欠乏」が生じると何が起こるのでしょうか。起こるのは企業たちによる関心の奪い合いです。自分が売りたい商品に関心を持ってもらえなければ、売上の維持もままならなくなるからです。もっとも、そうした関心の奪い合い自体はインターネットに特有の話ではありません。巨額の資金をテレビのコマーシャル放映に投じる企業たちの姿は、人々の関心を得ること

パネル28：江戸の瓦版売りと情報のお値段

お江戸ものの時代劇に登場するのが瓦版だ。瓦版とは言うが、作り方は木版刷りだから別に瓦を彫って版下にしたわけではない。最もよく売れた瓦版は大火などのときに出火場所や延焼状況などを速報する「方角場所付」と言われるもので、これは火事見舞いに行くかどうかを知らねばならない人々が争って買い求めたそうだが、それが可能だったのはあらかじめ版木にしてある江戸の地図を下敷きに焼けた地域を塗りつぶすという作り方をしたからである。この手の瓦版の相場は三文とか四文くらいだったそうだから、現在の貨幣価値に換算して百円くらいである。ちなみに、国による家計簿調査である家計調査報告という統計をチェックすると、第二次大戦後の家計費に占める情報関係支出の比率は携帯電話やスマホが普及するまでは３～４％で安定していてほとんど変化していない。人々の情報取得にかけるカネに対する態度は極めて慎重だったことが分かる統計結果だが、これは現在のインターネットにおける無料サイト人気にもつながる傾向である。下は、葛飾北斎のスケッチ集『北斎漫画』にある江戸の瓦版売り。当時、「読売」とも呼ばれていた瓦版売りは、時代劇に登場するそれと異なり、編み笠で顔を隠した二人一組で行動している。理由は、一人が当局の取り締まりを警戒しての見張り役になるためで、当時はこれが普通の風俗だったらしい。ここで、表現の自由が憲法上の権利となっている現代の有難味を感じるか、メディアと当局との緊張は昔も今も変わらぬと感じるかは人それぞれだろう。

がいかに彼らにとって重要かを物語っていると言えます。

しかし、インターネットはその様相を大きく変えました。今までの「関心の奪い合い」は、情報の受け手の意思的な選択を前提にして演じられるものでした。私たちが使う電気製品を買い替えたり、購読する新聞を変更したりするときには、それなりの面倒つまりコストがかかります。それを経済学者たちは「スイッチングコスト」などと言います。このスイッチングコストが生じる理由の一つも「時間の希少性」です。しかし、現在の情報技術を駆使する検索エンジンやSNSのようなサービスを提供する企業たちは、これまでとは別の文脈から、私たちの関心を取り込むことを競い始めています。その様子は、かつての世界で、フロンティアつまり新たな土地を求めて競い合った列強と呼ばれた国々が繰り広げたゲームを思わせるところがあります。

国家のようになる企業たち

関心が欠乏する理由の一つは、そもそも私たちが有限の時間しか持たず、企業が提供する商品やサービスについて充分に知る暇がないからです。そこに気付いた企業たちは、より多くの広告予算を新聞やテレビなどのマスメディアにつぎ込み、自分たちの存在や作り出せる製品について、できるだけ早く気付いてもらえるよう努力を始めました。インターネットが普及すると、ホームページの作り方を工夫したり、自分たちのページにアクセスを呼び込んでくれる人に報酬を払う手法を開発したりして、より短時間に多くの関心を呼び込もうとするようになります。そのような中で、決定的とも言える地位を獲得したのが検索エンジンでしょう。

検索エンジンは、インターネットで情報を探し回る人の時間を節約するサービスとして始まりました。インターネットの商業利用が始まったころ「ネットサーフィン」という言葉が生まれています。ネットサーフィンというのは、たまたまインターネット上で巡り合ったあるサイトからリンクをたどることで他のサイトを探し出し、そしてまた次のサイトを探すということを繰り返し、自分が本当に関心のある情報にたどり着くという連鎖を、波から波へ次々に乗り移るサーファーの動きにたとえた言葉です。もっとも、当たりを付けたサイトに飛んでみたら、期待したような内容ではないなどということもあって、目当ての情報にたどり着くのはなかなか大変でした。

このネットサーフィンの効率を劇的に高めてくれたのが検索エンジンです。グーグルに代表される検索エンジンが普通のものとなった今、欲しい情報にたどり着けず延々とインターネット中を探し回るようなことは激減したはずです。だれもが時間が惜しいのです。希少な時間を節約するためにやることは、今では検索エンジンに検索ワードを入力して実行キーを押すことだけです。私たちはかつてのように長い時間をかけてインターネットという情報の海をうろつくことなく、目的地であるウェブサイトにたどり着くことができてしまうわけです。

ところでなぜそんなことができてしまうのでしょう。それは、貴方が何気なく使っている検索エンジンが、貴方がどんなキーワードを打ち込み、どんなウェブサイトを長く閲覧したか、どんなタイミングでどんなウェブサイトを探したかなどという履歴を収集し、貴方が喜んでくれそうなサイトを優先して紹介してくれるからです。

それを知ると、気味が悪いと感じる人もいるでしょう。自分がどんな情報に興味があり、どんな思想傾向や趣味を持っているか、自分という人間を丸ごと検索エンジンに知られてしまうのには、何となく嫌な感じを覚える人も多いはずです。でも、もし貴方がそう思うのなら、自分の閲覧履歴を自分で消すこともできますし、自動的に消すように自分のスマホやパソコンに教え込むこともできます。でも、たいていの人はそんなことをやっていません。やり方を知らないからやらないのではなく、やり方を知っていてもやらないのが普通なのです。なぜでしょう。その理由は、彼らに自分を知っておいてもらえる方が快適に暮らせるからです。たとえば、ネット書店で本を買おうと思ったとき、検索エンジンが貴方の閲覧履歴から割り出して貴方の好みに合う本を優先的に表示してくれた方が便利に感じるでしょう。それが理由です。

しかし、それは、私たちが知りたいことや判断に迷うことについて、いつの間にか検索エンジンたちに関与させ、最終的に私たちを誘導することを許してしまうことにもなります。まあ、相手が検索エンジンぐらいだったら、変な方向に誘導される可能性を小さくすることぐらいは簡単です。少々の不便やまだるっこしさを我慢して履歴を消す、それだけで自分が何者であるかを分かり難くすることは可能だからです。でも、私たちが友人や仕事仲間との関係性においてやり取りする情報だったらどうでしょう。話はそれでは済まなくなります。

ソーシャル・ネットワーキング・サービス、略してSNSというようなつながりの中でやり取りされる情報や意思表示は、基本的に自分の勝手だけで消すわけにはいきません。それどころか、自分が誰とつながっているかという情報自体が、相手に自分の価値や信用力を判断させる際の重要な基準になるので、むしろそのような情報を積極的に開示する方が良いという面まで出てきます。そもそも人間関係は、その人の趣味やライフスタイル、思想傾向などをそのまま反映するものです。誰と誰がつながっているかという情報は、検索エンジンの履歴などよりもずっと大きな意味を持ち、つながっている人たちの双方に快適さをもたらすのです。それがGAFAの一角を占めるフェイスブックという企業が、みるみるうちに成長し、経済活動どころか選挙の動向にまで影響を与えたと言われている理由になっているわけです。

しかし、私がここで言いたいのはそのことだけではありません。私が言いたいのは、私たちの関心に応え私たち同士の関係性を支えようとする企業たちの行動が、かつてフロンティアと言われる場所を求めて競い合った国家たちと似たものになりつつあるということです。

私たちが住む地球上に、西欧型土地所有権の文脈での「無主の地」つまりフロンティアがなくなったのは、おおむね一九世紀の終わりごろと言ってよいでしょう。先住民たちから奪える土地がなくなり米国にフロンティアがなくなったとされたのもその時期です。ところで、フロンティアと呼べる土地がある限り、支配の領域を拡げたい国家たちはそこを目指せばいいわけで、隣国と土地をめぐって極限まで争うことを避けることができます。二〇世紀の二度の戦争が世界大戦にまで拡大したのは、国家たちが新たに獲得できるフロンティアがなくなってしまったことに原因の一つがあるわけですが、企業間競争も似たようなところがあると言えます。企業たちの競争がどんな様相になるかは、彼らが、フロンティアがあると意識しているかどうかに左右されます。フロンティアがなくなったと意識するようになると、企業たちは、限られた市場をいかに奪うか、競争相手にいかに競り勝つかに集中することになります。そこに今までにない要素を持ち込んだのがデジタライゼーションでした。
うっかり考えると、デジタライゼーションはいわゆるＩＴ企業に無限のフロンティアをもたらすかのように思えてしまいます。彼らＩＴ企業にとって投入であり産出でもあるデジタルデータは、石油や自動車などと違って自然条件や物理空間の制約を受けることがほとんどありません。いわば無限に存在することができます。ただ、それはデジタル財を供給しようとする企業たちにとって優れた性質であると同時に困った問題にもなります。

私たちがパンを食べ灯油を燃やしてしまえば、それらは限りある資源であり有体物なので、他の誰かのパンや灯油の消費を減らすことになります。こうした普通の商品の性質を、経済学者は「ライバル性がある」といいます。有限の資源を使う権利を巡って、貴方と他の人とは「ライバル同士」という関係にあるからです。ところが、デジタルデータには基本的にライバル性がありません。でも、普通の商品はライバル性があるからこそ値段が付くのです。私たちが吸う空気や仰ぎ見る星空は間違いなく価値あるものですが、基本的には誰もが自由に楽しめるものなので取引の対象になるものではありません。それに対し、第二章の一二五ページで多少の文句をつけてみた知的財産権は、もともとはライバル性のない知識や表現などに法律により人工的な制約を与えることで無理やりライバル性を与えて取引が成立するようにし、それで商品として販売し流通させることを可能にした仕組みだということができます。

しかし、一九九〇年代に始まったインターネットの商用化は、知的財産権のような仕組みを整えるだけでは、企業たちがデジタライゼーションに抱いていたはずの期待の半分くらいまでしか実現できないことを明らかにしてしまいました。それは、デジタル化されたデータとしての知識や表現はほぼ無限に創り出すことができて、その品質もどんどん向上している一方で、それを受け取る私たちの側の時間が有限であるという制約、つまり時間の希少性があるからです。企業が作り出す商品にライバル性がなくても、商品としての情報を受け取る側の私たちが持つ時間におけるライバル性は消えていなかったわけです。そのため、デジタル化された知識や表現を作り出す企業は、自分が創り出したものを見て聞いて感じてもらうためには、他の企業を押しのけて知識や表現の受け手である私たちに「関心」を持ってもらう必要に迫られることになります。

そうなって来ると、私たちの関心そのものが、知識や情報を売る企業や政治家あるいはアーティストなどの表現者たちにとって何よりも獲得したいフロンティアとしての意味を持ち始めることになります。ところが、そのフロンティアへのアクセスは、すでにグーグルやフェイスブックなどの巨大企業に握られてしまっていて、勝手には入り込めないという状況が生じつつあるのが今の世界です。時間の希少性に制約された私たちは、いったん特定の検索エンジンを使い慣れ、お気に入りのSNSでほかの人たちとつながり慣れてしまうと、その状態を簡単に変えようとしなくなります。今の状態を変えることに希少な時間を費やすよりも、使い慣れた検索エンジンで手軽に役に立つ情報を探し、良い関係が成立しているSNSで人とつながっていたいのです。そして、それこそが、検索エンジンたちやSNSたちに、今までの産業社会における企業たちにはなかった力を与えることになります。彼らは、膨大な履歴データや関連性データを一手に握ることで、人々の関心の「独占者」あるいは「配給者」になって、国土という実空間の支配者である国家と同じように、私たちの心と生活に影響力を及ぼし始めたのです。

もちろん、ＧＡＦＡのような企業たちが巨大化して関心の支配者となっていくことに対する国家たちの警戒は日増しに強まっています。ただ、今までのところ、彼らに対する国家の牽制や攻撃は、彼らが国家間の税制の違いを利用して利益を溜め込んでいて公正に課税されていないと批判する程度のもので、したがって国家たちが考えている対策もデジタル課税論のような段階にとどまっています。しかし、国家たちの攻撃が彼らの「関心への支配力」そのものに及ぶのは時間の問題でしょう。そのときの国家たちの試みはうまく行くでしょうか。

かつての国家たちは、独占禁止法を作ることによって巨大企業を抑え込むことに一定の成功を収めた実績を持っています。しかし、同じことが今日の関心の配給者に対して可能だとは思えません。鉄鋼や石油などの一九世紀的あるいは二〇世紀的独占企業は国土という物理空間の中で存在するものですから、国土の支配者である国家は彼らに対して力を振るうことができました。ところが、デジタル空間における関心の配給者に対し同じやり方は通用しないでしょう。鉄鋼王や石油王たちの力の源泉は要するに物理空間における機械設備や資源に対する所有権でしたから、これは国家がその物理力でコントロールできます。しかし、今日の関心の独占者たちの力の源泉は私たちの関心という心の動き方そのものにあります。そして、人々の「心」を力で直接的に支配することは、自由を標榜する日本のような国家には許されていないはずなのです。

もっとも、それは国家のかたちに関係する問題ですから、自由などということを第二義的な目標に格下げし、さらに関心の支配者になった企業たちと結べば、人々の心に国家が入り込むことは可能になるどころか容易になるかもしれません。中国最大の検索エンジンは「百度（バイドゥ）」という中国企業が提供するサービスですが、日本や米国に住む人たちはどの検索エンジンを普通に使うかを選ぶことができるのに対し、中国に住む人たちは中国政府公認のバイドゥを選ぶことはできても、あまり中国政府に忠実そうではないグーグルを選ぶことはできません。中国政府がそうした状態を作ることができるのは、グーグルにせよバイドゥにせよ、それらが物理的存在である通信ネットワークを使った情報サービスだからです。そうである限り、通信ネットワークの統治者である国家は、国土の上でどの情報サービスが動くことができるかを決めることができてしまうのです。ただし、同じことを「小国」はできません。他の世界から切り離されたら生きていくことができない小国が自国の上で動く情報サービスを他国から切り離しなどしたら、国際競争の世界で生き残ることが不可能になるからです。中国にそれができる背景には、他の世界の人々から自国の人々の関心を切り離しても完結できるほど大きなエコノミーを、これも強力な一党独裁体制で統治しているという国家のかたちがあるわけです。

断っておきますと、デジタライゼーションで力を付けた企業たちが、国家が担っている「経済的」な役割を代替しようとすることには、私は反対でも賛成でもありません。しかし、企業が特定の意図を持って私たちの「心」の奥底に入り込むことには、国家がそれを行うこと以上に反対です。国家たちも人々の心を統べることがありますし、過去にはそうした国家のあり方が世界を席巻していた時代もありました。また現代でも人々の心を操ろうとする国家や政治家は少なくありませんし、目立つ行動や意識的に敵を作り出す言動によって、かなりの程度でそれに成功して

パネル29：一国二制度の行方

グーグルを中国が締め出せるのは、中国ほどの巨大な経済圏であれば、外の世界との情報流通を抑え込んでも内部完結性の高い巨大エコノミーとしてやっていける自信があるからなのだろう。その中で翻弄されているのが香港である。香港の「一国二制度」は、1984年のサッチャーと鄧小平との交渉で合意されたものだが、この時期に交渉が行われたのは九龍半島の大部分の租借期限が1997年に迫っていたことによるもので、香港島そのものは1842年にアヘン戦争の結果として英国に永久割譲されているから英国に法的返還義務はないはずだった。その香港島を含む地区全体を中国に返還するというのは、1982年に南大西洋フォークランド諸島をアルゼンチンから軍事力で奪還した「鉄の女」サッチャーにしては珍しい物分かりの良さだが、背景には中国が貧しい国である間は香港の活力が必要のはずという彼女の読みがあったはずだ。その中国が、政治は一党独裁だが経済は市場化というやり方で英国どころか米国に張り合うほどの力を付けるとは、自由主義だけが繁栄をもたらすという信念の人だった彼女には想定外だったろう。

写真は、2019年の「逃亡犯条例改正案」に抗議して路上を埋める香港の若者たち。彼らの怒りは、中国政府が犯罪容疑者だとする者を大陸に引き渡せるようにするという条例案を廃案に追い込み、区議会議員選挙での民主派の圧倒的な議席獲得を実現させたが、中国の力が中国本土と同様に情報管理の世界に及んできたとき、とりわけ関心の独占者としての企業と連携するというやり方で政府の力が及んできたとき、彼らがこの一体感を維持できるかどうかが気にかかる。

いる国家や政治家も存在します。しかし、企業による私たちの心への侵入については、それが国家以上に見えにくいプロセスで行われるだけに、もっと危険が大きいはずだからです。

二　優しいビッグブラザーの誘惑

彼らは貴方を知ってしまう

改めて確認しましょう。なぜ関心の独占者が生まれるのでしょうか。それは私たちが限られた時間しか持っていないからです。私たちの前にこなし切れないほど大量の情報が提供されるようになると、限られた時間しか持たない私たちは、それらを心地よく選別してくれるパートナーを探し始めます。心地よく選別してくれることが大事です。私たちのうちのある人は、真実を知りたいと思って讀賣新聞を購読し、別の人は朝日新聞と契約します。それは、各々の新聞社が私たちの関心に寄り添った「心地よい真実」を提供してくれるからです。

かつての共産党支配下のソ連で、新聞販売店で「プラウダを読みたい」と言ったら「プラウダはないけどイズベスチヤなら置いています」と言われたという有名なジョークがありました（ちなみに「プラウダ」とは「真実」という意味のソ連共産党機関紙名で、「イズベスチヤ」とは「報道」という意味のソ連国営新聞名です）。また米国でも、トランプ大統領就任式典への参加者数を水増しして発表しただろうと写真を示して食い下がる記者に、ホワイトハウス報道官が「貴方の数字は代替的事実（alternative fact）ですね」と言い返したことがありました。要するにどこの国でも、権力者は、「これが真実だ」と言いながら、自分に都合の良い情報だけを流布したがるものなのでしょう。新聞やラジオあるいはテレビなどの情報メディアたちは、それを選別し彼らの考える各々の「真実」を伝えるのを使命あるいは建前にしていたわけです。

ところが、インターネット社会に登場した新しい情報メディアたちが「真実」を提供するときのやり方は、新聞などの伝統的メディアとは違います。伝統的メディアは、彼らの編集方針や取材力に関心を持ってくれた人に彼らの考える真実を伝えようとしていたわけですが、新しい情報メディアは、私たちの関心の持ち方を分析し、私たちが心地よくなるよう（言い換えれば、時間を節約できるよう）ネットワークに溢れる情報を選別し、私たちに「これが真実だ」として提供します。その結果、誰もが「不都合な真実」ではなく「心地よい真実」にアクセスできるようになるというわけです。

では、どうやって彼らは私たちの関心の持ち方を分析するのでしょう。古いやり方は、お客様に名前とか住所とか性別あるいは職業などを聞くことから始まります。あるいは、単に情報を提供してくださいというだけでなく、免許証を見せてくださいとかパスポートをお持ちですか、などと聞いて手元にある情報と照合したりもします。こうして顧客の身許を確認することをＫＹＣの手続きというのですが、これが今の銀行やクレジットカード会社の基本のやり方であり、また犯罪対策の見地からという理由で、監督機関から厳格な実行を求められているやり方でもあります。ちなみに、ＫＹＣとは金融監督機関たちが国際的に使う用語で、もとの英語では「ノウ・ユア・カスタマー」つまり「貴方の顧客を知れ」の頭文字ということになっています。ところが、GAFAなどの関心の配給者たちのやり方は違います。彼らは膨大なインターネット上の履歴データや検索アクションが生じているタイミングなどを組み合わせて、自分の利用者たちがどんな人なのかを推論してしまうのです。どうしてそんなことが可能なのでしょうか。

想像してください。なぜ赤ちゃんは、母親や父親の言葉をしだいに理解できるようになるのでしょう。それは赤ちゃんの「脳」がそうなっているからです。赤ちゃんは、目や耳そして鼻や口あるいは肌を通して入ってくる膨大な情報から、そうした情報同士の関連性を繰り返し考えることを通じて、可愛いとか美味しいという言葉の意味を自分の中で定着させているのです。同じようなことをコンピュータにプログラムすれば、コンピュータたちは、やがてネットワーク上の膨大なデータから、データとデータとの関連性を定義して、それによって意味内容を持つようになった情報を抽出して、必要な判断ができるようになります。こうしたやり方は「自然言語処理」などと言われて、個別に指示を出してコンピュータを動かすのではなく、コンピュータに自分で学習させて判断させるディープラーニングなどとも呼ばれる仕組み、つまり「AI（人工知能）」と言われる仕組みの最も基本的な方法論の一つになっています。

ですから、関心の配給者たち、とりわけ人々の関心の方向に影響を与えることができるグーグルのような検索エンジン系の企業たちは、すでにそうしたアプローチを始めているはずですし、まだ始めていない企業も、やらなければ生き残れない時代がすぐにやってくるに違いありません。そして、それは、時間の希少性から生まれた関心の配給者が、コンピュータとか自動車とか化粧品などといった各業種別の関心の独占者であるにとどまらず、私たちのあらゆる関心の持ち方を導く司祭になり、やがては関心空間全体の独占者あるいは統治者に発展していくための道を拓くものでもあります。

もちろん、こうしたAI的方法論で検索エンジンが分析できるのは、いまアクセスしてきたスマホやコンピュータが、どのスマホやコンピュータと関係性が深そうかということぐらいです。やや専門的な用語を使っていえば、スマホやコンピュータを使っている貴方が、趣味や嗜好あるいは性別などの観点から、どの「クラスター（集団）」に属するらしいかということぐらいです。その程度であれば、特定の個人情報が得られるわけではないので、あまり役に立たないのではないかと思うかもしれません。でも、彼らにはそれで十分なのです。

古代メソポタミアで文字が誕生したのは、歴史や感情を物語るためではなく、取引の記録のためだったという説があることを『貨幣進化論』で紹介したことがありました。あの地の遺跡からは「どっちの方角からやって来たこれそれこんな風貌の男が、そこのところに住んでいるあれそれあんな顔の男と、こんなことを約束して、それをあんなところにいるそんな風な男が見ていた」などというようなことが延々と書いてある粘土板が出土するのだそうです。これは要するに契約の記録で現代の債務証書に相当する役割の文書だったのでしょう。戸籍や住民登録のない時代は不便なものだったという程度で済まさないでください。こうしたプロファイルから推論されるどこの誰かかの方が、住民票だの印鑑証明書などという形式的な書類を使ったKYCなんかよりもずっと確かだという面があるのです。なぜなら、KYCなどといくら言っても、犯罪や詐欺を試みる手合いが本物の住所姓名を名乗るはずはなく、偽造した印鑑や書類などを用意されれば容易に他人に成りすませるからです。KYC情報なんかよりもAI的に分析したプロファイル情報からの本人識別に対する方が、ずっと他人に成りすましにくいのです。

さて、こうして知りたい相手のクラスターを押さえたとしましょう。すると、なかには実名で参加するのが原則のクラスターがあるかもしれませんし、たとえ本人は名を偽って参加していても、そのクラスターに実名で参加している人とのやりとりの履歴をたどっていけば、本当はどこの誰かかが分かるかもしれません。日常的にインターネットで情報を検索したり、人とSNSでつながったりしている人にとっては、自分が何者であるかを隠す特別な努力でもしない限り、もはや匿名性なんか維持できないのが今の現実なのです。そうなると、カネと時間をかけて自分が何者であるかを隠す努力をするよりは、むしろ積極的に多くの人とSNSでつながって、相手が危険ラインに踏み込んできたと感じたら、自分のSNSで助けを求めたり、相手に対する批判の輪を拡げたりして対抗することを考えた方が合理的でしょう。

私自身も、インターネットが普及し始めた時代の初期には、インターネットで検索エンジンを使うときには自分の検索履歴や接続履歴をこまめに消すようにしていたのですが、この頃は面倒になってやめてしまっています。履歴を消す程度のことをしていても相手が本気ならスマホの位置情報やインターネットへの接続情報を組み合わせて攻めて来るはずだ、でも、有力な検索エンジンや有名なSNSサービスなら、まあ私程度の者を相手に自分で自分を危うくするようなことはやらないだろう、そう思うようになったからです。

パネル30：貴方はどこまで知られてしまうか

自然言語処理はＡＩ技術の柱の一つだが、最近、その威力を思い知らされることがあった。たいていの仮想通貨なら保有者アイデンティティは推論できるはずなので、どのくらいまでできるか実験でもしてみるかなどと雑談していたら、話に加わっていた一人が数日のうちに実際にそれをするプログラムを作ってみせてくれたからだ。やってくれたのは、カナ・ゴールドなるふざけたペンネームでブロックチェーン関係の評論などをする一方で、オプション価格理論を使ってマイニング資源量と仮想通貨価格との均衡条件を求めるという面倒臭い論文なども書く橋本欣典という若い研究者なのだが、どうしてそんなに早くできたのかと聞くと、翻訳ロボット研究のための自然言語ライブラリーに無料で使えるものがあるので、それを活用したから（彼にとっては）簡単だったとのことだった。ＡＩの利用環境はここまで進んでいるのかと思い知らされた出来事である。その彼のプログラム、「あんまり重大な情報を解析してあっちの方のヒトを怒らせたら怖い」とかで、任意のビットコインのアドレス保有者がどのクラスターに属するかをブロックチェーン記録から推論してみせるという差し当たり無害そうなものなのだが、それでも仮想通貨交換業者は犯罪対策のために徹底的にＫＹＣを実行すべしとしている金融監督当局の指導にどんな必然性があるのか、そこに疑問を呈する程度のインパクトはありそうだ。右は手塚治虫の「鉄腕アトム」。1950年代に登場したこのキャラクターは、私たち日本人に自分で考え感情まで持つロボットのイメージを定着させたが、現在の「考えるロボットたち」はコンピュータのなかで仕事をする姿の見えないプログラムである。

しかし、このような気分、相手が一線を越えたら対抗しなければと思いながらも、基本的には諦めて信頼するという気分は、私たちが国家とか政府とかに対して持つ気分と似通っている面があります。私たちの関心を司る企業、とりわけＧＡＦＡたちのように国境を越える大きな存在となっているデジタル情報企業の力は、あのジョージ・オーウェルがスペイン内戦に義勇兵として参加した経験をもとに書いた小説『一九八四年』に登場する「ビッグブラザー」を思い起こさせます。オーウェル描くビッグブラザーとは、強権による情報メディア管理で人々の心を支配する独裁者だったのですが、現代のデジタル情報企業たちは快適さを謳って私たちの心に入り込む優しいビッグブラザーになりつつあるのです。

プライバシーとは何か、何だったのか

ところで、こうして関心の支配者たる企業たちがビッグブラザーになることを危惧するなら、それへの対抗策のことも考えたくなります。そのとき、対抗策の概念的な軸となりうるのは「プライバシー」という法的権利の主張でしょう。

プライバシーとは、もともとは世間から騒がれずに静かに暮らす権利という気分から始まった概念です。権利の主張が始まったのは一九世紀終わりごろの米国でした。当時の米国ではイエロージャーナリズムと呼ばれ有名人の私生活を暴露するのを得意技とする本や新聞が急速に売上を伸ばしていて、その標的にされた有名人が、そうした私生活暴露に対抗するためにプライバシーという権利を主張したのが始まりです。映画やテレビのなかった当時では、有名人と言えば政治

家や実業家などの社会的エリートだったのですが、記録をたどるとプライバシーという言葉が現れた最初の資料として、一八九〇年のハーバード大学の法学研究誌にサミュエル・D・ウォーレンとルイス・ブランダイスという二人の法律家が寄稿した論文が出て来ます。ちなみに、ウォーレンは弁護士で富裕な実業家でもあり、妻はデラウェア州の上院議員の娘というのですから、当時の社会的なスターで彼自身がイエロージャーナリズムの標的になっていたという事情もあったようです。そして、有力者たちが主張を始めると政治が動くのは当時も今も変わりません。一九〇三年にはニューヨーク州議会でプライバシーの権利を認める法律が制定されています。

一方、日本でプライバシーという概念が法的に成立するのは米国よりずっと遅く、その最初のステップになったのは、一九五五年と五九年の東京都知事選挙に革新系統一候補として出馬した有田八郎元外務大臣が、小説によってプライバシーを侵害されたとして、作家の三島由紀夫と出版社の新潮社を相手に裁判を起こした『宴のあと』事件でしょう。一九六四年に出された東京地裁判決は有田側の訴えを認め、「私事をみだりに公開されないという保障が、……必要不可欠なもので……不法な侵害に対しては法的救済が与えられるまでに高められた人格的な利益であると考えるのが正当であり……これを一つの権利と呼ぶことを妨げるものではない」としており、これが日本でプライバシーが法律上の権利として認められた最初の例ということになります。

しかし、その後、プライバシー権として主張される内容は、ずいぶん変わります。一九七〇年代になってコンピュータが本格的に利用されるようになると、それまでは、マスメディアによる興味本位の報道から個人の私生活を守る権利だとされていたプライバシー権が、政府などの公権力から個人の立場や情報を守る権利というように理解され主張されるようになります。日本でも、一九七〇年代になって政府が「各省庁統一個人コード」の導入を試みたのに対して、こうしたコード番号による個人情報管理は公権力による情報管理につながるという立場からの反対運動が展開され、ついにそれを頓挫させるということが起こりました。その後、何度かの提案と挫折を経て二〇一六年から新たに始まった「マイナンバー制度」の利用が進まない背景にも、政府のビッグブラザー化への根強い警戒心があるように思います。

ところが、それと並行して、プライバシー侵害の容疑者リストに新たに加わったのがグローバル企業です。政治家でも著名人でもない普通の人々についての情報が、コンピュータによる大量データ処理を利用することによって、様々な価値を生み始めたからです。そうした個人情報の商業利用がプライバシーに及ぶことをチェックしようとする動きは、米国よりも欧州諸国が先行する形で一九七〇年代から本格化しました。ナチスドイツやソ連による人々の心の支配を目の当たりにしてきたドイツやフランスでは個人情報の収集や利用に対する警戒心が強く、これに対して米国では、彼らが世界をリードしていると自負している情報処理技術を商業活動に活用することこそ望ましいという考え方が強かったのがその背景です。

そして、こうした姿勢の違いを統一する必要が生じてきたのもこの時代でした。米国に本拠のある会社が欧州を含む全世界の顧客データを統一して管理するときに、あるいは、その逆のときに、米国と欧州のどちらの制度を適用するか、それが対立点になってしまうからです。最初のうちは、保護派の欧州と利用派の米国の妥協点はなかなか見つかりませんでした。

パネル 31：『宴のあと』事件

三島由紀夫は、小説『宴のあと』に、有田八郎を「野口雄賢」という名で、一流料亭のオーナー女将にして有田の支援者だった畔上輝井を「福沢かづ」という名で登場させ、これに有能な選挙参謀としての山崎素一を配して描いているが、改めて読んでみると、当時まだ35歳だった三島が自身よりはるかに年長の野口と福沢の心を見事に描いていることに驚かされる。そして、選挙という宴が敗北で終わったあと、同道者だった福沢と別れ打ちのめされながらもダンディに去る野口が国家、たちまち心を立て直して次の道を探り始める福沢が企業、そして舞台回しの道化のような役割を演じ続ける山崎が通貨を象徴するようにも思えてくる。グローバリズムが静かに終わるとは思えないし、終わらせることなど不可能だとも思うが、グローバリズムという言葉の魔力に酔うという意味での「宴」は終わりつつある。そして宴が終われば、参会者たちは別の方向に歩み始めなければならない。国家と企業そして通貨たちの蜜月もやがて終わるのではないかという予感がするのだが、そのとき、三島の描いた野口のように国家たちがダンディに立ち去るとは限らないし、企業たちも国家と離れて自分だけの道を歩み始めるとも限らない。そして通貨たちはただ迷うことになるだけだろう。写真は1970年、当時の自衛隊市ヶ谷駐屯地に突入して憲法改正のための決起を促す演説をする45歳の三島。彼はこのとき割腹自殺をするが、三島ほどに人の表裏が見えていた文学者が自分の演説一つで自衛隊決起があると信じていたとは思えない。小説では描き切れない何かの「役柄」を文字ではなく自分の身体で演じたかったのではないだろうか。

その状況を解決してくれたのがＯＥＣＤでした。米欧間の調整を委ねられたＯＥＣＤは、一九八〇年に公表した理事会勧告で、それまで「私事をみだりに公開されない権利」とされていたプライバシー権の内容を「自分に関する情報のコントロール権」へと書きかえることによって、個人情報を利用したいという米国と商業活動によるプライバシー侵害を懸念する欧州との双方を程々に満足させる解答を与えてみせたからです。この「自己情報コントロール権」という考え方は一九九〇年代には日本を含め多くの国で定着し、現在でも標準的なプライバシー保護ルールになっています。その背景には、ＥＵつまり欧州連合がこの考え方による規則を制定し、彼らと同等の基準での規則を持たない国との間の情報流通を制限し始めたことが大きいのですが、その話はこの辺で打ち切りましょう。理由は、この「自己情報コントロール権」では手に負えない変化、自己情報コントロール権の空洞化ともいえる変化が進み始めているからです。

空洞化する自己情報コントロール権

自己情報コントロール権の空洞化が進み始めていると私が思う理由は、今や、身長や職業あるいは性別などの特定の人に関する個別的情報と同じように、自者と他者との「関係性」についての情報がどんどん重要になり、しかもそうした自者と他者との関係に関する情報が「誰のもの」であるかを簡単には決め難くなっているからです。

例を挙げましょう。中国では個人信用格付けという日本ではあまり聞き慣れない仕組みが急速に普及しました。普及の背景には、これを使うことを陰に陽に奨励する中国政府の方針もあるようですが、都市部で中流以上の暮らしを営み、思想的にも共産党一党独裁体制に大きな不満を抱いていない人たちにとって、個人格付けという仕組みが彼らに快適さをもたらすということの方が大きいのでしょう。これで上位あるいは中位以上の格付けが得られれば、飛行機の座席やホテルの部屋が優先的に確保されたり、簡単に銀行ローンが組めたりと、嬉しい話がたくさんあるからです。ところが、この仕組みの中にも、気になる仕掛けが入っています。

中国に芝麻信用という個人信用格付け会社があります。この会社は中国最大インターネット情報サービス企業アリババの子会社で、英語名は「セサミクレジット」です。これはあの『千一夜物語』のアリババの話に「開け芝麻（ゴマ）」という呪文が出て来るところからのようですが、ここがどんな仕組みで個人の「信用」を格付けしているかについて、彼らの利用者向け説明画面そのもののコピーを載せてくれているホームページがありましたので左ページに転載させて頂きました。この中に「人脈関係」という要素が入っているところが要注目です（なお各項目の日本語訳は私が付けたものです）。この芝麻信用が実際にどんな手順や計算式でスコアを算出しているかは公表されていないのですが、多くの中国人たちが想像しているのは、この人脈関係という要素が彼らの個人信用格付けのコアだ、そして、この人脈関係という項目の柱になるのは親会社アリババの個人間送金サービスの利用履歴だ、ということのようです。

理由は、個人間送金というのは、一般に送金人と受取人との間にそれなりの個人的関係がなければ生じない、普段から助け合っているとかワリカンで食事をするとかというような関係が存在しなければ頻繁には生じない。だから、個人間送金が多いか少ないかは、誰が誰と繋がっているかを示す証左だと考えられるからなのだそうです。それは、確かに言えそうな話です。
　もちろん、本当にそうなのかは、この会社の内部者でもなく中国共産党ともコネがない私が確かめることなどできません。でも、多くの中国人にとっては「そう言われている」ということの方が重要なはずです。それは、私たち一人一人としては自分の情報を開示したいと思っていなくても、自分の友人たちの多くが人脈関係を芝麻信用に知られることで快適に生活したいと思うようになれば、自分だけ個人情報を隠して匿名の要塞の中に閉じこもることは無意味になってしまうからです。そうなれば、結局、私たちは、かたちとしては「自らの選択」として、企業という新しいビッグブラザーたちに情報を差し出すことになってしまうでしょう。そうなってしまえば、「個人情報コントロール権」は進んで放棄されてしまうことになります。経済学者のいう「囚人のジレンマ」の状況が生れてしまうのです。

図表18：芝麻信用の個人格付け構造

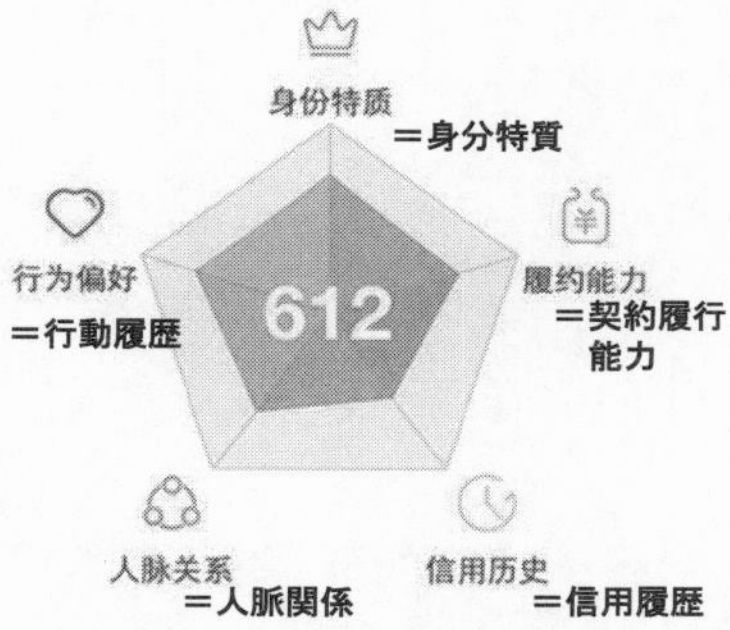

資料出所：http://tamakino.hatenablog.com/entry/2018/05/30/080000

　そして、プライバシー保持あるいは対ビッグブラザーという文脈での、もう一つの大きな脅威は、本人確認技術そのものが急速な進歩を遂げているということです。なかでも大きなインパクトを持つのは顔認証技術でしょう。数年前までの顔認証は、システムに登録してある画像とカメラの前の本人の画像とを照合して、文字通り顔のかたちや目鼻口などの特徴からカメラの前にいるのが登録者本人であることを認識するという、いわゆる静止画ベースでの本人確認技術でした。今もそのままだったら、顔認証もいわゆるスマホなどで実用化されている本人確認技術の一種に過ぎないはずなのですが、それが変わりつつあります。顔認証技術は、銀行ＡＴＭや入室管理でよく使われる静脈や指紋あるいは瞳の虹彩認証などと異なり、本人の積極的あるいは意思的な動作を必要としない動画ベースでの本人推定技術へと進歩しつつあるからです。

ちなみに、一般に生体ベースの本人確認技術といわれる静脈認証や指紋認証は、確認したい本人の静脈や指紋の分岐状況などを一定の方式で分析して数値化し、それを本人情報としてあらかじめ登録してある数値と照合することで、登録してある本人かどうかを推定するという手順になります。今の日本で普通に使われている本人確認技術では、登録してある数値データを呼び出すためにＩＤ番号を打ち込んだり顧客カードを機械に挿入したりすることが必要なのです。静脈認証や指紋認証では光学センサーの前に手や指先をかざさなければなりませんし、虹彩認証もカメラを覗き込むように見つめなければなりません。

しかし、進歩した顔認証は違います。先進的な顔認証システムでは「本人は何も意識しないまま」で本人と推定されて認証ができてしまいます。それを可能にしているのがビッグデータとＡＩの技術です。ＡＩで大量のデータから関連性を解析すれば、カメラの前で動いている人の画像データから、本人の「名前」や「住所」なんか分からなくても、その人が「どこの辺りのどんな人なのか」を推定してしまうことが可能だからです。そして、このような推定の仕方こそ、私たちが馴染みの店で何も言わなくても暖かく迎えられる理由であり、クラス会で昔の仲間たちと名前が思い出せないまま打ち解けることができる理由であり、そして凄腕の刑事さんが街角で怪しい人物にピンと来てしまう理由でもあります。

さらに言えば、こうした方法論でも最後の決め手になるのは、名前や住所などの個人識別情報への到達ですが、そんなことに関心がない手合いもあるはずです。貴方がコンビニに行って何を買ったかではなく、どの商品棚をみながら何を買わなかったか、それも顔認証を使えば分かります。そうなってくると顔認証で収集したデータ自体が、いわゆるマーケッティング情報として商品になるかもしれません。一方、どこの誰かという意味での個人識別情報への到達が容易になれば、顔認証のように本人の意思的な動作を必要としない技術は、企業にとって顧客に新しい快適さを提供する手段になります。それがいわゆる「キャッシュレス決済」と結びつけば食い逃げや持ち逃げのリスクを意識することなく、お客様に快適さを提供することができます。貴方がコンビニに行ったとき、入店した瞬間に本人特定が行われていたら、貴方は棚から欲しい商品を取り出しレジでは軽く会釈ぐらいをして外に出ることができます。それなら快適でしょう。

これは何を意味するでしょうか。意味するのは、日本の個人情報保護法のように、企業が保有するデータの一部を「特定の個人を識別できる情報」だとしてその管理の厳格を求めるだけでは意味がなくなるという状況が進みつつあるということです。二〇八ページのパネル30の実験は、特定の識別情報からアイデンティティを確定して取引情報を検索するのではなく、取引情報の全体からアイデンティティを推定してしまうことが可能であることを示すものです。こうしたことが普通にできるようになれば、個人情報保護法の趣旨に沿って自身に関する情報を削除せよと要求することは、顧客データベースの全部を捨てよと要求するのと同じになってしまいます。それは無茶な話でしょう。個人情報保護法は空洞化寸前だと私は思っています。

こうした技術進歩の行き着く先はどこになりそうでしょうか。それは分かりません。しかし、それが、今は世界標準になっている自己情報コントロール権を軸にしたプライバシー法制について、その全体のリセットを迫るものになることは確かだと思います。どういうかたちでリセットが起こるか、まだ、それは分からないのです。ただ、そこで間違いなく言えることは、すでに個人情報管理という面からは政府と企業が結婚してしまっているかのような中国のような国は別ですが、国家が企業の個人情報管理の適切さを監視するのだという建前の政府たちは、プライバシーという人権主張と、企業活動を盛んにして国を富ませたいという要請との板挟みに悩むことになるだろうということです。そして、この板挟みは、顔認証とりわけキャッシュレス決済と結びついた顔認証を巡ってさらに深刻な緊張を呼ぶことになるでしょう。いや、実際に呼びつつあります。欧州や米国のリベラル系とされる州などで、プライバシー侵害への危惧から顔認証を規制しようという動きがあることは、そうした緊張の予兆だろうと私は思っています。

もっとも、私たちの日本政府は、おおらかにも「個人情報の活用で国を富ませたい派」のようです。たとえば、二〇一七年に経済産業省が公表した『フィンテックビジョン』なるレポートには、「フィンテックが付加価値を生み出すためには、出発点となるお金の利用履歴、すなわち決済の記録が電子的に残り、利用できるようになることが必要である。その際の鍵はキャッシュレ

パネル32：顔認証と体内埋め込みチップ

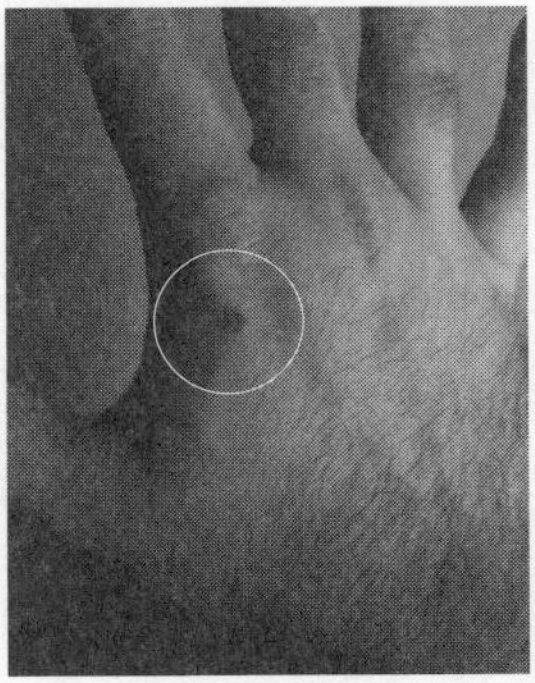

顔認証は、公安治安当局にとっても革新的な技術だろう。これを利用すれば、彼らは相手に覚られずに監視対象を絞り込み追跡できるからである。そうなれば、彼らは相手を「泳がせておく」こともできるし、職務質問とか身柄拘束などの方法で相手の前に突然姿を現すこともできる。こうした情報と企業のキャッシュレス決済などで得たＫＹＣデータとを組み合わせれば、当局による監視システムは見事に完成するが、そこで鍵になるキャッシュレス決済については、顔認証以外の技術を好む国柄のようなものもあるらしい。たとえば「体内埋め込みチップ」と呼ばれ、手の甲などに超微小のＩＣチップを埋め込んでそれで本人認証をするという技術があるが、これは意外なことにスウェーデンなど北欧圏で若者への普及が始まっているのだという。私のような古い人間は気持ち悪さしか感じないのだが、冷静に整理すれば、この方が認証に本人の意思的動作が必要という点で、世の中がいつの間にか監視社会化するリスクは小さいのかもしれない。上は手の甲埋め込みチップの写真（分かり難いので白丸で囲っておいた）。左は顔認証のシンボル的な図解。こうしてみると、その「不気味さ」という点で、体内埋め込みチップの方がやや少ないかというような気もしてきてしまうところがある。

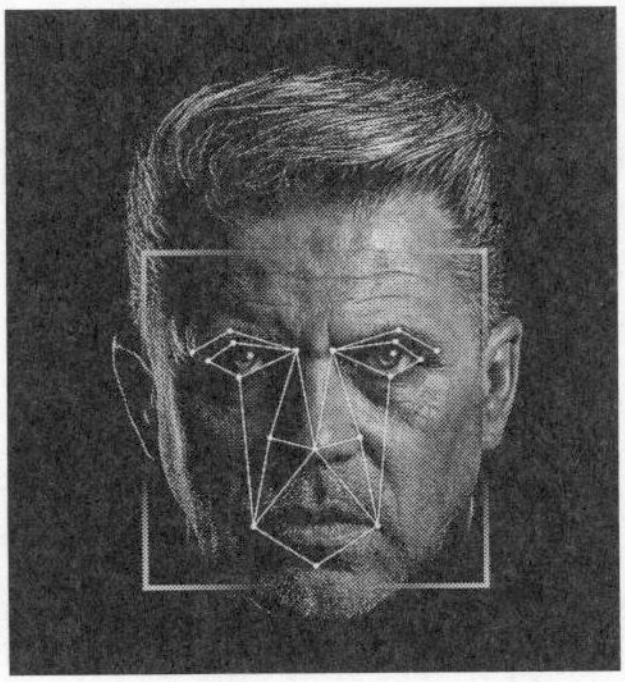

ス化の推進である」などと書かれています。ずいぶん大胆なことを書いたものだと思います。米国の商務省が同じときに同じような文書を公表していたら、NSA（国家安全保障局）の関与でも勘繰られそうなものですが、日本ではそうでもないようなところが、私のような心配性な者にとってかえって危うさを感じてしまうところです。

この辺りで話題を変えましょう。最後に、私たちの「関心」の世界に入り込んだ企業たちのさまざまな動態について考えたいと思います。

三　企業はどこに行くのか

閉じこもる私たちとはね返るエコー

SNSはなぜ多くの人に利用されるのでしょうか。その背景には、自分が聞きたいことを聞き見たいものを見ることの心地よさがあるのでしょう。グーグルのような検索エンジンが利用者の履歴を保存しようとするのは、利用者が何を知りたいのかに応じて検索結果を表示するためですが、それを裏返せば、検索エンジンは利用者が見たくない情報を遮断し、彼らを自分の見たい世界に閉じこもらせてしまうという効果があるということになります。このことは、イーライ・パリサーというインターネット研究者が、二〇一一年に刊行した『閉じこもるインターネット』（原題もThe Filter Bubbleです）という本で「フィルターバブル」と呼んで指摘しているのでご存知の方も多いかもしれません。この場合の「フィルター」というのは見たくない情報を遮断すること、また「バブル」とは文化や感性における心地よい被膜という意味のようです。

ところで、自分が見たい世界に閉じこもるという現象は、検索エンジンを利用する人に限ったことではありません。新聞の定期購読をするにしてもテレビのチャンネルを合わせるにしても、いわゆるメディアと個人との関係では同じ傾向がみられるのが普通です。ただ、新聞やテレビなどいわゆるジャーナリズムの場合、彼らが決めたフィルタリングつまり情報選別に関する方針とか傾向というものがあり、これらに接する個人の側が、自分好みのフィルタリングを行ってくれそうなメディアを意識的に選択します。ところが、これに対し、インターネットの世界におけるフィルタリングは、自分で心地よい皮膜のようなものを無意識に自分の周りに育てていくところに特色があります。この傾向は、検索エンジンよりもSNSにおいてより強くなります。SNSは、単に参加者を包み込むだけでなく、包み込んだ参加者たちの集団のなかで参加者たちの声を反響させ増幅させるエコーのような働きをするからです。

自然界のエコーははね返る毎に減衰していくのですが、SNSにおけるエコーは、はね返る毎に自己増殖するという独特の性質があります。こうしたSNSにおけるエコーの特性について、『ビッグデータの罠』（二〇一四年・新潮選書）で監視社会の問題を指摘した岡嶋裕史が、それは反響を聞いて心地よくなりたいという心が作り出す効果だとして情報の「繭」と名付けていますが（日本経済新聞『経済教室』二〇一八年五月二八日付）、私も、岡嶋の言い方の方がパリサーの表現よりもSNSの特性を言い当てているように思うので、この本でも彼にならって「情報の繭」という表現を使わせてもらうことにします。

さて、この「増幅」ということについて、もう少し考えてみましょう。たとえば、地球温暖化を心配する貴方が、人が集まる場で「地球温暖化対策にパリ協定は十分だろうか」という声を発したとします。そこで戻ってくるのは二通りの声だとします。一つは「そう不十分だ、地球気温は協定時の想定を超えて上昇しつつある」という声、もう一つは「いや、歴史的には地球は寒冷化も体験している、寒冷化の悲劇は温暖化より深刻だった」という声だとしましょう。貴方はどちらに反応したくなるでしょうか。貴方がいる場所が実空間における会議室だったら反応したくなるのは寒冷化リスクを指摘する後者の声でしょう。きちんと反論しておかないと会議室全体の空気がそちらに行ってしまうからです。

しかし、場が仮想空間の会議室つまりＳＮＳだったらどうでしょう。反応したくなるのは地球気温の想定外上昇を指摘し同調する声なのではないでしょうか。なぜなら、物理的な空間の会議では同時に一人しか発言できないし、そもそも一人は一つの会議にしか参加できないので、自分がどの会議に出るかを決めた以上は議場での反対意見に反論しておきたくなるのに対し、どの会議に参加するかを選べて同時に多数の人が発言できる仮想空間での会議では、賛成意見をフォローし合うことで心地よく会議を続けられる空気がそこで生まれればよし、そうした空気が生まれそうもなければ、さっさと退場して別の会議に参加するようにする方が楽しいからです。こうして、ＳＮＳでは一つの声にフォローし賛同する声がエコーのようにはね返って来るという現象が生まれ、それにまたフォローを返すことで、最初は小さな声だったものがだんだん増幅されて大

パネル33：増幅するエコーと気候行動サミット

実空間の発言でも場の仕切り方次第では増幅のエコーが生まれる。2019年9月の「国連気候行動サミット」では、グテーレス国連事務総長に招かれた16歳の環境保護活動家グレタ・トゥーンベリのスピーチが議場の雰囲気を決めたようだが、そこにエコー増幅の原理が働いていた可能性は否定できまい。議長グテーレスの「温室効果ガス削減のための具体的な対応策を持ってきた国の代表者のみに演説を許可する」という議事はそれを作り出すはずだからだ。ただし、その議事は、グテーレスが作り出そうとした繭のコロニーを大きくするのに役立った一方、パリ協定離脱を掲げる米国大統領の支持者たちが作るコロニーにいる繭たちの被膜を厚くするのにも寄与した可能性がある。写真は気候行動サミットでのトゥーンベリ。世界の首脳たちに「この状況を理解しているのに、行動を起こしていないのなら、貴方がたは邪悪そのものです」と言い放った彼女のスピーチの毅然さは日本の報道番組に登場するパーソナリティたちの目を潤ませていたが、私が彼女のスピーチで共感したのは「貴方がたが話せるのは、お金のことや、永遠に続く経済成長というおとぎ話ばかり（all you can talk about is money and fairy tales of eternal economic growth）」という一言の方だった。現在の地球温暖化問題は、「何千億トンもの二酸化炭素を今は存在すらしない技術で吸収すること」（これも彼女のスピーチから）をあてにするのでなければ、成長第一主義の経済政策を見直さない限り、解決不能と思うからである。

きな声になるという現象が生じやすくなります。

もちろん、こうしてエコーを増幅させる「情報の繭」現象のようなものは、伝統的なジャーナリズムが情報伝達の基本だった時代にもありました。ただ、その時代に情報の繭を作って多くの人々に提供することができるのは、政府か有名人かジャーナリズム自身あるいは読売ジャイアンツ程度に限られていたのに対し、関心の配給者となったSNSが大きな役割を占めるようになった現代では、誰でも何気ない行動や一言によって情報の繭が成長するための核のようなものを作ることができるし、また目的を隠し名前を偽って他人の心の中に情報の繭を意図的に作り育てることすらできてしまいます。SNSの代表格となったフェイスブックの成功の秘密もそこにあります。フェイスブックが、ただの「つながりネットワーク」や「お友達ネットワーク」であることを超える存在になったのは、彼らが私たちの履歴や背景を分析して（おそらくはAI的な手法で分析して）、私たち一人一人に最も心地よさをもたらしてくれる相手を紹介してくれるからでしょう。しかし、私たち一人一人に心地よさをもたらしてくれる者が、私たちに安全や安心あるいは豊かさをもたらしてくれるとは限りません。

現在の世界に大きな危機をもたらしているのは、人々の心の分断であり対立です。私は、ほんの数年前まで、そうした分断あるいは対立と呼ばれるものを作り出しているのは格差の拡大だと思っていましたし、今でも格差が最も大きな原因だと思っています。しかし、ここ数年における分断と対立の急速な深刻化には、SNSの普及があると思うようになりました。米国で格差拡大という現象が進み始めたのは、以前に『中央銀行が終わる日』で書いた通りで（同書の二〇四ページに「拡大する所得格差」と題して載せたグラフを左に再掲しておきます）、時期的には二〇世紀の終わりに近付くころ、具体的には一九八〇年代に入るころのはずなのですが、その米国で国論二分というべき政治状況が深刻化したのは二〇一〇年を過ぎるころですから、どうも時期的にずれがあり過ぎるからです。

図表19：拡大する所得格差

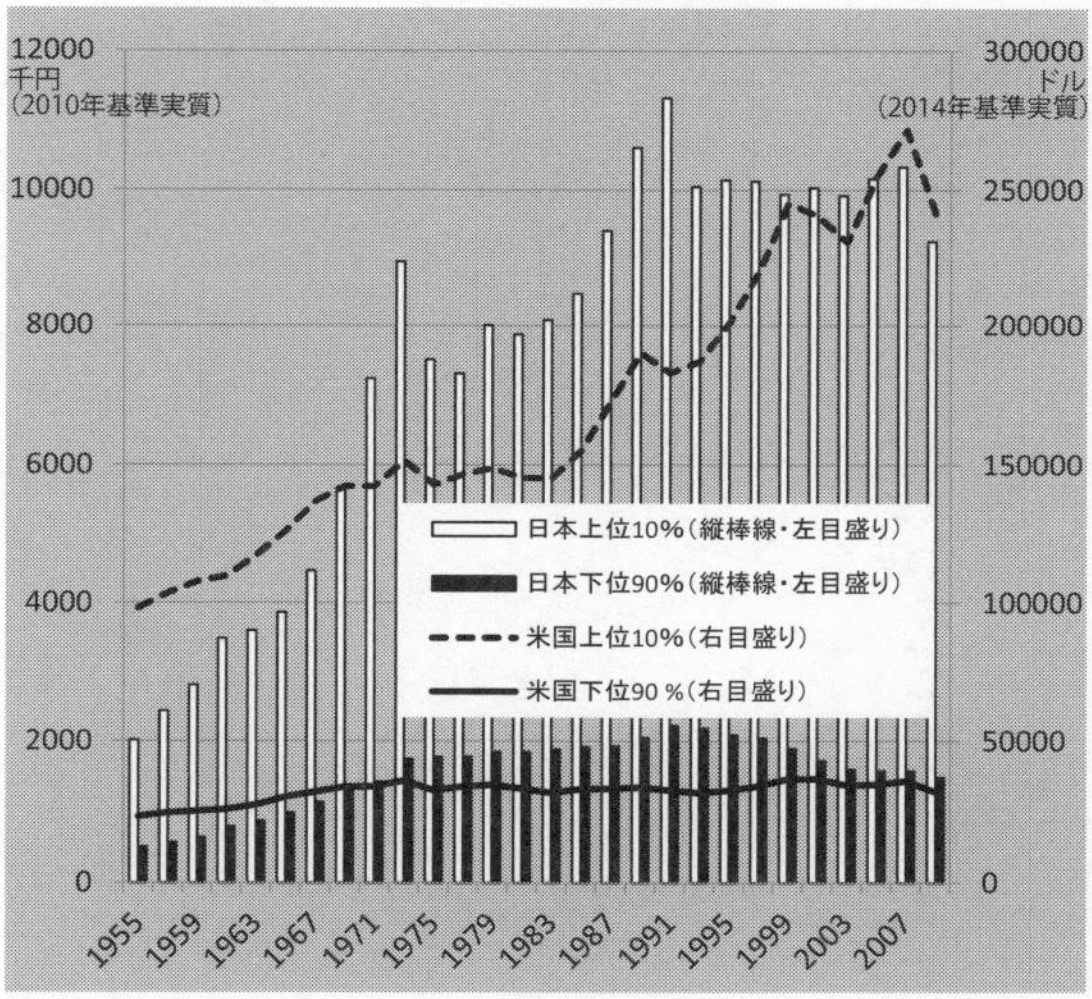

データ出所：The World Top Incomes Database

　SNSの世界では、誰もが「情報の繭」を作り出すことができるのですが、そうして出来上がった情報の繭たちは心地よいエコーを発し合う繭同士が寄り集まって、いわば「繭たちのコロニー」のようなものを作り始めます。しかし、そうしたコロニーが大きくなると、そのコロニーに入りたくない繭たちは別のコロニーを作り始めます。そして、こうして作り出されたコロニーとコロニーとの間ではわずかの情報しかやり取りされなくなり、他のコロニーにいる繭たちが発信することを理解するよりも、自身がいるコロニーの中で少しでも注目され他の繭に喜ばれるような声を発することに、繭たちは思いを集中することになっていきます。こうして育てられた繭のコロニーの成長が、移民の話にしても地球温暖化の話にしても、自分と異なる立場からの主張に耳を傾けようとしない時代の空気の成長の裏にあると私は思っています。

ICOとSTO

グローバリズムとデジタライゼーションが作り出すのは、企業のビッグブラザー化ばかりではありません。ビッグブラザーとは反対方向の企業組織を作り出す基盤になることもあります。たとえば、公開型のブロックチェーン上での資金調達としてICOとかSTOというような仕組みがあります。ICOというのは「イニシャル・コイン・オファリング」の略で、STOというのは「セキュリティ・トークン・オファリング」の略なのですが、名前の付け方からして「怪しい」ところがあり、またたからこそ可能性を秘めている面もあります。

それらの意味を考える前に、ここは少し専門的な話になってしまいますが、情報技術的な説明をしておきましょう。公開型ブロックチェーンの先駆けとなったビットコインでは、ICOやSTOの機能は提供できません。ビットコインのブロックチェーンは原理的には極めて単純なもので、仮想通貨だということになっているビットコインの保有者毎の支配量は管理できても、それ以上のことはほとんど管理できないし、全体が自由なプログラミングを可能にする記録システムとして連続動作するようにはなっていないからです（これを「チューリング完全でない」と言います）。そのため、今のICOやSTOは、それをやりやすいようにチューリング完全性を持つようデザインされたブロックチェーンであるイーサリアムというシステムを使うのが主流です。イーサリアムにおけるチューリング完全性を利用したのがICOそしてSTOです。

確認になりますが、ビットコインを始めとする仮想通貨ですが、その正体は情報ネットワークでつながった人たちが仮想空間上で共有する帳簿のような仕組みに書いてある数字的な記録に過ぎません。もう少し具体的に言えば、それは、自分のコンピュータやスマホで見ているのと同じ記録が他の人にも見えている、そして、その記録を権限ある人が書き換える操作をしたときには、全部の人が見る記録が同時に書き換わる、そのように設計された記録の維持管理システムだということです。こうした記録を複数のコンピュータがあたかも一つのコンピュータであるかのように共有する仕組みとして実現したとき、その仕組みに「ワンネス（oneness）」の性質があるというのですが、それを分散型のネットワーク上で実現したのが仮想通貨の新しいところです。

たとえば、銀行のオンラインバンキングでは、私たちのパソコンやスマホで銀行のコンピュータに書いてあるデータを見たり書き換えを請求したりすることができますが、それは書いてある数字を見ることができる、そして、書いてある数字が正しいと信じるというだけのことで、銀行と預金者たちの全員が同じ記録を作り共有しているというわけではありません。

これに対して、ビットコインで注目を集めることになった仮想通貨の仕掛けは、その記録体系を見る人たちの全員が一定の約束事に基づいて動作することで、政府や法律の力を借りず同一つまりワンネスの記録を形成するところが新しいのです。ブロックチェーンというのは、そうしたワンネスを可能にする設計技術の一つで、ビットコインは、そのための約束事（プロトコル）としてPOW（プルーフ・オブ・ワーク）という計算量基準の多数決を用いている、そう考えるのが頭の整理としては適切だろうと思います。では、ビットコインのように公開型かつ分散型で自律的な約束事によるワンネス記録システムを実現する意義はどこにあるのでしょうか。

その第一は特定の人物や企業に頼らずに記録を共有することの強さにあります。これは、「分散型で自律的な組織は外部からの攻撃に強い」と言い換えてもいいでしょう。情報ネットワークの発展史に詳しい読者は、今は私たちの生活に深く入り込んでいるインターネットが、もともとはミサイル攻撃に強い通信網を作りたいという米国の軍事的要請に基づいて開発が始まったという物語をご存知だろうと思います。電話局や通信中継局を周辺局から中央局へと階層的につなぐピラミッド型の通信システムは、中央局を破壊されたら全通信が途絶してしまいます。それに対して特定の中央がなく、多数の中継局同士が網の目のようにつながって通信を維持するインターネットは自律的な組織として外部からの攻撃に強いのです。

しかし、インターネットが大きく発展した理由は、それだけではありません。第二の理由もあります。必要最低限のプロトコルさえ守れば世界中のコンピュータ同士がつながれるという自律型の仕組みは、そこにさまざまな新しいアイディアと可能性を持ち込むことができます。それが自律分散型の組織であるインターネットの今日がある理由です。

ICOとSTOの話に戻しましょう。ここでコインとかトークンと言っているのは、それが、ブロックチェーン上に存在する何らかの「価値がありそうな記録を支配する権利」という程度の意味でしょう。さらに、オファリングと言っているのは、そんな記録を「公開」しますからコインあるいはトークンの権利者になってくださいという気分、これにイニシャルと付けるのは、公開するのが「新しく立ち上げた企業」あるいは「新しく資本市場で資金調達をする企業活動」に対する権利ですよというような感じなのでしょう。ちなみにセキュリティというのは、金融用語としてのセキュリティのことで、安全という意味ではなくて「証券」という意味です。

このぐらいの用語解説をすればＩＣＯやＳＴＯの本質がどんなものか理解できると思います。それは、円やドルのような法定通貨を使って行われる新株発行や社債募集などと同じような性質の資金調達を、仮想通貨の記録システムであるブロックチェーン上でやってしまおうという企てのことなのです。そんなことはできるのでしょうか。それができることは自明です。ですから、質問を変えましょう。そのどこに有難味があるのでしょうか。

有難味がある理由は、仮想通貨を支えるブロックチェーン上に、個々の権利者が保持する仮想通貨量と他の権利者との間で約束した仮想通貨の移動に関する内容や条件などを書いておき、両者を一括して管理し処理されるようプログラムさえしておけば、資金調達契約の締結や実行そして利払いや返済までが自動的にできてしまうからです。これがイーサリアムの「自動執行」と呼ばれる性質です、これが可能になれば、仮想通貨の世界でなら、国家が定める面倒な規則に縛られることなく、かつ国家に監督規制されている証券会社とか投資銀行などと呼ばれる伝統企業にも頼ることなく、新しい資金調達の仕組みを考えることができそうです。それなら、これを有り難い性質と考える人がいても不思議はありません。ＩＣＯやＳＴＯを試みる人は、記録システムの外にある既存の法令や国家が作り出す制度に頼らず、ワンネスの記録体系だけの機能で新しいかたちの資金調達が実現できるという可能性を、その最大の魅力と感じているのでしょう。

もっとも、ICOやSTOによる新しいかたちの資金調達と言っても、それは仮想通貨を移動させるというだけのことで、円やドルが手に入るという意味での資金調達ではありません。ですから、それを「仮想通貨の世界」でなく「リアルの世界」に持ち込むためには、仮想通貨を円やドルに「両替」をしてもらう必要があります。また、契約の「自動執行」と言っても、それと同じことは、円やドルなどという通貨の発行者である中央銀行が、彼らの中央コンピュータで扱う決済つまり通貨移動に関して課す一定の約束事を満たすことを条件に外部からプログラミングできるようにでもすれば、いわゆる「中央銀行デジタル通貨」の世界でも簡単に実現できてしまいます。要するに、ICOと言いSTOと言っても、それで今まで不可能なことが一気に可能になるというほどの話ではないのです。

しかし、ICOやSTOというやり方だと、契約や資金調達のやり方を「リアルの世界」でのルールである法律や、その法律の運用を仕切る役人の命令などに依存しないで、ワンネスの記録体系だけの機能により、あとは自分たち自身で工夫して自由にデザインすることが可能になります。それが重要な点なのです。いや、それだけが重要な点なのだろうと私は思っています。

新しい企業デザインは可能か

そろそろまとめましょう。ICOやSTOが法定通貨の世界における株式や社債と違う新しいところは、企業を、以前から国家が提供する枠組みである株式会社と違った新しいデザインの組

パネル34：ＩＣＯは詐欺か

ＩＣＯ案件の多くが詐欺または詐欺に近いという批判がある。実際、世にあるＩＣＯには、何をやるための資金調達なのかがはっきりしなかったり、言ったこととまったく違うことをやっているものもあったりする。また、応募を募る方法にしても、応募締め切りまでの残り時間を「あと○日○時間○分○秒」と表示することで閲覧者を煽るサイトや、カウントダウンと称して締め切り残り時間を一覧するというサイトまであるので、これでは詐欺あるいは煽り商法だという批判を受けるのも当たり前のような気もする。ただ、その批判の根拠が、ＩＣＯで得られるコインの価値が高値転売できるだろうという循環的期待に支えられているからだというのであれば、それは一部の批判者にとって自分で自分の首を絞める理屈になるかもしれない。岩井克人の『貨幣論』には、貨幣とは「無限の未来からの贈与」のようなものという記述があるが、これも循環的期待論の一種だからである。法定通貨の価値論については循環的期待論に準拠しながら、ＩＣＯが循環的期待で支えられているのはけしからんと言うのでは、ＩＣＯ批判はただの体制擁護論になってしまう。ちなみに、私自身は、「物価水準の財政理論・ＦＴＰＬ」というモデル名で繰り返し説明している通り、現在の法定通貨の価値は広義の政府の支払い能力にあると考えているので、循環的期待依存型のＩＣＯは最も忌むべきものになる。下は、あるＩＣＯ誘導サイトのコピー。図柄に「爆発」のイメージが使ってあるのが「自爆」を連想させて笑える。

織として作り出す可能性を秘めている点にあると私は思っています。第一章で見た通り、私たちが普遍的な企業組織形態だと思っている株式会社という仕組みが考え出されたのは、一七世紀の初頭のオランダでしたが、それはなかなか普及しませんでした。営利を目的とする株式会社という組織形態が西欧圏世界に普及したのは、一九世紀の後半で、つまり経済成長が普通のこととなった時期に重なり、また中央銀行の歴史とも重なります。それは、株式会社という仕組みも、中央銀行と同様に、経済成長とセットでこそ意味を持つ面があったからです。

経済成長が確実なものでなくなった今という時代に、ＩＣＯやＳＴＯが、既存の仕組みにとらわれない新しい共同組織の枠組みを提供することができれば、それは私たちに新しい可能性を拓いてくれるかもしれません。ＩＣＯの問題は、そこで行われている資金調達が株なのか債券なのか明確でないことだと言われることがあります。ただ、私は、それは真実の半分しか見ていない意見だと思います。そもそも株とか債券とかに「分類」できない資金調達があっていけないということ自体に、歴史的な経緯はあっても論理的な根拠はありません。ですから、ＩＣＯによるコインも、それが分類不能であるから存在して欲しくないとか、国家による投資家保護がないから取り締まりの対象であるべきだというような意見に私は与するつもりはありません。

しかし、その一方で、ＩＣＯやＳＴＯにかかわりを持つ人たちには、私たちが当然と思っている世の中の運動律は、個々の法律や契約のような可視的な仕組みだけでなく、それらの法律や契約の背後にあって、普通は存在を意識されない人々の心の底の合意基盤としてのコンセンサス体系にも支えられているということも理解して欲しいと思っています。そうした体系のことを社会学や政治学ではソーシャルキャピタル（社会関係資本）と言うのですが、今のＩＣＯというのは、紙に書いた契約を仮想空間の記録に置き換えれば、それで企業が成立し世の中が動き出すかのように思っている人たちが作っているように思える面があります。それが今のＩＣＯやＳＴＯの本質的な危うさなのです。

企業ということに関連しては、第六章でも議論の道具の一つにしたいと思っている「コースの定理」のロナルド・Ｈ・コースが、一九三七年に発表した論文「企業の本質」で、企業とは単なる契約書の束ではない、企業とは人々の合意によって市場を利用する仕組みそのものなのだというようなことを書いています。もちろん、契約書がなければ企業を形成するのは非常に難しくなります。しかし、契約書を作りさえすれば企業が動き出し、それに関与する人たちの望みに応えてくれるわけでもないのです。ＩＣＯがブームになってたちまちブーム崩壊に至った背景には、社会関係資本とか合意あるいは暗黙の約束についての無理解が隠れていたと思います。

二〇一八年の初めには月間発行高五千億円相当額程度まで膨れ上がったＩＣＯへの期待は、一年もしないうちに十分の一ぐらいにまでしぼんでしまいました。私は、短くも儚かったＩＣＯブームが何の意義もなかったとは思いませんが、一方で、バブルのようなブームなら早く潰れてしまって良かったとも思っています。二〇一八年に繰り広げられたＩＣＯブームの風景は、ジョン・ローが演じた一八世紀フランスのミシシッピ会社ブームの再来のように見えるところがあります。第一章でも紹介したように、ローは、いわゆる詐欺師でも愚か者でもなかったはずですが、その彼のプロジェクトが失敗した原因は、ただ早過ぎたということでなく、世の中には社会共通資本あるいは社会的な合意基盤が必要だということを軽視していた彼の「天才」ぶりにあったと私は思っています。

株式会社という企業組織をよく機能させた時代は変わりつつあります。しかし、そうした組織デザインとしての株式会社をどう変えたらよいか、何に置き換えたらよいか、その答を私たちはまだ持っていません。それは、パネル33で紹介したスウェーデンの十六歳の少女に「貴方がたが話せるのは、お金のことや、永遠に続く経済成長というおとぎ話ばかり」と言われて返す言葉がないほど、成長を続けるための仕掛けとしての株式会社のことばかりを前提に議論を続けてきたからでもあります。

ＩＣＯやＳＴＯは、株式会社を別の組織形態に置き換え、それを既存の枠組みに頼らないで設計しようとする人たちに「足まわり」を与える可能性にはなると思います。でも、最も肝心なのは組織や社会をデザインするときの思想であり合意の基盤を作ることでしょう。ＩＣＯもＳＴＯもまだこれからだと思います。

第五章　漂流する通貨たち

「その人の、に、日記なの！」ジニーがしゃくりあげた。「あたし、いつもその日記に、か、書いていたの。そしたら、その人が、あたしに今学期中ずっと、返事をくれたの——」「**ジニー！**」ウィーズリー氏が仰天して叫んだ。「パパはおまえに、**なんにも**教えてなかったというのかい？ パパがいつも言ってただろう？ **脳みそがどこにあるか見えないのに**、一人で勝手に考えることができるものは信用しちゃいけないって、教えただろう？ どうして日記をパパかママに見せなかったの？ そんな妖しげなものは、闇の魔術が詰まっていることは**はっきり**しているのに！」（J.K.ローリング『ハリー・ポッターと秘密の部屋』松岡佑子訳・静山社・2000年より。太字も原文のまま）

現代の通貨には二つの問題があります。第一は、金融政策がなぜ物価や景気に効果を持つかについての共通理解がないということ、第二は、それにもかかわらず、金融政策がいかあるべきかについての断定的な議論をしてしまう人が多いということです。

そんなことで良いのでしょうか。今の中央銀行たちを悩ませ始めているのは、MMTなる理論を唱える人たちの登場と、仮想通貨で試されたテクノロジーで新しい通貨を作り出そうとする企業たちの動きです。中央銀行たちは、それらに説得的な対応をすることができません。対応できない理由は、彼らが、通貨がどこから来てなぜ価値があるのかを分からないまま通貨を発行し続け、ついに限りない金融緩和の深みに入り込んでしまったことにあります。

いま、中央銀行という枠組みは揺らぎ、通貨たちは漂流を始めつつあります。

一　r＞gという不都合な現実

ピケティが発見したこと

フランスにトマ・ピケティという経済学者がいます。彼が、この本でも二〇ページその他で参照したマディソンたちの仕事に国際機関などに蓄積されたデータを追加して、世界の過去から将来までを俯瞰して書き下ろした大著『21世紀の資本』は、二〇一三年に発表されるや世界的な話題を集めました。日本語版も翌一四年に刊行されていますから、お読みになった方も少なくないでしょう。彼の分析は多岐にわたるのですが、その核心は、資本収益率と経済成長率との長期的な関係性についての「発見」です。彼が発見したのは、資本収益率（彼は、これを「r」と書いています）と、経済成長率（彼は「g」と書いています）とを長い時間の流れの中で観察すると、人類文明史のほぼ全期間にわたって前者が後者を上回るという関係、つまり「r＞g」という関係があったという事実でした。

彼は著書を出版すると同時に、著書のもととしたデータをホームページ上で公開してくれています。そこで、そのデータを拝借して彼が発見した関係性を一枚のグラフにまとめ、「世界の成長率と資本収益率の推移」というタイトルで左ページに掲げておきます。これをみると、一九世紀そして二〇世紀という時代がどのような時代だったかが見渡せると思います。

ここで注意したいのは、彼が言う「資本」とは、「企業や政府機関に帰属する工場、インフラ、機械、特許、不動産、金融資産などの財産から、それらが負担している負債を控除したネット額」ということですから、これを分母としてそこから得られる収益を分子として計算した彼の「資本収益率」つまり「r」は、最近の企業財務分析などでしばしば使う「株主資本収益率・ROE」に相当するものとみてよいでしょう。一方、「g」について言えば、もしピケティのような議論をするのなら、これは第二章で説明した「自然利子率」の方が良いのではないかという気がするのですが、彼ぐらいの経済学者なら、そんなことは承知の上で全体としての分かりやすさ

図表20：世界の成長率と資本収益率の推移（%）

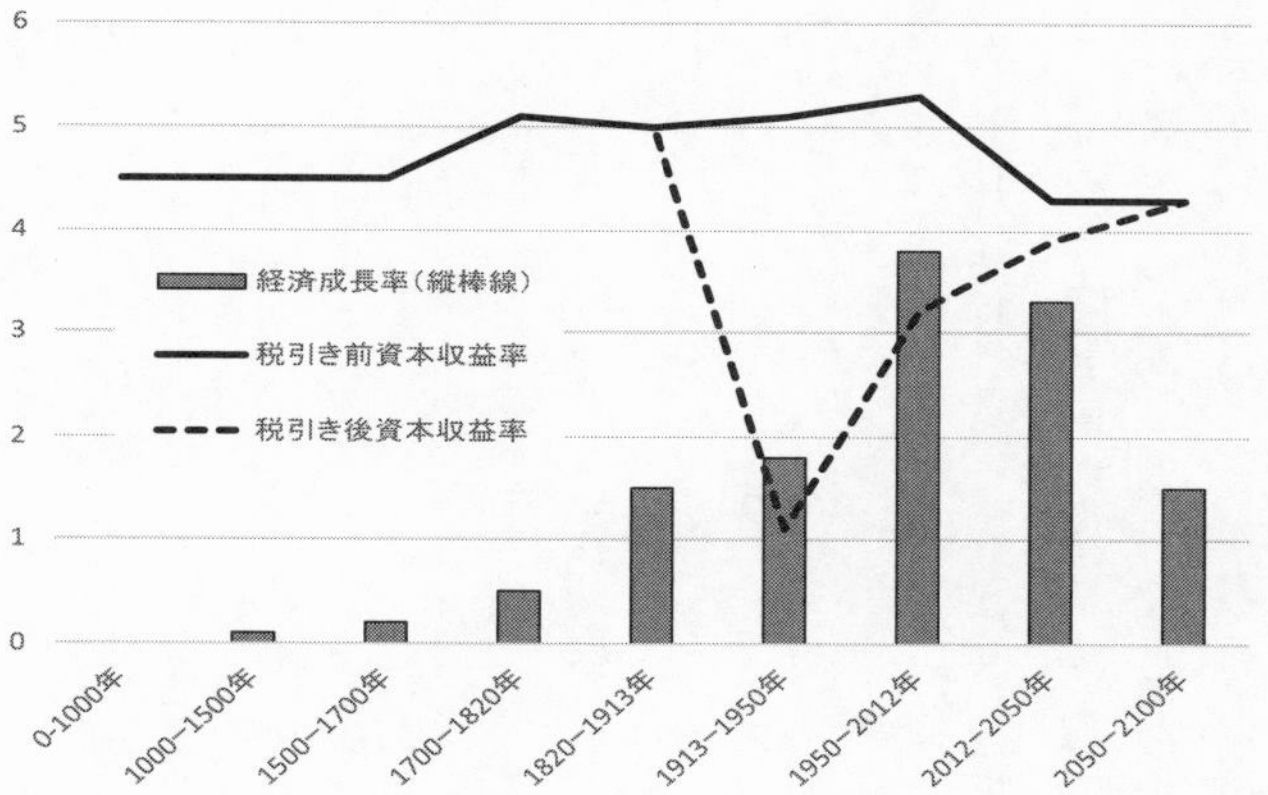

データ出所：https://cruel.org/books/capital21c/　ピケティ『21世紀の資本』では、税引き前と税引き後の資本収益率と経済成長率との関係を図10・9と10・10という2枚のグラフにしているが、ここでは見やすさのために1枚のグラフにまとめた。

を狙って経済成長率そのものを使っているはずなので、ここは彼の議論の枠組みをそのまま踏襲しておきましょう。なお、これも一二九ページで説明したことですが、この「自然利子率」とは私たち一人一人が享受できる現在と将来との豊かさの交換比率なのですから、それは長期的には「人口一人当たりGDP成長率」とバランスするはずということ、それなら、この「g」は、（人口動態の変化などを無視してしまえば）企業財務分析などに登場する「総資産収益率・ROA」と等しくなるだろうということも、このグラフを見るときに頭に入れておいて欲しいことです。

　前置きは程々にして、西欧圏経済が「成長」という状態に遷移する一九世紀に入るまでの状態を見てみましょう。人類文明史のほとんどを占めるこの時代、経済成長率はゼロに近かった一方で、資本収益率は概ね年五パーセントほどだったことが示されています。これは驚くべき数字です。なぜなら、このように高い資本収益率が得られる投資機会に誰もが継続的にアプローチできるような環境が存在していたとすれば、そのときの世界は、現在の私たちのものとは、ずいぶん異なっていたはずだからです。

仮定の話ですが、こうした世界で、何らかの偶然に恵まれ、昨年までの自分の年収の一年分に相当する富を手に入れることができた家族があったとします。ここで、もし、その家族が得られた富を事業に投資し、その後は、投資によって得られた収益の半分を消費し、残りを再投資に振り向けるということを始めたら何が起こるでしょうか。その家族の富は五パーセントの半分つまり年率二・五パーセントという速度で増え続けることになります。この速度は大したものでないと思えるかもしれません。しかし、それが三十年も続くと家族の富は二倍以上になります。まだ大したものではないでしょうか。でも三百年続いたら、二の十乗は概算で十の三乗ですから富は千倍を大きく超え、六百年では二百万倍以上になり、八百五十年で十億倍に達します。これは驚くべき数字でしょう。何しろ、たった一つの家族が、ほぼ単なる偶然から始まって、ついには八百五十年前の普通の家族の十億倍もの収入に相当する富を蓄えてしまうということが起こり得たはずということになってしまうからです（十億というのは一九世紀初めの世界総人口です）。彼らの生活の豊かさの方も、最初の投資額の十億倍もの大きさに膨れ上がった富から上がる収益率の半分つまり二・五パーセントの大きさの富を消費することができるわけですから、投資を行うということをしなかった家族の、何と二千五百万倍という豪華さになります。

こんなこと、現実の歴史上で起こっていたでしょうか。もちろん、起こっていません。古代から中世そして近世まで、いわゆる豪商や金融業者の家族は世界各地に数多く存在していて、彼らが豪華で豊かな暮らしを営んでいたという記録は残っていますが、こんな計算が示すほどに圧倒的な富を蓄積した家族は見当たりません。なぜでしょうか。

理由の第一は投資機会の不足です。第二は財産権保護の欠如でしょう。経済活動の基本が第一次産業だった時代には、新たな投資機会は、原野を開拓するか他国を侵略するかしない限り、なかなか見つかりません。もちろん、ノーフォーク農法という新しい耕作技術の開発で始まった一八世紀英国の第二次囲い込み運動のような例もありますが（二七ページ参照）、そんな事例を除けば一八世紀までの世界では投資機会そのものが豊富にはありませんでした。そして、さらに問題なのが財産権保護の欠如です。資産家たちが国家や領主たちの恣意的な収奪に怯えなければならなかった時代には、投資の収益は飲み食いや美術品の収集などに使い、あとは王家や領主たちへの運上金や賄賂に使うのが合理的で、この時代までの人たちは、大きなリスクを伴った再投資に積極的ではなかったはずなのです。

事情を変えたのが、産業革命の進展と私的所有権の確立でした。産業革命は、不足しがちだった投資機会を一気に豊富なものにしました。そして、私的所有権保護を国家形成の柱とする国民国家の成立は、貯蓄と投資による成長のサイクルを持続的なものとしたのです。この結果、一九世紀に入るころから米国を含む広義の西欧型経済圏の成長率は急速に高まります。ところが、それは、以前は領主たちと領民たちとの間のものにとどまっていた貧富の格差を、かつては領民と呼ばれ、この頃から市民あるいは国民と名乗るようになった人々の内部に、新たに作り出すものでもありました。一九世紀が資本家対労働者という図式で描かれる階級対立の時代になった理由はここにあると思います。

ところが、その流れは二〇世紀に入ると変わることになります。資本から得られる収益に、国家たちが「税」というかたちで介入するということを始めたからです。資本収益に対する課税の典型は法人税ですが、株式会社という組織は、その法人税をかけるには絶好の仕組みという面があります。株主権の自由譲渡を本旨とする株式会社は、会社への参加者つまり株主に利益を分配する目的で帳簿と決算書類を整備するのですが、それは国家にとっても好都合な課税インフラになります。税務署員は会社の決算書類をちらりと見るだけで法人税額を計算し、資本から得られる投資収益に「公正」に課税することができてしまうからです。

ピケティのデータによれば、一九一三年から五〇年にかけての時期に税引き前と税引き後の資本収益率に大きな差が生じていますが、この時代が二度の大戦の時期であったことを考えると背景が見えてくると思います。未曾有の大戦を勝ち抜くためには資本収益に課税することで戦費を賄い、あわせて公的社会保障を充実させて戦場での主たる戦力である労働者や農民たちの不安と不満を解消すること、それが、民主主義の大義を掲げる国でも、また民主主義であることを第一義としない国でも、ともに必要なことになったのです。

また、この時代に続く時代、グローバリズムが自由貿易を意味していた一九五〇年代から八〇年代までの時代は、いわゆる先進国においては所得への累進課税が強化された時代でした。さらに、親から子への資産継承についても高い相続税を課すことが普通だった時代でもありました。これらは戦時からの制度的惰性によるものだったという面もありますが、ともあれ二度の大戦が終わっても、一国内での富の偏在は解消されていくという現象はしばらく続いていたのです。米国のテレビドラマでは賢く収入もある父親と優しく家庭を守る母親が理想の夫婦として描かれ、それがゴールデンタイムの人気番組として流れていた日本は「一億総中流化」ということが言われていました。要するに「小さな幸せ」の時代だったわけです。

しかし、それは長く続きませんでした。二〇世紀が終わりに近づくころから、格差は再び拡大し始めます。二三九ページの図にはピケティの予想が含まれているわけですが、それによれば、資本収益率と成長率との乖離は再び大きくなるだろうというものです。もちろん、彼の示した予想は、さまざまな仮定に基づくもので、必ず実現する未来ではありません。しかし、私は、あり得るシナリオだとは思っています。そして、これは一つ誤れば破滅的ともなるシナリオでもあります。今の世界に急速に拡散しつつあるポピュリズムと言われる現象は、拡大する格差の中で金持ちはどんどん豊かになるのに、自分たちはそうなっていないという事実を前に、その犯人を捜そうという運動だという側面があるからです。

格差拡大を放置すれば世界は今より急速に悪くなる、海面の上昇で東京もニューヨークも水没してしまう前に、私たちの文明は対立といがみ合いから崩壊してしまうかもしれません。

もちろん、世界が再び「大成長」の時代に戻ることができれば、格差の問題は残ってもポピュリズムは穏やかなものになるでしょう。しかし、それは維持可能なシナリオでしょうか。そもそ

パネル35：リセットのメカニズム

定期的に大発生と大絶滅を繰り返す生物種はバッタに限らない。北極圏近くのツンドラ地帯に棲むレミングは、繁殖力が非常に強く、そのため３年から４年ぐらいの周期で個体数が急増し、そうすると餌の不足などにより今度は個体数が激減してしまうことが知られている。ただ、長い眼で見ると、レミングという種は定期的大絶滅というリセットがあることで、かえって安定的に存続できているという面もあることになる。この話をピケティの「ｒ＞ｇ」に当てはめると、かつての投資家という種族は、環境の拡大スピードすなわち「ｇ」をはるかに超える繁殖力「ｒ」を持っていたにもかかわらず、不条理なリセットの装置ともいうべき権力者による富の収奪や庶民による襲撃などがあったからこそ、実は存在できていたのだということにもなる。写真はレミング。日本語では「タビネズミ」で大増殖時に餌を求めて大移動することがあるのでこの名がある。このレミングは増えすぎると海に飛び込み集団自殺するというお話が、ドキュメンタリー映画『白い荒野』（製作ウォルト・ディズニー、1958年）がきっかけで広く流布している。ただし、この映画のシーンは、その後の1983年の調査で、単なる集団移動中の渡水の様子で、それを集団自殺と演出した一種の「やらせ」であったことが明らかになった。レミングといえども自らの生存を放棄する集団意思までは持っていないようである。映像が常に真実を語るとは限らないのだ。余

談だが、ピケティは、2015年にオランド社会党政権が授与を決定したフランス最高勲章であるレジオン・ドヌール勲章を「誰に栄誉を与えるべきかを決めるのは、政府の役割ではない」として辞退したことがある。オランドとの関係はそれで冷え込んだと言われている。

も、実現の可能性はどの程度あるのでしょうか。私たちの地球が限界に近付いているかもしれないことの危うさは無視されるべきではないと思います。それを放置すれば、私たち人類は、自然界で定期的に大量発生するバッタが環境を食い尽くし自身の死滅を招くのと同じように、環境の限界と拡大し続ける格差への不満の爆発によって、遅かれ早かれ自身のリセットに行き着かざるを得なくなるような予感もします。

格差の演出者

繰り返しになりますが、経済成長率が税引き後の資本収益率を上回れば、貧富の格差は縮小し社会の平等化が進むことになります。二〇世紀半ば少し過ぎまでの時代は富の不平等が縮小し中流の人々が社会の主流になった時代で、また理想主義の時代でもありました。この時代に、人々が理想主義的に行動できたということの背景には、国民の多くが自分を社会の中核と思い、自分の価値観を多くの人と共有することを嬉しいと感じられるということがあったのだと思います。しかし、理想主義の時代は長くは続きませんでした。原因を作ったのはグローバリズムです。グローバリズムが、自国の企業や富者を国内に抱え込みつつ外国の企業や富者を自国へ呼び込むための「底辺への競争」を生み出したからです。状況を変えることはできるのでしょうか。

ピケティは、彼の考えを著書中で示しています。彼が処方箋として提案するのは、全世界的な協調による資本課税あるいは資本収益課税です。ただ、私は、彼の提案を実現することは困難だし、仮に実現できたとしても維持可能でないと思っています。理由は改めて説明するまでもないでしょう。高率の法人税と高度累進的な個人所得税を導入していた先進国の政府たちは、商品だけでなく資本や人の国際間移動を許すという意味でのグローバリズムが本格化すると、それにあっさりと降伏してしまった過去を持つからです。法人税や個人所得税について協調できなかった国家たちが、資本課税だとかたちを改めれば協調できるようになるとは思えません。

では、私たちの自由な世界は、やがてはコントロールできなくなった格差拡大によって崩壊してしまう運命にあるのでしょうか。そうと決まったわけではないと私は思っています。

もう一度、ピケティの「r＞g」に戻りましょう。この不等式に私が感じる違和感は、それが市場の原則に反するということです。この式が意味するのは、株式や実物資産保有のようなかたちで成長の恩恵に与ろうとする資本提供者たちの取り分が（これがピケティの「r」です）、成長全体の恩恵から得られる取り分を上回るだろうということです。しかしそんなことは、資本市場が自由競争の原則に忠実であるとすれば、長期的には維持可能でないはずです。資本提供者たちの間の自由な価格形成を妨げるものがなければ、あのアダム・スムスの「見えざる手」によって、「r」と「g」は近付き、両者は長期的にはバランスせざるを得ないはずでしょう。では、どうして、近代以前の世界で「r＞g」が続いていたのでしょう。

それが続いていた理由は、富者とか資本家とかいう人たちへの富の集中に対し、専制君主による恣意的な課税や庶民の襲撃などの「リセットのメカニズム」が存在したからです。つまり、「r」と「g」が均衡してしまう前に、リセットが起こっていたのです。でも、そう思ってみると、市民革命によって確立された財産権に対する保護は、短期的には各国に繁栄をもたらしながら、長期的には資本主義経済そのものを危機に陥れてしまうものになってしまう可能性があることに気付きます。二〇世紀の歴史がそうならなかったのは、二度の大戦という悲惨なリセットがあったからですが、三度目のそれがもし起こったら、それは人類の終末を意味してしまうでしょう。そうならないようにする方法はあるでしょうか。私はあると思っています。破滅へのシナリオを変えるためには「r＞g」という状況を作り出している演出者を捜せばよいのです。

やや理屈っぽい話になりますが、株式以外の方法で資金調達をすると株式の収益率ROEが高くなるということを、企業金融と呼ばれる経済学分野の用語では、外部負債つまり借金の存在により「梃子の効果」が働いている、あるいは「レバレッジ」が効いていると言います。このこと自体はどの教科書にも書いてある企業金融論のコンセンサスのようなものですが、このコンセンサス、実はあまり単純なものではなく、私のように大学で「ファイナンス」などという科目の講義を担当する者にとって、どの程度まで教壇で語るべきか悩ましい面を持っています。その理由は、この効果が生じるためには、企業の事業収益率（ピケティの「g」ですね）よりも借金の利子率（ピケティは記号を与えていないのですが、区別のために「i」とさせてください）が小さくなければいけないからです。そうでないと企業にかかわる収益率は、（もし金融資本市場における収益率が投資リスクを適切に評価して形成されているとすれば）いわゆる「裁定」の原理によってすべて等しくなる、つまり「r＝g＝i」が成立することになって、梃子の効果自体が長期的には無意味になってしまうはずだからです。

ですから、ピケティの「r＞g」がリスク勘案後でも恒常的に維持されるためには、金融資本市場で裁定が働くことを妨げる「何か」を演出している者がいなければいけないということになります。演出しているのは誰でしょうか。答は明らかです。それは中央銀行です。彼らは通貨発行を独占しているという力を使って「i」を低く抑え込んでいるのです。もちろん、中央銀行たちは意図して「r＞g」を作ろうとしているのではないでしょう。彼らは景気とか成長とかに貢献しようとして「i」を低くしているのだと思います。しかしそれで起こっているのは皮肉なことです。彼らが金利を低く維持して成長に貢献しようとする、言い換えれば「g＞i」を作り出そうとする、そのことで結果としてピケティの「r＞g」を演出してしまっているのです。

断っておきますと、もし中央銀行たちが、金利を低めに抑えようとする金融緩和の時期と反対に高めに維持しようとする金融引締めの時期とを、時間軸で通算して半々になるように金融政策を運営していれば、彼らは短期的に格差を拡大させたり縮小させたりすることがあっても、格差を拡大し続ける犯人にはなりません。問題は、日銀を含め今の世界の中央銀行たちの多くは、金融政策運営のサイクルにおける大半の期間を緩和気味にする、つまり自然利子率より金利を低く抑え込むことで、意識せずに格差を拡大する側に回ってしまっているということです。

念のため、第四章に戻って、もう一度二二五ページの「拡大する所得格差」のグラフを見てください。バブル崩壊に悪戦苦闘する日銀と対照的に「金融政策のマエストロ」とまで絶賛を浴びていたグリーンスパンＦＲＢ議長の時代（一九八七年からの約二十年間）、米国の高所得層の取り分が上昇し続けていたことに気付くでしょう。それは、彼が主導した金利を低めに維持する金融政策の結果だったと私は思っています。そして、これは皮肉なことですが、バブル崩壊後の日本で

パネル36：流動性の罠は見えざる手の摂理か

ピケティを読んでいて、自分が今まで提唱していた「マイナス金利」についての意見を変えたくなってきた。私が「マイナス金利推奨派」なのは、それでゼロ金利の金融資産である銀行券の存在に阻まれて金利をゼロ以下に下げられなくなるという「流動性の罠」に足をとられることなく、変化する自然利子率に追随して金融政策を引締めと緩和の両方に動かせるようになる、つまり政策の自由度が上がると考えるからなのだが、それが社会に幸福をもたらすのは、引締めと緩和の片方に偏することない金融政策運営という前提あっての話だということに今さらながら思い至ったからである。それを考え始めると、前著で「ゲゼルの魔法のオカネ」と名付けた方法なんかで貨幣をデジタル化してマイナス金利の壁を突破せよなどと言わず、中央銀行などはおとなしく「罠」にかかっていなさいと言えば良かったとすら思えてしまう。写真は、2019年夏の「黄色いベスト」運動で荒れたパリのシャンゼリゼ。自由と人権の国のはずのフランスでもこうだから、そうでもない国で格差への不満が差別や一国主義の台頭を呼び始めると、それは全世界を不幸にする憎悪の循環を生み出しかねない。そんなシナリオに比べれば、日本の「失われた20年」などましな方だったという気もする。格差が生むポピュリズムの深刻さに比べれば、無為無策でデフレと戦っていないと叩かれた白川日銀も、有為有策だが結果を出せていない黒田日銀も、まあ悪くない、そんな風に片付けたら皮肉がきつすぎるだろうか。もしかすると、「流動性の罠」という現象そのものが、「見えざる手」の摂理なのではないか、そんな気まですることがある。

同じことは起こっていません。日本では高所得層の取り分を劇的に上昇させることにつながる「g＞i」を作り出そうとしても、ケインズの「流動性の罠」に阻まれて作り出せなかったのです。日本で起こっていたのは、米国経済にどんどん引き離されていく状況に手を拱いている日銀への不満の高まりと、賃金カットや非正規雇用化などのかたちでの低所得層への不況の重荷のしわ寄せでした。グラフでも見える通り、この層の取り分は減少し続けています。

次なるブラックスワンという予感

話を整理しましょう。金融政策が格差を作り出してしまう理由は、政策効果というものが無償で得られるものではないからです。金融政策とは無から有を生むものではない、それは「有償」のものだということは前著でも前々著でも繰り返し書いてきました。金利を下げるということは、要するにインフレ圧力を現在から将来に送るということだし、金利を上げるということはデフレ圧力を将来に送るということだ、その意味で金融政策とは無から有を生む魔法の杖でない、そんなことを書いてきました。しかし、ピケティの本を読むうちに、金融政策は時間軸上で無償でないということだけではなく、それが「分配」への影響を生み出すものでもあることに、もっと眼を向ける書き方をすべきだったと思うようになりました。

改めて第二次大戦後の世界を見渡すと、戦争終結から一九七〇年代初のオイルショックまでの二十五年間ほどは、世界が豊かになった時代でした。日本でいえば「高度成長」の時代ですし、米国でいえばジョンソン大統領流の「偉大な社会」を信じることができた時代です。この時代は、実は格差拡大の時代でもあったのですが、その痛みは無視できた時代でもありました。神戸市の一隅から出発して一代で日本最大の小売りチェーンを育てたダイエー創業者中内功が語ったとされる「売り上げは全てを癒す」という言葉が、この時代の空気の全てを物語っているように思います。パイがどんどん大きくなれば、その切り分け方には大小があっても文句を言う声は拡がりません。西側と言われる国々が東側と言われる国々との体制間競争に勝つことができたのも、パイが急速に大きくなったおかげです。日本で台頭しかけた新左翼が挫折し、パリの五月革命が名ばかりに終わったのも、売り上げならぬ経済成長が全てを癒してくれていたからです。

しかし、この長いブームも、一九七〇年代に入り、産油国政府による原油価格への介入つまりオイルショックと、貿易赤字累積に耐えられなくなった米国発の固定為替相場制崩壊つまりニクソンショック、この予期せぬ「二つのショック」で断ち切られます。ブームはいったんリセットされたのです。後日談をすれば、それから三十年以上も後の二〇〇八年のリーマンショックに学んだ金融資本市場の人たちは、蓋然性は低いが起こったら無視できない悪しきイベントを、白鳥の群れに稀ながらも必ず「黒い白鳥」が出現するらしいことにたとえ、それを「ブラックスワン」と呼ぶようになりましたが、金融資本市場の外から来るショックまで含めれば、ブラックスワンは過去に何度も私たちの世界に舞い降りて来ていたわけです。その意味では、オイルショックとニクソンショックもブラックスワンの一つという面があったと私は思っています。

もっとも、この二つのショックへの西側諸国の対応は合格点だったと思います。日本では「くたばれGNP」という言葉が流行語になり、金融も財政も引締めが基調になりました。ちなみに、

GNPとは国内に本拠地のある個人や法人の生産活動規模という意味で、国内で行われた生産活動規模を意味するGDPとは少し違うのですが、この文脈では違いを考える意味がないので気にしないでください。当時はGNPの方がGDPより普通に使われる言葉でした。

でも、この流れは長続きしませんでした。きっかけを作ったのは、第三章でも触れたように、西側諸国の中で最も「GNPがくたばっていた」英国に現われたサッチャー政権ですが、八〇年代半ば以降の世界の状況を眺めてみれば、グローバリズムの中では、しょせん「成長よりも物価安定」という政策は維持できなくなっていただろうと私は思っています。事態が「物価狂乱」などと形容されたような状況から遠ざかるにつれ、どこの国の政府も「底辺への競争」に負けたくないという本音が前面に出てきてしまうからです。

不謹慎と言われるかもしれませんが、考えてみれば、リーマンショックなどというのは、オイルショックとニクソンショックの二つのショックに比べれば可愛いものだったし、一九三〇年代の大不況と比べれば揺らぎのようなものに過ぎなかったと私は思っています。リーマンショック後の世界の金融機関と当局者たちの様子というのは、盛り上がっている宴の座敷に場違いの黒服で身を固めたスワンならぬ新客が入って来た、そこで少しばかり腰を浮かし挨拶し、でも客の風体を見極めたら大して怖くなさそうだと気を取り直し、まあ座布団一つほどの間を新客のために空けて座り直して宴を再開したといったところでしょう。

しかし、彼らは遅かれ早かれ誤りに気付くことになると思います。環境の限界と格差の拡大そして中央銀行たちの自信過剰、それらは次の巨大なブラックスワンとなって再び宴の席に舞い降

パネル37：ブラックスワン

ブラックスワンという表現は、17世紀のオーストラリアで「黒い白鳥」が発見され、それまで白鳥は白いと思い込んでいたヨーロッパ人の「常識」をひっくり返したというエピソードになぞらえ、ナシーム・N・タレブという金融工学専門家が、リーマンショックの直前にグローバリズムがはらむ危機の連鎖について指摘したことに始まる。ただ、現在では、蓋然性の評価が困難であるにもかかわらず起きた時の衝撃が大きい事象は、普通の正規分布的リスク管理アプローチでは対策が難しいという意味で使う人も多いので、この本でもその意味で使わせてもらっている。ちなみに、金融実務で正規分布が重用されるのは、世に存在する「多くの確率事象」を繰り返し重ね合わせると正規分布に収束するという中心極限定理という数学に根拠があるのだが、ここで数学者が「多くの確率事象」とわざわざ断るのは、いくら重ね合わせても正規分布に収束しないコーシー分布などという確率分布が考えられるからで、彼らは「稀にしか起こらない事象は分析できない」というような曖昧な意味でこれを言っているわけではない（確率論には稀な事象を数式化する数学モデルもある、ビットコインのサトシ・ナカモトが大好きらしいポワソン分布もその一つである）。ちなみに、コーシー分布は、分布グラフの見かけは正規分布と非常によく似ているのに、同じ分布同士を重ねるとコーシー分布が再生してしまって正規分布に収束しないという厄介な代物なのだが、自己再生型事象自体は自然界には実は多く存在するのだと専門家から聞くこともある。写真は普通の白鳥と遊ぶ黒い白鳥。黒い白鳥は、17世紀までのヨーロッパ人が知らなかっただけで、実はとりたてて稀な生物でもないらしい。

りて来るはずだからです。兆候は至る所にあります。その兆候のうちの一つが、今までの正統的通貨理論との断絶あるいは訣別を主張する人たちの出現、もう一つが中央銀行通貨ではない通貨を作り出そうという人たちの出現です。すなわちMMTとリブラです。

二　MMTの風景

金融緩和で得する人と損する人

今昔物語に『以外術被盗食瓜語』という短編があります。これは「外術ヲ以テ瓜ヲ盗ミ食ワルルコト」と読むのだそうですが、普通には「植瓜（あるいは殖瓜）の術」という名で呼ばれている幻術つまり集団催眠術についての説話で、内容を思いきり要約するとこんな感じでしょうか。

「ある暑い日、男たちの一団が数頭の馬に車を引かせて甘い瓜を大和から京の都に運ぶ途中で休憩して、瓜を少しばかり食べていた。そこに杖を突いた老人が通りかかり、喉が渇いているので瓜を施してくれとせがんだのだが、男たちは、食っているのは自分用ので、他は京の雇い主のところに運ぶものだからと拒絶した。そこで老人は落ちていた瓜の種を拾って地に埋めたところ、たちまちのうちに芽が出て枝葉が育ち花も咲いて瓜が実ったので、老人は実った瓜を自分も食し、瓜を施すのを拒んだ男たちにもすすめ、そして見物人たちにも振る舞って去って行った。すべて終わった後で男たちが車を振り返って見ると、そこに積んでいた瓜が一つ残らずなくなっていたので、やっと自分たちは老人の幻術にかかっていたことに気が付いたのであった」

この話、よほど日本人の好みに合うようで、いろいろな変化形となって近現代の小説などに登場しています。また、芥川龍之介は、同じ筋書きの説話が瓜ではなく梨の話として清代の『聊斎志異』にあることを指摘し、説話の成立時期から言ってそれが日本に流入したはずはないし(『聊斎志異』は『今昔物語集』より五百年以上も後の説話集です)、その逆つまり日本から中国へというルートも文化の構造から言ってありそうもないので、要するに東洋文化のどこかにルーツがあるのだろうと書いたりしています。

ところで、こんな話を持ち出したのは、この話に、世に無償のものはないということ、しかし、それだからこそ分配の問題は存在するということ、その両方が入っていて、そこに金融政策について私が言いたいことに通じるものがあるからです。

男たちが地から生えたと思い食べていたのは、自分の車に積んであった瓜だったというところは、金融政策が無償でないということに当たります。そして、男たちの雇い主のものだったはずの瓜が、老人と通行人そして当の瓜運びの男たちに食われてしまったというところは、金融政策は分配に関係するということに当たるわけです。植瓜の幻術を使う老人に中央銀行は似ているのです。もう少し説明すると、現代の中央銀行が幻術を使えるのは、彼らの使命の中に、通貨価値の安定以外に雇用の安定あるいは経済成長への貢献を求めてしまう私たちの心の弱さがあるからなのですが、それは暑い日に車に積んである瓜を食したいという植瓜の説話に出て来る人々の気持ちと似たようなものでしょう。

しかし、植瓜の老人と中央銀行は違うところもあります。それは、老人は、自分がやっているのが無から有を生み出す生産行為ではなく、車に積んだ瓜の盗食つまり再分配であることも分かっているのに対し、現代の中央銀行たちの多くは、自分が無から有を作り出していると信じているばかりか、彼らの行っている金融政策自体が富の分配であることにも気付いていないようだというところです。しかも、植瓜の術ならぬ金融政策の恩恵を得ているのは、企業の株主たちだけではありません。低金利のおかげで大量の国債を発行できている政府も恩恵を受けています。それは、彼らに低コストの資金調達を可能にすることによって、中央銀行は財政赤字の累積にも手を貸しているのだということでもあります。

滑稽かつ深刻なのは、日銀も含めて多くの中央銀行たちは、自分たちが金融を緩和気味に維持する目的は財政赤字を支えるためではなく成長を支えるためだ、格差を拡大させるためや財政当局を喜ばせるためではないと信じているらしいことです。でも、信じていることと、それが事実の全部かどうかとは区別した方が良いでしょう。「g＞i」であることは、「r＞g」を演出することで格差を拡大させる効果がありますし、同時に「g＞i」であること自体によって、財政赤字の累積に手を貸していることになるからです。

財政赤字の累積と言えば、第一章で一九世紀の英国では、フランスとの戦争により公債の残高が最大時でGDPの約二・六倍に達していたということを書き、当時の英国政府がイングランド銀行を中央銀行にした目的には、この公債を支えるということもあったはずとも書き添えましたが、現代の中央銀行たちは、自分が財政赤字を支える使命を負っているとは思っていないようで

パネル 38：不都合に耐える力

人々が植瓜の術にかかってしまうのは、暑い日に甘い瓜を無償で食したいという心の弱さによるものだが、金融政策に緩和バイアスが生じてしまうのにも似たような原因がある。そうした私たちの心の弱さが作り出す問題について考えていると、その究極の解決は、不都合な現実を一気に解決しようと焦らず、それに耐える心の力を養うこと、精神医学の人たちが言う「ネガティブケイパビリティ」のような力を付けることでしか得られないようにも思えてくる。ネガティブケイパビリティは、19世紀初めの詩人ジョン・キーツが2人の弟にあてた書簡の中に書いているのを20世紀の精神分析家ウィルフレッド・R・ビオンが発見して1970年刊行の書で引用したことで広く知られるようになった言葉だが、それを理解する必要性は、今や、精神医学にとどまらなくなっているのではないだろうか。都合の良い現実を求める自分の心に負けてしまうのが金融政策のこと程度であれば、中央銀行の幹部たちに法律や経済学だけでなく文学や精神医学の教養を求めれば多少は改善できるかもしれないが、同じような話が隣国との関係や国家のかたちに関する文脈で生じたときには、私たちが自身の心の動き方を深く分厚くして不都合な現実に耐える力を養っておかない限り、世界は限りない憎しみの応酬の連鎖に入り込みかねないからだ。左は、キーツと深い友情で結ばれていたジョセフ・セバンが描いた1819年つまり23歳のキーツ。シェイクスピアの『リア王』に傾倒していたキーツは、おそらく自身の心の葛藤に悩みながら、22歳のときの手紙にこの言葉を書き、3年後の1821年に25歳で早逝している。

す。中央銀行総裁たちは、おそらく善意と勇気から、財政赤字の累積に警告を発することがありますが、それは「健康のため吸いすぎに注意しましょう」とタバコの箱に印刷していた往時の日本専売公社に似ているように見えるところもあります。付け加えれば、海外のタバコ会社などでは喫煙による肺がん発生率などを具体的に表示する例もあるようですから、中央銀行もそれにならって、金融緩和を発表する度に「今回の緩和措置により財政破綻の可能性は〇〇パーセント減少しました」などと公表するようにでもしたらどうでしょう。発表を聞く私たちにも金融政策が財政赤字の維持にいかに貢献しているかが分かりやすくなって、まるで他人事のように財政赤字に警告を発する総裁たちを見る眼も変わって来るのではないでしょうか。

財政赤字の話はこのくらいにしましょう。ここに来て、これまた植瓜の術にあずかりたいという一派が現われているようだからです。この一派は、米国ではすでに政策論争のメインルームの一隅に座り込んだかの感もあるのですが、日本ではまだ玄関の呼び鈴を鳴らしているという程度でしょうか。その彼らが掲げるのが「ＭＭＴ」、英語ではModern Monetary Theoryで、訳せば「現代通貨理論」とでもなりそうな議論です。

ＭＭＴとは何か、それで何が起こるか

ＭＭＴというのは、ステファニー・ケルトンという大学教授らが語る理論ということになっているのですが、困ったことに、それはどんな理論なのかと問われても、なかなかすっきり答えられません。彼らは自分たちの主張を「理論」だと言うのですが、ケインズ経済学とか新古典派経

済学のように、彼らが共有する経済モデルがあったり、よく売れている標準的な教科書のようなものがあったりするのではないので、彼らに賛同しているわけでもない自分としては、果たしてどの部分に力点を置いて紹介したらよいか迷うところがあるためです。ただ、そんなことを言っていても仕方がありませんから、まずはケルトンほかMMTを掲げる人たちの主張の重要と思われる点をできる限り簡単にまとめてみましょう。

私の理解では、MMTの核心にして従来の政策論と異なる部分は、財政に関するルールを考えるとき、何が何でも借金は悪だという思い込みから脱し、財政規律をインフレ率基準に切り替えるべきという主張をするところにあると思います。つまり、財政の運営目標を収支均衡に置くのではなく、インフレ率が高くなったら増税し、デフレが問題になったら減税する、それで悪くないだろうという主張です。何が何でも借金は悪という思い込みから脱せよという主張なら、もはや古典ともなったケインジアンと呼ばれる人たちの財政論にもあるわけですが、彼らが失業の有無を財政赤字が許容されるか否かの基準にしていたのに対して、ケルトンたちの主張は、その基準を物価の動きつまりインフレ率にせよというところにあるのです。どうでしょう。良い考え方でしょうか、それとも悪い考え方でしょうか。

確かに悪くない、そういう気もするでしょう。現在の金融政策についての考え方は、インフレ率を基準に政策を運営し、インフレ率が上がってきたら引締め、下がってきたら緩和というものですから、ケルトンのMMTは、そこでの金融政策という部分を財政政策に置き換えただけで、その観点からは確かに悪くないような気がするはずだからです。彼女たちの主張は、従来の主流派ともいえる経済学者たちが当然としてきた金融政策ルール（その典型は『貨幣進化論』の二六八ページで紹介した「テイラールール」です）の財政政策版だとも言えるわけです。そして、その応用問題として、インフレ率が問題になるほどに上昇し始めたら財政を抑えればよいのだから、それが問題になっていない今の米国なら、財政は福祉の充実とか教育の無償化などにもっと力を注げるはずだという政策主張が導かれ、それが新古典派的な均衡財政論の下で鬱屈していた米国民主党の「反緊縮」系リベラルの人たちに歓迎されたというのが、ここに来て、ＭＭＴがにわかにブームになった背景なのでしょう。

ただ、こう説明すると、それがなぜ「通貨理論・Monetary Theory」なのか、それなら「財政理論・Fiscal Theory」と呼んだ方が良いのではないかという疑問も生じます。私も彼女の真意を聞いたわけでないのでよく分からないのですが、想像すると、あえて通貨理論と称する理由は、彼女が財政に関する主張をするとき、「そもそも法定通貨が通用する理由はそれが納税手段として使えるからだ」という論法を使うことによるものではないかと思っています。この論法を持ち出すことによって、政府は中央銀行が国債をどんどん買ってくれる限り財政支出を拡大できるし、よしんば中央銀行が政府に反旗を翻したとしても、それなら「これも納税に使えるよ」というキャッチコピーで政府がその立法権を発動して「法貨」たる政府紙幣を発行することにすれば、政府は小煩い中央銀行から自由になれる、また、そのことを中央銀行が理解していれば政府に反旗など翻せるはずはあるまい、そう考えたのでしょう。そこまで想像すれば、彼女の「日本の金融財政政策はＭＭＴの模範例」などという発言に困惑する日本政府や日銀の姿も、隠れた交際が写真週刊誌にスクープされてしまった芸能人カップルのようなところがあって少し笑えてきます。ケルトンに不意打ちのエールを送られてしまった日本政府や日銀の言い分は、要するに「政府と日銀、互いに好意を持っていますが、それ以上の関係ではありません」というような感じのものですから、まあ似通ったところがあるわけです。

さて、このMMTですが、米国の経済学界の主流と位置づけられる大先生方からは、拒絶というよりは怒りに近い反応を呼び寄せてしまったようです。経済学主流派の金融政策に関するコンセンサスは「インフレが生じたら引締め、デフレには緩和で」というもののはずですから、ケルトンの議論は、そのコンセンサスの領分を通貨の世界から財政にまで拡張するものとして歓迎されても良さそうなものなのですが、彼女が受けたのは称賛ではなく批判あるいは非難でした。

彼女への批判や非難の中には、経済政策論における近親憎悪のようなものも混じっているのですが、そうした批判や非難を別にすれば、経済学的に筋が通った批判も少なくありません。なかでも私が重要だと思うのは「金利が動けば財政は物価に影響しない、（赤字覚悟の）財政出動は金利がゼロ下限に達してからのみ意味がある」という命題を軸にしていると思われる批判です。ただ、この命題（経済学者がいう「クラウディングアウト命題」の一変形です）は、批判者がいくらそれを説いても、論争の相手から「私たちは雇用対策のために福祉をと言っているのではない、インフレ率が問題にならなければさらなる福祉充実は可能なはずだと言っているのだ」とやり返されたら、議論は永遠にすれ違いでしょう。しかも、そうした批判をしている米国の主流派経済学者たちの多くは、バブル崩壊後の日本を「流動性の罠」に陥っていると分析したうえで「金利がゼ

パネル39：法貨とは何か

貨幣に価値がある理由を法に求める議論もある。ただし、法律に根拠規定のある貨幣を「法貨」あるいは「法定通貨」などと言っても、それが「国家が使用を強制して受け取りを拒否すると処罰される通貨」という意味なのか、それとも「それによる債務履行を不服として裁判所に訴えても取り上げてもらえない通貨」という意味なのかは判然としない。日銀法も、日本銀行券につき「法貨として無制限に通用する」と書いているのだが、その「法貨として」という部分も、前者的な意味か後者的な意味かは明確でない。一方、米国の連邦準備制度についての法律では、彼らが発行するドル札つまり連邦準備券（Federal Reserve Note）については、これを「合法的な通貨（lawful money）」だとしながら、それは法により受け取りを強制し拒否すると処罰するというような意味では「ない」と彼ら自身がホームページなどで説明してくれているので、米国は後者の立場なのだろう。なお、米国には、別に「リーガルテンダー（legal tender）」という言葉もあり、これは南北戦争時の北部つまり合衆国政府が発行した合衆国券（United States Note）という政府紙幣の発行根拠法（Legal Tender Act）で初めて使われた語だが、米国法解説などを読む限りでは、lawful money と legal tender の法律上の地位には大差はないらしい。写真はケネディ政権が発行した Kennedy Bill とも呼ばれる United States Note つまり政府紙幣。滅多に見ることはないドル札だが、今も通用が禁止されているわけではない。

ロ下限に達しているのだから、(財政拡大ではなく）貨幣を増やしてインフレを起こせ」と提言してくれていたのですから、ことほどさように、ケルトンのMMTは、既存の学者たちの矛盾を突いている面があり、それが正統派を自認する学者たちを怒らせるのでしょう。

MMTに反発する学界主流派の中には、日本でも有名なポール・クルーグマンやケネス・ロゴフあるいはロバート・シラーなど超大物が顔を揃えていますし、実務エコノミストからもサマーズ元財務長官とかジェローム・パウエル現FRB議長なども攻撃側に立つという具合ですから、普通の若い先生なら臆しそうなものなのですが、私が彼女をすごいなと思うのは、そうした権威筋や実権派の面々にひるまず反論するところです。この辺りの風景は、はたで見ている分には、彼女があのジャンヌ・ダルクのように映るところもあって、やや不謹慎ながら「よっ、ケルトン！」とでもお声かけしたくなるところもあるのですが、それはやめておきましょう。彼女の主張は、いくら何でも難点が多すぎるからです。

MMTはなぜ危ういのか

私が思うMMT最大の難点は、財政拡大とインフレとを単純に結び付けている点です。なぜそれが難点になるのかを、これまでの本でもいつも議論の拠り所としてきたFTPL（物価水準の財政理論・Fiscal Theory of the Price Level）で説明しておきます。

FTPLについては、それを出来るだけ簡単に数式表現すると次ページの物価決定式のようになります。説明すると、現在の物価水準は、税収その他によって政府が現在から将来までに確保

図表21：FTPLの物価決定式

$$\text{現在の物価水準}=\frac{\text{市中保有国債の現在価値}+\text{現在の通貨発行量}}{\text{税収など政府における将来収入の現在価値}}$$

する実質ベースでの経済価値を分母として、名目ベースでの経済価値である国債と通貨の合計額を分子として決まる、それがこの物価決定式の意味になります。実に単純な物価決定式です。でも、この式を見れば、たとえばリフレ論を頭から否定する理由もなかった一方、それが物価を動かせなかった理由も分かるところがあります。ＦＴＰＬから当時の日銀の金融政策を評価すると、量的緩和が財政規律を緩め将来税収を生まない財政拡張を促すだろうという予想を人々の心の中に作り出すはずと考えれば、それは物価決定式の分母を小さくし物価水準を上昇させるだろうという議論になります。あるいは、いやいやそんな無責任な方向に走るまいと政府は信じられているに違いない、それなら、いくら大量の国債を買い入れて通貨を増発しても、それは物価決定式の分子第一項の「市中保有国債」と第二項の「通貨」との等価交換に過ぎず分子全体の大きさを変化させまいと考えれば、いくら量的緩和をしても物価水準を変えることはできないという議論になります。結果から見れば、黒田日銀総裁が勢い込んで「異次元」と強調した割には、物価はまったくと言ってよいほど動かなかったのですから、正しかったのは後者の予想だったということになるのですが、理論モデルというのは、こうした頭の整理のようなものという面もあります。

そうお断りをしたうえで、ＦＴＰＬを使ってＭＭＴを評価してみましょう。

たとえば、育児支援とか教育無償化のような施策を政府の財政負担で推進したとします。財源は国債の発行だとしましょう。そのとき物価にインフレ的な圧力が生じるでしょうか。

国債発行で分子が増えればそうなるはずだという気がするかもしれませんが、そうとも限りません。日本でも、育児支援や教育無償化について、これらの施策が長期的には国の豊かさをもたらすから重要なことなのだと主張する人がいます。ところで、本当にこれらの施策が国に豊かさをもたらしてくれるのなら、育児支援や教育無償化はインフレ圧力を生まないはずです。なぜなら、そうして育てられた世代がやがて生産活動に参加してくれるようになれば、分母の将来税収を増やしてくれるでしょうし、それは現在の物価水準を押し下げる効果つまりデフレ効果すら生み出すはずだからです。つまり、こうした施策が現在時点でインフレ的な効果を生むかデフレ的効果を生むかは、それらが将来の日本を豊かにしてくれるか、あるいはそうでないかということについて人々が抱く予想次第なのです。

育児支援や教育無償化など福祉の拡充を主張するMMT派の議論に対して、「そんな主張を認めたらインフレになる、それもハイパーインフレになる」という理由で反対する政治家や有識者も少なくないようですが、その一方で同じ人たちが、日本経済に成長力を取り戻すために役に立つのだというような理由で、育児や教育への支援に賛成するのを見たり聞いたりすると、彼らの頭の中はどうなっているのかと覗きこみたくなるようなところがあります。

誤解がないように書き添えておくと、私は育児支援にも教育支援にも賛成です。ただ、それに賛成する理由は、そうした施策が人々の「心の豊かさ」につながるから賛成なのであって、将来の税収増を期待して賛成するわけではありません。ですから、そうした施策がインフレ圧力を生むのなら、それが意図せざる分配の不公正を生まぬよう、金利を引き上げて人々の将来への備えである貯蓄がインフレで目減りするのを防ぐのが中央銀行の仕事だと思っています。また、そうして対処できるインフレは、ＭＭＴ批判者が言うような「ハイパーインフレ」なんかではない、普通のインフレだとも思っています。

ただ、そこまで断ったうえでも、ＭＭＴは危険な主張だといえます。それは、インフレが生じてきたら増税すればいいという、何となく穏当そうに見える主張の背後にあります。経済学主流派の面々がケルトンに最もてこずっている点は、彼女がこうした「安全装置」を付けて、「安全装置が付いているから財政を拡張しても良いでしょう」という議論を展開しているところにあるようですが、私からすればこれが最も危険な主張に思えます。それはインフレに増税で対処することを自動化すれば、財政を拡張しても問題ないという発想自体が危ういからです。

育児支援や教育無償化などと言うと論点が錯綜するので、この際、少なくとも簡単には将来の富を生まない財政活動を思い浮かべてください。ケインズ経済学の有名なたとえ話である「道路に穴を掘って埋め戻すという工事でも、失業を解消し総需要を拡大するから、経済にプラスになる」というのでも良いのですが、ややたとえが古臭いので、「毎年百万人の高校生を修学旅行として宇宙ステーションに招待し、そこで青い地球をながめることで環境問題の重要さを感じてもらう」という辺りでどうでしょうか。こんなプロジェクトを国が始めたら、まあ、普通はインフレが起こるでしょう。それが費用に見合うほどの将来税収を生まないことはまず間違いないからです。そこでケルトンの議論に従えば増税することになります。そうして増税すれば物価決定式が示す通りでインフレは抑え込めそうです。でもインフレが抑え込めれば、宇宙修学旅行計画は合理的であるとされ、次には月世界旅行や火星旅行に計画は拡大するということになるかもしれません。それでインフレが起これればまた増税、というサイクルになります。

この辺りで私たちはケルトンの議論の問題点に気付くことになるでしょう。「インフレ率が限度を超えたら増税」というMMT派のルールは、インフレが起こるような財政活動自体を制約するものではないので、そんな単純なルールを作って安心していると、経済学的には効率が悪い政策の自己拡大サイクルに財政運営が引きずり込まれかねないのです。そして、それは「インフレ率が限度を超えるまでは緩和」という単純なルールで、ピケティの「r＞g」を定着させてしまった主流派経済学者や中央銀行たちの姿に重なります。単純なルールによる副作用の自己拡大というリスクを見逃しているのはケルトンの幼さですが、自分たちが主張するルールに潜む同じ問題に気が付かない主流派経済学者たちや中央銀行たちの問題は、幼さではなく傲慢さが背景にあるだけに、実はケルトンより厄介かもしれません。

MMT的ルールの問題は、状況を裏返しにしても見えてきます。この際、わが日本政府が、採算重視で「もうかるプロジェクト」を推進したとします。官つまり普通の政府は商売が苦手のようですが、民ではできない商売なら成功するかもしれません。東京湾を埋めたてて刑法の賭博罪が適用されない大カジノセンターを作るとか、このごろ流行り始めた「情報銀行」を作って個人情報を独占管理し、小売業者や金融機関に利用を強制するなどというのは、国のプロジェクトとして運営すれば大儲けできて国の借金が減る可能性だってあります。そうすると物価は下がりますから減税ということになります。カジノも情報銀行も大成功となってしまいます。でも、そんなサイクルを回し始めたら、わが日本はカジノ国家にしてビッグブラザー国家への道を猛進することになりかねません。インフレが起こらなければ良いというような単純なルールを、しょせんは貨幣価値を操るだけが分担業務の中央銀行に適用するのではなく、中央銀行などよりはるかに万能の国家全体に適用するときの怖さをケルトンたちには認識して欲しいものです。

ところで、中央銀行が金利を無理やり低く抑え込んでいるわけでない状況、言い換えれば「普通の状況」でなら、政府が「もうからないプロジェクト」に深入りするのは資本市場が阻止してくれます。こうしたプロジェクトを強行しようとすると国債の金利が上がってきますから、そうした増税が際限なく可能だと人々が信じ込まない限り、「穴掘り埋め戻しプロジェクト」も「宇宙修学旅行プロジェクト」も縮小や撤退を余儀なくされるでしょう。ところが、この点についてこそ、ケルトンは「名案」を用意しています。それは「法定通貨が通用する理由は納税手段として使えるからだ」という論理から生まれるものです。この論理を使えば、政府と中央銀行とが協力すれば、政府は資本市場に阻止されることなく、いくらでも資金調達ができると言えそうだからです。主流派経済学者たちのMMT批判に、それがハイパーインフレにつながりかねないという論点があるのは、そこへの警戒があるのでしょう。

ちなみに、理屈の世界だけなら、ケルトンの「名案」自体には間違った論理はありません。FTPLも貨幣に価値がある理由としてこの論理を使って説明している面があります。しかし、こ

パネル40：ハイパーインフレはなぜ起こるか

ＦＴＰＬの立場からハイパーインフレという現象を整理すると、債務引受主体としての政府の機能不全により物価決定式の分母がゼロに向かって突進し、物価水準が無限大に向かって発散してしまう状態であると言える。したがって、「(ＭＭＴは) インフレ、さらにはハイパーインフレが大きなリスクとなる。インフレ目標を担うのは財政当局ではなく中央銀行だ」(2019年３月・ロイター) と伝えられたフランス銀行のビルロワドガロー総裁発言などは、もし報道が事実ならナンセンスと言わざるを得ない。ハイパーインフレについて言えば、インフレが高まったら財政を見直すというケルトンより、金融政策だけでインフレを制御できるとする自信過剰のフランス銀行総裁の方がよほど危険人物だからである。ハイパーインフレが生じるのは、制度的に倒産することのない政府が人々のインフレ期待を制御できない状況に至ったときか、国内資産が際限なく他国に持ち去られるだろうと思われたときである。今の日本にハイパーインフレにつながるリスクがあるとすれば、異次元緩和が将来の富を際限なく食い尽くすような政府行動を生むという予想を人々に与えかねないところにあるわけだ。一方、国内資産に対する他国からの収奪予想がハイパーインフレを生んだのが、第二章で書いた第一次大戦後のドイツである。写真はレンテンマルク (95ページ参照) との交換に伴いゴミとして廃棄される大量の旧マルク紙幣。

の論理だけで考えていると、私たちは重大な問題点を見逃してしまうことになります。

財政と金融そして物価のやや面倒な関係

概念を整理しておきます。ハイパーインフレというのは、財政への信認が完全に崩壊して、FTPLでいえば物価決定式が発散してしまう状態のことです。それに対して「普通のインフレ」とは、財政への信認が低下しながらもある程度は維持されていて、政府も中央銀行も無意味な存在になっていないという状態でのインフレのことだとしましょう。そんなインフレなら、政府と中央銀行とが協力あるいは共謀すれば作り出すことができます。黒田日銀の異次元緩和が普通のインフレすら作り出せなかったのは、物価がどうやって決まるのかということを考えず、過去には貨幣供給を増やすと物価が上がることが多かったという理由で、ひたすら国債を買い通貨供給を増やしただけだったからというところにあります。

一般論として言えば、金融政策が「流動性の罠」に陥っていない状況での国債の買い入れは、物価を上げるのが「普通」です。中央銀行が国債を買い入れれば、それ自体は単なる分子各項間の入れ替えであっても、国債買い入れによって市場金利が低下しますから、分子の国債元利払い債務の「現在価値」を上昇させ、それは物価決定式の分子全体を大きくし、つまりは現在の物価を持ち上げるような効果を生じさせるからです。金利を下げると「現在価値」が大きくなる理由は、たとえば、来年に期限が来る百万円の債務の現在価値は金利十パーセントで評価すれば九十万円を少し超える程度だが、金利五パーセント程度だと九十五万円強にもなるという計算法、

図表22：金融政策の効果

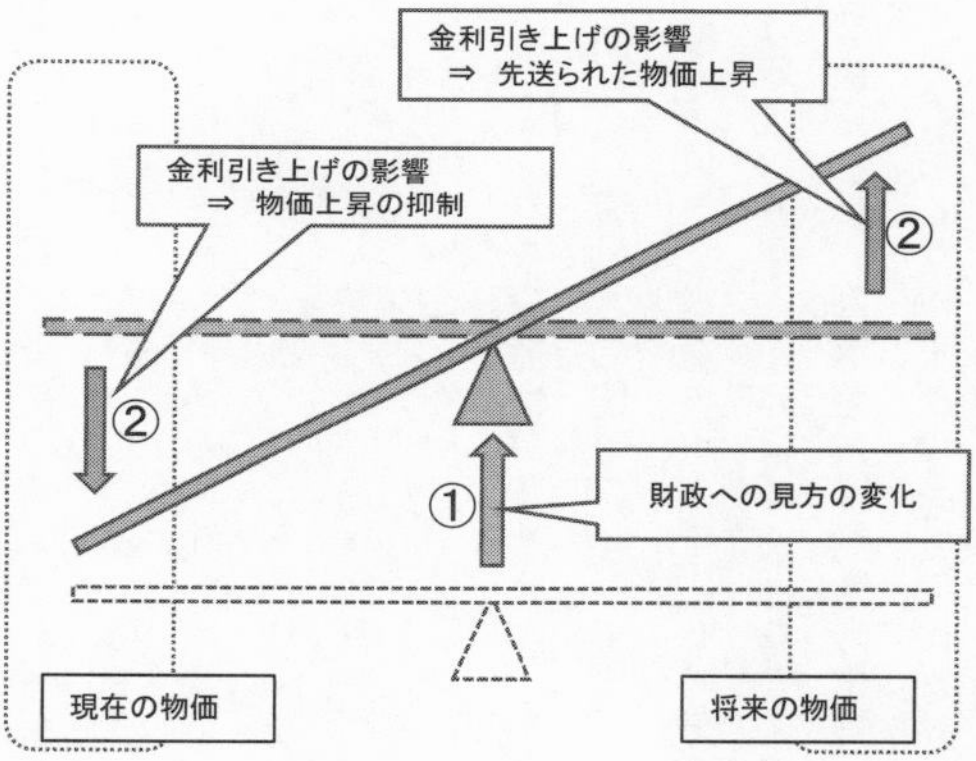

金融論の教科書では「割引現在価値」などと呼んでいる計算法によるものです。

なお書き添えておきますと、こうした「普通の状況」では、中央銀行が売り買いするのは国債でなくても構いません。市場で取引される社債や手形などの証券を売買することでも、それで金利に影響を与えることができれば、中央銀行はインフレを作り出したり抑え込んだりする、つまり金融政策を行うことができますし、銀行などに貸出を行ったり市中から預かる資金に付ける金利を動かしたりすることでも金融政策を行うことができます。ただ、繰り返しですが、こうした中央銀行の金融政策は「無償」のものではありません。このことは『中央銀行が終わる日』の第四章でＦＴＰＬによる金融政策効果への解釈として詳しく書いたので、同書での図を上に再掲しておくだけにとどめて説明は繰り返しませんが（この図は財政への疑念が原因でインフレ圧力が生じたときの金融引締めの効果を描いたものです)、これで示すように、中央銀行が金利を引き上げると現在の物価「水準」への上昇圧力は確かに抑え込めるのですが、それは将来に向かっての物価上昇期待を大きくするという意味での「坂」を急なものにしてしまいます。要するに金融政策というのは「植瓜の術」のようなもので、現在のインフレ圧力を将来に送り出したり、逆のことをしたりしているだけで、無から有を生んでいるわけではないのです。

ここまで考えると、普通の状況では効果があったはずの黒田日銀の異次元緩和が効かなかった理由もすっきり頭に入るでしょう。効かなかったのは異次元緩和推進の根拠とされたリフレ派の主張が、当時の環境に適合していなかったからです。金融政策が効果を持つ理由は、それが金利を動かしてくれるからであって、FTPLの物価決定式の分子にある国債と通貨の間の交換から直接的に生まれるものではありません。ところが日銀が向かい合っていたのは十年以上にも及んで続いていた「流動性の罠」の状況です。そもそも「流動性の罠」の状況とは、量的緩和によっても金利を下向きには動かせないという状況なのですから、そこでいくら異次元緩和などと叫んでも気分以上の効果が出るはずなどなかったわけです。

やや余談ですが、日本が「流動性の罠」の状況にあるといち早く指摘したのは、MMT批判のリーダーでもあるクルーグマンですが、私がそのときの彼の言説に関して最も理解できないでいたのは、彼が「日本は流動性の罠の状況にあるから量的緩和をすべきである」という文脈での主張を展開したことです。もしクルーグマンが「流動性の罠」ということの意味を本気で考えるのなら、「日本は流動性の罠の状況にあるのだから量的緩和をしても意味がない」と言うべきだと思ったからです。もっとも、彼は当時の主張について二〇一五年の一〇月になってニューヨークタイムズ紙のコラムで誤りがあったと釈明しているようなので、お気の毒なのはこの主張に乗って、彼の釈明の二年半も「前」に異次元緩和を打ち出してしまった日銀の方かもしれません。もし、この章の扉ページで紹介させてもらった『ハリー・ポッターと秘密の部屋』のウィーズリー氏がそこに居合わせたら、クルーグマンと黒田日銀、そのどちらを「脳みそがどこにあるか見えないのに、一人で勝手に考えることができるものは信用しちゃいけないって、教えただろう？」と叱ることになるのでしょうか。

ＭＭＴに話を戻します。ケルトンも物価と財政とに「関係がありそうだ」とは考えているようなので、この際、関係が生じる理由を再確認しておきましょう。

物価と財政との間に関係が生じるのは、財政が何をするのかが将来の税収予想に影響するからです。道路や橋を作るのか、それとも保育園を作ったり教育を無償化したりするのかで、成長予想が変化し将来税収についての予測が増減しますから、それが物価水準を動かすわけです。しかし、ＦＴＰＬの物価決定式が教えてくれるのは、その現れ方は単純なものではないということでもあります。それは、この物価決定式の分母になっているのは「税収など政府の将来収入の現在価値」なので、成長率が変化すると将来税収の現在価値を求めるときの割引率も変わってしまう可能性があることによるものなのですが、ここでは、財政支出の変化は物価に影響するのが普通だということだけを押さえておいてください。

ところで、財政支出が変わらない、内容も総量も変わらないとき、そんなときにでも財政が物価に影響することはあるでしょうか。あります。日本でも戦争で亡くなった軍人の遺族に現金でなく国債を交付していたことがありましたが、それに限らず対価を取ることなく国債を誰かに渡すということをすれば、(それに見合う財源手当てをしない限り)物価にはインフレ圧力が生じます。反対に、モラトリアムなどというのですが、発行済みの国債の一部または全部について元利払いを停止するなどと宣言すれば、デフレ圧力を物価に与えることができます。

では、同じようなことを国債ではなく通貨を使ってすることは可能でしょうか。これも可能です。流通している通貨の一部を使えなくしてしまえば、物価には「下向きの力」を加えることができます。第二次大戦後の日本では「新円切り替え」と「預金封鎖」ということが行われましたが、これは当時のインフレに対して、その勢いを一時的に緩める程度の効果はあったようです。それなら物価に「上向きの力」を与えることも可能なのでしょうか。それも可能です。それが、フリードマンが一九六九年の論文で一種の喩え話として持ち出した「ヘリコプターマネー」このごろでは略して「ヘリマネ」と呼ばれるようになった政府による貨幣の無償撒布です。

出口問題またはヘリマネあれこれ

ヘリマネ的な政府行動を考えるとき、見落とさないで欲しいことがあります。それは、政府による貨幣や公債の無償撒布つまりヘリマネは必ずインフレを起こすわけではない、ということです。日本でも、一九九九年に「地域振興券」という政府紙幣のようなものが配られたことがありましたが、こちらは物価への影響はほとんどなかったようです。理由は、地域振興券に見合う財

パネル 41：新円切り替えと預金封鎖

第二次大戦敗戦後半年の 1946 年 2 月、連合軍総司令部ＧＨＱの管理下にあった幣原喜重郎内閣は、高進するインフレへの対策として、流通する銀行券の新券への切り替え、切り替え限度を超える銀行券についての銀行預入強制（この二つを「新円切り替え」と言った）、そして一定額以上の預金引出し禁止（これを「預金封鎖」と言った）とを決め、直ちに実施した。この措置自体は、ＦＴＰＬの物価決定式分子の強制減額策なので（銀行預金にはインフレ率に比べ微々たる金利しか付かないので、これは分子の強制減額に等しい）、本来ならインフレ抑制効果があるはずなのだが、事態を大きく変えることはできなかった。理由は、不意打ちの預金封鎖は流通する現金の量を減らす一方で、分母の財政収支についての予想をも動かしてしまうので、政府の側の「見える努力」なしの一方的な措置は空振りに終わりやすいということによるものだったろう。戦後インフレを終息させたのは、同じ 1946 年 5 月に組閣した吉田茂に蔵相として迎えられ生産復活政策を推進した石橋湛山の信念と、吉田と政治的立場は反対ながら経済政策については前内閣の枠組みを維持した社会党の片山哲内閣（ＧＨＱの言いなりであったことから「クズ哲」と綽名された）の現実主義によるところが大きかったと私は思っている。戦後日本のインフレ終息については、1949 年に米国から日本に乗り込んできたジョセフ・ドッジ主導による均衡財政強制によるとする書もあるが、インフレはドッジより前の 48 年末ごろから明らかに終息し始めている。写真は「新円」。新日銀券を印刷する余裕がなかったので、とりあえず証紙を貼って新旧の銀行券を交換する代わりとした。

源措置を当時の大蔵省なら必ずするはずと思われていたためでしょう。こうした律儀な金庫番がいると、個々の人にとっての地域振興券は無償でもらえるものであっても、日本全体としてみれば貨幣撤布に見合う増税あるいは減税見送りが行われてしまうはずという予想を生んで、分子の動きは分母の動きに相殺され物価への影響は遮断されることになります。

しかし、このことは、見かけは今までと変わらない国債の発行や貨幣の供給でも、それが人々の「心」に与える影響次第では、無償のマネー撒布としてのヘリマネと同様の効果を持つこともあるし、その逆だってあり得ることを意味することになります。

これは現在の私たちにとっても不気味な話です。なぜかと言うと、異次元緩和という名の量的緩和により日銀のマネー供給残高は二〇一九年度初で約五百兆円に達していて（うち百兆円は銀行券、残りは金融機関からの預かり金です）、それを五百兆円近くの国債（この金額は約九百兆円の日本の国債発行残高の半分を超えています）を抱えることで辻褄を合わせているというのが、現在の日本の姿だからです。日本のGDPは約五百五十兆円ですから、こんなに多額のマネーをばらまいてその全部を税金なんかで回収できるはずがない、日銀も大蔵省ならぬ財務省も遅かれ早かれ律儀な金庫番でいられなくなるだろうと人々に思われてしまえば、五百兆円の一部または全部がヘリマネと同等の効果を持つことになることになります。いったんそう思われてしまえば、そのマネーは、将来的に回収されることのないマネー、すなわち物価決定式の分母に支えられることのない分子として物価水準をジャンプアップさせることになるかもしれません。マネーの一部がヘリマネと同等の効果を持つという程度の事態であれば、中央銀行は二七一ページで再掲した図のような金融引締めという手を使ってコントロールすることができます。しかし、いまあるマネーの全部がヘリマネ同等の効果を持ってしまったら手が付けられません。そのとき日本は、誰もが恐れるハイパーインフレの淵に落ちてしまうことになります。

では、どうしたらよいでしょう。私は、政府も日銀も事実を率直に認めて、それが最悪の事態を招かぬように必要な備えを作っていると予め示しておくことだと思っています。備えとは、あふれてしまったマネーを汲み上げて排水する仕組みを作ること、ヘリコプターからばら撒いてしまったマネーをサルベージする仕組みを作ることです。それは可能なのでしょうか。

可能なことは明らかです。今の状況が異次元緩和という名の国債の日銀買い入れで始まったのですから、その逆ができることを示せばよいのです。中央銀行が国債を買い入れることを「買いオペ」と言いますが、反対に国債を売ること、つまり「売りオペ」をする用意があると示せばよいのです。ただ、口で用意があると言っても、言ったことを信じてもらうのは簡単ではありません。売りオペをすれば金利が上がります。金利が上がれば、売りオペを行おうとする日銀に膨大な財務損失が発生します。そんな財務損失に日銀は耐えられまい、だからそんなことをできるはずはあるまい、そんな風に思われ始めたらまずいわけです。それが、黒田日銀の異次元緩和において懸念されることが多い「出口問題」というものの本質です。

もちろん、日銀の財務損失などというのは、事実として具体的な富が失われるわけではなく、単なる制度上の問題ですから、開き直って考えれば制度を改めれば解決することは可能です。そんな解決策の一例を次ページに書いておきましょう。これは二〇一七年の初め頃からあちこちで

図表23：停止条件付変動金利永久国債の日銀引受プラン

A）政府は、市場金利連動型の変動利付永久国債を日銀引き受けにより発行する。
B）この国債の利払いは日銀保有期間中は行われない。
C）日銀は、政府と協議することなく、この国債を市場に売却することができる（売却以降は市場金利に連動した利払いが保有者に行われる）。
D）政府は、この国債の日銀保有分について何時でも額面で償還することができる（日銀以外の保有分については市場価格で買い入れ消却できる）。
E）政府は、発行の固定利付国債を、保有者の同意を条件として、当該国債の時価額面とする変動利付永久国債に転換することができる。

書いたり言ったりしていて、岩波新書の『金融政策に未来はあるか』にも書かせていただいたプランなのですが、なぜ、こうすると出口問題の解決になるかを話し始めると長くなるので、気になる方はそちらをご参照ください。

そろそろ議論の始末をつけておきましょう。MMT派の自信のなかには、「目標を超えるインフレが起こったら増税」というルールを提案している自分たちの方が、均衡財政さえ保たれればそれで良いとする健全財政至上主義派よりも節度をわきまえているということがあるようです。また、さらに進んで、このルールさえあれば市場を迂回して資金調達をしても問題がないはずだ、つまり、国債を中央銀行引受で発行するとか政府紙幣を発行するとかで財源を手当てしても問題ないはずだ、それがヘリマネだとして批判されようが関係ない、ヘリマネがいけないのは制御できないインフレを起こしかねないからだが自分たちは安全装置を提案しているではないか、というような気分もあるようです。しかし、私は、MMT派が主張する増税という名の安全装置というものの現実性を疑わざるを得ません。なぜなら、ＭＭＴ派の言う「ルールによる増税」は主流派経済学者の言う「ルールによる金融引締め」と比べても、政治的には、はるかに実施困難なはずだろうし、しかも、その困難さは、第三章で説明した「底辺への競争」により、ますます増しているように思えるからです。

三　リブラからミダスへ

リブラという名の茶番劇

二〇一九年六月、ＧＡＦＡの一角とされるフェイスブックは、面白いとも下らないとも言えそうな計画を発表しました。それが、仮想通貨「リブラ」です。ＭＭＴが従来型の金融政策論議あるいは財政政策論議に対する反乱だとしたら、リブラは中央銀行による通貨発行独占の足もとをすくう動きだと言っても良いでしょう。

リブラがビットコインなどの仮想通貨と違うところは、その見合いになる資産を仮想通貨発行の仕組みの中に確保し、それで通貨としての価値への信認を得ようとするところにあると言えます。しかし、そんなリブラに先進国の財務省や中央銀行たちは、見事なほどに歩調を合わせて反対あるいは懸念を表明しました。彼らが反対する表向きの理由は、リブラのような仮想通貨が犯罪資金の授受や秘匿のために使われる危険があるということに集中しているようです。リブラなる計画が明らかになると、米国のムニューシン財務長官は、早々とそれを「国家安全保障の問題だ」と言い切り、イングランド銀行カーニー総裁は「先入観は抱かないが、門戸開放というわけではない」と発言したと伝えられています。

しかし、これらの発言は、それをしているのがいわゆる金融当局筋であるところが最も引っ掛かります。悪事や犯罪あるいはテロ資金などにリブラが使われかねないことは分かるのですが、それらに使われる危険という点では、中央銀行たちが発行する紙幣つまり銀行券の方がはるかに「名門」だからです。日本について言えば、日銀券の流通高は百兆円を超えているわけですが、これを日本の人口一億二千六百万人で割ると、日本人は一人当たり八十万円もの紙幣を持っていることになります。米国のドル現金流通高は日本よりもかなり低いのですが（現金流通高を対GDP比率で見ると、日本は二十％弱なのに対して米国は十％弱です）、それでも、日常決済に使われる程度をはるかに超える紙幣が発行されている状態に変わりはありません。では、こうした大量の紙幣は、誰が何のために持っているのでしょうか。

改めて言うまでもないでしょう。円や米ドルあるいはユーロなどの紙幣の少なからぬ部分は、脱税や犯罪の具として保有されているはずなのです。そして、そうした大量の紙幣を現実に供給している通貨当局たちが、自分たち以外の者が自由に流通する決済手段を発行しようと企図していると知ると、見事に足並みをそろえて犯罪対策を理由に反対に回るという図式は、醜態と言うほかありません。そもそも、フェイスブックを批判している通貨当局たちは、少し前には、米ドルに価値を結び付けていると称する「テザー」という名の仮想通貨に対しては、それが見合いとなるドル資産を本当に保有しているのか信用できないと批判していたくらいです。ところが、見合い資産をきちんと保有していることを金融機関等がコンソーシアムを作ることで保証しようというリブラ計画が浮上すると、このありさまです。情けないことと思います。

犯罪対策自体は公的な機関として当然に追求すべき目標だとは思うのですが、それならそれで自身の供給する通貨に比べてリブラがどれほど危険なのか、それを定量的に示して論を立てる責任があるはずでしょう。そうでもしなければ、ことあるごとに競争による金融イノベーションの大事さを訴え続けてきたはずの中央銀行たちが、競争が自分に及ぶ話になると拒絶反応を示すのかと思われかねません。それは、彼らの本質的な目標である金融政策に対する信認をも損ないかねないリスクです。このリブラ包囲戦には主流派経済学者たちは必ずしも完全同調しているわけではないようですから、MMT批判とは構図がやや異なるのですが、それでも犯罪対策不備を言い立てるリブラ批判派の言葉の激しさを見ると、自身の議論の痛いところを突かれた主流派経済学者のMMT批判劇に通じるところを感じてしまいます。

私自身は、金融政策の本質的な目標は通貨価値の維持あるいはコントロールにあり、したがって見合い資産を持つタイプの仮想通貨の登場は、たとえばIC乗車券から出発して今や世界的にみても高性能の部類に属する電子マネーとなったJR東日本のSUICAなどが普及するのと同じことで、金融政策の本質的な障害にはならないと考えています。実際、MMTに対しては批判側に回っていたパウエルFRB議長は、二〇一九年六月の記者会見で「金融政策を実行できなくなるということに関して懸念しすぎてはいない」と語ったと伝えられていました。これは金融政策の理論からすれば当然至極の発言でしょう。それが当然でなく勇気ある発言のように聞こえてしまうのは、金融政策の本質的目標は、通貨供給量の支配などでなく、信頼される決済手段と価値尺度の提供だということを中央銀行たちが忘れかけているからだと思います。

もっとも、リブラの計画には、計画を打ち上げたフェイスブックの側にも甘さや狡さのようなものが感じられて、応援する気にはなれません。その第一は、現在の世界が抱える問題についての彼らの認識のいい加減さです。

報道を通じて米国での公聴会の模様などを見る限り、リブラを提案したフェイスブックは、いわゆるKYCなどを含む犯罪対策不備などを批判する金融当局や議会筋などからの攻撃にほぼ全面降伏らしく、「ご当局の納得が得られるまでリブラは発行しません」などと言っているようです。しかし、そんな姿勢では、そもそもフェイスブックには、世界の隅々にまで金融サービスを届けるのが自分たちの使命だ、それが我われの「金融包摂」への貢献だなどと言う資格など、最初からなかったのではないかと言いたくなります。

日本のように「優しい政府」を持つ国に住む私たちには想像しがたいことかもしれませんが、世界には様々な政治組織があり、何が犯罪で何が人権かの基準も、国や地域あるいは集団により様々です。宗教上その他の理由から女性が独り立ちして経済活動を行うことを罪悪だとする政治勢力が支配している国や地域もあります。妊娠中絶を犯罪だとする国や地域はもっと多くあります。迫害や困窮から逃れて来た人々を監視し、機会さえあれば彼らを追い出したいと考えている政治勢力だったら枚挙に暇がありません。暴力や圧制におびえながら暮らす人々にとって、彼ら

パネル 42：金融包摂とは何か

「金融包摂」とは、英語の“Financial Inclusion”の訳で、預金や送金あるいは資金調達などの金融サービスが行き届いていない地域や人々に、それらサービスを普及させることで地域や人々が豊かになる機会を拡大しようという含意のある言葉である。ただ、そこで私が気になるのは、こんな洒落た言葉などとは関係なく、地域性に根差した金融サービスを作り出すことで人々の生活を豊かにしようと具体的な行動に挑戦する人たちがいる一方で、この言葉を崇高な目標のように唱えながら、単に貧しい地域や人々に安価な決済手段をお届けしましょう程度の気分でそれを言っている人もいるという現実である。バングラデシュのグラミン銀行は、村落部に住む女性たち同士の古くからの人的連携を前提にした金融サービスを循環させることにより、古くからの村落のあり方を変え、そこで生きる女性だけでなく村民たちにも新しい可能性を開くものだった。これに比べると、リブラ推進グループの説明からは、アフリカなど多くの「貧しい地域」でもスマホや携帯電話の普及率は高いので（アフリカでのモバイル機器普及率は2014年において80%に到達という統計もある）、それを使えば安上がりなオカネを作ることができますよ、という程度の話しか読み取ることができない。そうした理念の不足が、当局に一喝されて震え上がるという情けない図式の背後にあるのだろう。

写真はグラミン銀行創業者のムハマド・ユヌス。2006年にグラミン銀行とともにノーベル「平和賞」を受賞しているが、2007年以降はバングラデシュ政府と対立関係にある。事情はいろいろあるようだが、政府に対するフェイスブックの平身低頭とは対照的である。

の日々をつなぐ最後の手段の一つが、個人特定情報つまりＩＤを開示することなく経済活動を行うことを可能にする紙幣だという面があります。そうした人々にとってＩＤを開示することは、投獄や家族離散につながるという厳しい現実があるのです。匿名の決済手段である紙幣は、犯罪の道具になっていると同時に、抑圧されている人々にとっての命綱でもある、これを忘れるべきではありません。

その程度のことすら理解せずに、このフェイスブックという会社が世界のあらゆる当局に利用者ＩＤを開示することを当然と思っているとすれば、彼らに「金融包摂」などという言葉を口にする資格はありません。反対に、彼らが米国の当局には忠誠を尽くすが他国の当局にはそうしないというのなら、彼らのいう「金融包摂」とは、世界のあらゆる人々に金融サービスを届けるのではなく、世界のあらゆる人々に米国の法秩序を届けるものだということになるでしょう。彼らが、国家に頼らない通貨を発行するというのなら、そのときには「通貨を発行するのは利用者のためだ、何が犯罪かについての定義が国によって異なる以上、犯罪対策の完備が通貨として本質的かつ不可欠の条件とは考えられない」と言い切る覚悟があって欲しかったと思います。

ところで、私がもう一つリブラに感じたのは、彼らの通貨発行益というものに対する、狡さとすら言いたくなるほどの自分に甘いスタンスです。

リブラも円もドルもミダスなのだ

ここでフェイスブックが発表しているリブラの概要書に眼を通しておきましょう。彼らは親切にもプロジェクト発表と同時に日本語版を用意してくれていましたので引用しておきます。それによれば、「(リブラの見合い資産に生じる) 利子はシステムの経費をまかなうために使用します。これにより低額の取引手数料を保証し、エコシステム立ち上げのために資金を提供してくれた投資家に配当を支払い、さらなる普及と成長を後押しします」などとあります。ものは言いようという格言がありますが、これは要するに、中央銀行通貨におけるシニョレッジ (通貨発行益) 相当の利益は、リブラでは発行グループが自分たちのポケットに収めますという宣言にほかなりません。この「資金を提供してくれた投資家に配当を支払い」という部分、二〇一九年秋にいきなり削除されたようですが、こんな重大なことを言ったり言うのをやめたりするのは、彼らの幼さなのか、それとも狡猾さなのか、少し考え込んでしまうくらいです。

ちなみにというほどの話でもないのですが、日本を含め多くの国では、中央銀行に生じる通貨発行益は、まずは通貨発行者たる中央銀行の利益として会計上の処理がなされ、その一部は政府(地方自治体を含む広義の政府) による課税の対象となり、残りも納付金などという名目で政府に帰属させるのが普通です。これは、通貨発行益は、金融政策という「公」の目的のために通貨発行独占を許されている中央銀行に生じた反射的な利益のようなものだから、同じく「公」の全体を担う存在である政府に属すべきものだという体制論によるのでしょう。賛否は別として、これ自体は一貫性のある議論です。

あえて賛否は別として、と書いたのは、私自身は、金融政策と通貨発行独占というワンセット体制のようなものを唯一絶対の通貨制度とは考えていないからです。

私が通貨制度を巡る議論の歴史の中で最も尊敬すべき学者と思っているのは、これまでの本でも何度か取り上げ、この本の第三章ではリバタリアンたちに勝手に惚れられた感があるという文脈で紹介したハイエクです。オーストリアに生まれナチスを嫌って英国に逃れた彼は、中央銀行による通貨発行独占を批判し通貨の競争的発行を主張したことで知られています。彼が通貨発行独占批判の議論を始めたのは一九七〇年代ですが、その彼の念頭にあったのは、当時の世界経済に居座ってしまったようなインフレへの問題意識だったでしょう。しかし、さらに彼の議論の根底にあったのは、通貨価値を景気政策のために中央銀行に操作させようとする政府たちと、それに迎合しようとする中央銀行たちへの不信があったように思えてなりません。

そんなことを言うと、ハイエクは金融政策というものについて、とりわけ金融政策による雇用や景気の維持についてどう考えていたのか、そこをいぶかしく思う読者もあろうかと思います。この点、私も長く気になっていたのですが、彼が通貨発行競争の議論を始めるよりも三十年近くも前の著書にして彼の代表作とされる一九四四年刊行の『隷属への道』で、彼が語っている文章を発見して納得がいきました。前著『中央銀行が終わる日』の序文でも紹介した文章ですが再引用させてください。

「われわれの自由社会にとっての問題は、たとえいかなる犠牲を払っても失業が発生することは許されず、その一方で強権を発動する意志もないとすれば、あらゆる種類の絶望的な方便を採用しなければならない羽目に陥ってしまうだろう、という点である。それらのどれ一つを取り上げてみても、長続きする解決をもたらすことは不可能であり、すべてが、資源の最も生産的な活用を深刻に妨げるまでに到るだろう。とりわけ注意すべきは、金融政策はこのような困難に対して、何ら本当の解決策を提供することができない、ということである」（西山千明訳・二〇〇八年・春秋社『ハイエク全集I―別巻』）

この文章を引用しておけば、通貨発行競争の意義について、私などが改めて言うことはないでしょう。付け加えることがあるとすれば、私はピケティの「r＞g」を読むうちに、右の引用中の「絶望的な方便（desperate expedients）」というところに、格差拡大と排外主義台頭に悩む現代をハイエクは予感していたのではないかと思ってしまったということくらいです。

では、通貨発行競争が現実になったとき、そこで今のドルや円のような法定通貨のライバルになるのは、どんな通貨でしょうか。たとえばビットコインのような通貨でしょうか。それともリブラのような通貨でしょうか。

ビットコインはまず無理でしょう。ビットコインの価値は、マイニングという面白くも馬鹿馬鹿しい計算作業のコストに依存しているのですが、それを言い換えれば、ビットコインに価値がある理由は、金貨や銀貨に価値がある理由と同じということになります。金や銀に価値があるのは美しく光るからだと信じている人もありますが、それは市場で評価できる価値ではありません。金や銀に値段が付くのは金や銀の鉱石を掘り出し精錬して磨き上げるのに費用がかかるからで、その費用よりも市場価格が高ければ採掘や精錬が盛んになって市場価格は低下しそうだし、低ければ逆のことが起こりそうだからです。ビットコインも同じことで、マイニングの計算の際にコンピュータが消費する莫大な電気代がビットコインの市場価格の背後にあるわけです。

しかし、見方を変えれば、これほどの無駄はありません。マイニングにかかる費用が市場価格の裏にあるということは、たとえば一兆円分のビットコインを新たに作り出すためには一兆円の費用を投じる必要があるということになります。それが無駄であることは、貨幣にするために金や銀を掘り出してくるのでも同じことなのですが、それにしても光ることもなく触ることもできないビットコインを膨大な計算費をかけて作り出すのは、金貨や銀貨を鋳造する以上に無駄の極みということになるでしょう。

では、リブラはどうでしょう。こちらは作るのに費用はかかりません。リブラは複数の法定通貨建て金融資産を保管し、それに見合う「権利のようなもの」を通貨として使えることにしているだけの仕組みだからです。これはいけないことでしょうか。そんなことはないでしょう。円やドルのような法定通貨だって、やっていることの本質は変わりません。中央銀行たちがやっているのは、国債その他の金融資産を保有して見合いに銀行券などの通貨を発行しているだけのことなのですから、リブラのような通貨の作り方がいけないのなら、中央銀行たちだっていけないことをしていることになってしまいます。

リブラと円やドルとの違いは、通貨発行益帰属の問題を別にすれば、ただ発行する貨幣をブロックチェーンのような技術を使った仮想台帳上のデジタルデータとして使えるようにするか、それとも紙の銀行券と預金のようなデジタルデータ二本立てのかたちで提供するか、それだけの差でしかありません。したがって、法定通貨に対する競争相手の本命は、見合い資産に価値の源泉を求める仮想通貨になるだろうと以前から私は予想していました。

そんな予想もあったので、今回のリブラの話が飛び出してくる前年の二〇一八年、これまで議論してきたことを短く書き直した岩波新書の『金融政策に未来はあるか』で、リブラのように見合い資産があるタイプの仮想通貨につき、「ミダス」という名で呼んで多少の議論をしていますので、この本でも、見合い資産型の通貨を「ミダス」と呼ぶことにさせてください。こうした見合い資産のあるタイプの通貨にギリシャ神話に登場する王に名を借りて「ミダス」という名を付けてみたのは、あらゆる価値あるものを通貨にしてしまう技術が普及することへの期待と懸念を込めてのものだったのですが、円やドルなどの法定通貨だって国債や手形あるいは株式までも買って金庫に入れることで通貨を作り出しているわけですから、大きく括れば「ミダス」の一種ということになります。リブラだけでなく円やドルだってミダスの一種だったのです。

ところで、通貨としてのミダスにおける論点の一つは、見合い資産に生じる利子や配当つまり通貨発行益を誰のものにするかでしょう。円やドルなどの法定通貨ではそれを国家に帰属させるとしていることは説明した通りですが、フェイスブックはそれを私企業集団としての自分たちのものにしようとしていたわけです。しかし、私は、そんなやり方が何時までも「通用するはずがないし」また「通用させるべきでない」とも思っていました。ミダス型仮想通貨の発行者が自分のものとできる通貨発行益は、かつての金貨や銀貨の発行者たちが手にすることができた貨幣鋳造に関する手間賃と同様、見合い資産を間違いなく保管して貨幣というかたちに変換することの作業コストに見合う程度まで縮小するはずだろうし、また、縮小されるべきなのです。もう少し説明させてください。

まず、「通用するはずがない」と思う理由です。それは、フェイスブックのリブラ計画をみれば誰でも気が付きそうな点なのですが、リブラのように通貨発行益を「発行グループ」のものにするのではなく、それを「通貨保有者」に還元する仕組みを作り出せば、いかにフェイスブックが関心の独占者たるお金持ち企業でも、それで蹴落とせそうだからです。そうであれば、そこを衝くことでフェイスブックを蹴落としてやろうと考える競争相手は遅かれ早かれ出現するはずでしょう。そして、そうした競争相手としてのミダスが現われれば、通貨発行益を懐に入れることを目論んでいたらしいリブラの発行グループだって、そんなことは夢のまた夢だったことを改めて悟ることになるでしょう。彼らもまた、リブラに金利を付けたり、あるいはリブラと法定通貨との間の交換比率つまり為替レートを変動させることによって、新たな競争相手に対抗せざるを得なくなるはずです。ハイエクが展望した通貨発行競争はそうして始まるはずなのです。

そして、そうなれば中央銀行たちも動かずにはいられないでしょう。彼らもまた、自身の通貨について、円やドルは「法貨」でございますと繰り返すだけでなく、ミダスたちに負けないように何とか通貨発行益を人々に還元する工夫を始めるのではないでしょうか。そのとき彼らが多少とも悩みそうなのが、紙の銀行券つまり紙幣の存在なのですが、それを克服するのも本当は難しくないはずです。その方法については、たとえば紙幣の信託受益証券化というやり方があるということを『中央銀行が終わる日』の第四章第三節に書いておきました。

しかし、私がこの本で強調したいことは、中央銀行が発行する法貨であろうと民間の競争者が発行する仮想通貨であろうと、ミダスに生じる通貨発行益は保有者に帰属させた方が良いという

パネル 43：すべてがオカネになったら

現在はトルコのヨーロッパ部分とギリシャそしてブルガリアに分かれているバルカン半島東部トラキア地方の王だったミダスは、酒神ディオニソスから手に触れる全てを黄金に変える力を授かるのだが、食物も飲料もそして愛娘までも黄金に変わってしまったことで誤りに気付き、改めて授かった力を去らせてくれるよう酒神に願って、お告げにより現トルコ領小アジアのアナトリア地方のパクトロス川の水で力を洗い落としたという。そのとき、この地方の川の石は黄金に変じたと伝えられている。神話の起源には、古代のアナトリアの河川では自然金銀粒が採取できたということも関係していそうだが（『貨幣進化論』パネル６参照）、今の中央銀行がやっているのも、国債や手形などの金融商品を金庫に収め、その代わりに銀行券を出しているわけだから、それはミダス王に通じる面があるし、程度が過ぎると災いになってしまう点も似ている。中央銀行が気前よく国債を通貨に変えることが財政赤字を支え同時にピケティの「ｒ＞ｇ」を作りだしてしまっていることはすでに書いた通りだが、市場で買える国債の大半を買い尽くして今や株式を買い進み始めた日銀の姿だって心配の材料にはなる。全ての株式が貨幣に変わってしまったら株式市場が消えてしまうとまでは言わないにしても、度が過ぎると、株価と通貨価値が連動するようになって株価の指標性がなくなるという心配もあるからだ。絵は、19 世紀の人気挿絵画家ウォルター・クレイン描く「黄金像に変わったミダスの娘」。

ことの方です。それは、ミダスに生じる通貨発行益を発行者グループや国家のものとするやり方は、そもそも最初から「通用させるべきでない」と考えているからでもあります。

次のミダスはそこまで来ている

私が通貨発行益を保有者に還元すべきと主張するのは、通貨の世界でも競争が望ましいという一般論によるものだけではありません。もちろん、通貨の世界にも進歩や自己改革が必要でしょうし、そのためには独占よりも競争の方が良い、その程度のことなら自明に近いでしょう。もし通貨の世界だけは競争よりも独占の方が良いというのであれば、通貨発行独占で可能になっている金融政策が、現在の世界の困難に対し「本当の解決策」を提供できていることを論証しなければなりません。しかし、それを論証するのは、ハイエクが『隷属への道』で金融政策の限界を指摘した一九四四年に比べても、一段と難しくなっているはずです。

かつての成長経済の時代なら、苦しい現在を乗り切るために将来の豊かさを借りて来るのも理のないことではありませんでした。しかし、それがもはや通用しなくなり始めていることは、現在の世界を見渡せば明らかです。人口、環境、そして技術進歩の限界、それらのすべてが、一九世紀から二〇世紀にかけての西欧型成長モデルが通用しなくなっていることを私たちに示唆しているからです。また、そうして限界に来つつある経済を無理やり成長させようとする金融政策が、ピケティの「r＞g」を作り出し、格差の問題を生じさせているのだということも考える必要があります。金融政策に格差問題を作り出した全責任があるとは言わないまでも、問題を助長した責任ぐらいはあると私は思っています。

そして、通貨発行から生じる「損益」を通貨保有者に帰属させることは、実は通貨発行者のためにもなります。なぜなら、成長する経済では通貨発行益は基本的にプラスですが、成長が限界にきた経済では、通貨発行益はマイナスに転落し得るからです。日銀や欧州中央銀行が行っているマイナス金利政策は、それを際限なく続けていれば、それはいつか彼らを赤字経営に転落させることになります。ただし、中央銀行は自分の債務である銀行券を同じ銀行券で返済することができますから倒産はしません。そこで起こるのは通貨価値下落つまりインフレです。

一方、このことはリブラのような「民間版ミダス」にとっては、形を変えてより切実な問題になるでしょう。彼らが発表した計画では、リブラを「米ドル、ユーロ、日本円、英ポンド、シンガポールドルに結び付ける」と言っているようですが、これらの「先進国通貨」の金利はマイナスあるいはマイナス直前の状況にあります。ですから、これらの通貨の金利がこれから少しでも下がれば、リブラ計画は赤字垂れ流し計画になりかねません。そのとき発行者グループがリブラの価値を維持しようと思えば、赤字を自分の懐から補てんする必要に迫られてしまいます。フェイスブックは、ご当局に脅されてすっかり縮みあがったようですが、本当は「リブラ殺すに刃物は要らぬ、金利をちょいと下げりゃよい」なのかもしれないのです。

そろそろまとめましょう。私は、次のミダスは来る、数年先か数十年先かは分かりませんが必ず来る、そう思っています。その本命は通貨発行益を保有者にきちんと帰属させ還元するミダスです。そうしたミダスが来たとき、中央銀行たちは対リブラ作戦の誤りに気付くことになるでしょう。彼らは、リブラの犯罪対策の不備を攻撃するのではなく、自分たちが行っている金融政策がどのような文脈で人々の暮らしに貢献しているかを説明し、ミダスたちとの競争に耐えるためには、しばしの間でも通貨発行独占が必要なのだとでも言えばよかったのです。

今の中央銀行たちにとって残された道は、通貨量を増やしたり減らしたりして物価と景気とを自在に操るのだというような「植瓜の老人」を気取るのをやめ、金融政策の目標は安定して分かりやすい「価値尺度」を提供することにある、それについては民間版ミダスたちに負けないだけの信念と経験があると言い切れるよう、今からでも改めるべきところを改めて人々の支持を求めることしかありません。そして、それはピケティによる「r＞g」が作り出す格差拡大という問題提起に対し、中央銀行が答えるべき責任事項の一つでもあります。

中央銀行が中央銀行であり続けるために努力できる時間は多く残されていない、そう私は思っています。

第六章　地獄への道は善意で敷き詰められている

「地獄への道は善意で敷き詰められている」、この有名な成句のもとになったのは、12世紀半ばの第2回十字軍を演出した修道士ベルナールによる「地獄は善意で満ちている」だとされているが、彼は「天国は善行で満ちている」とも続けているそうなので、もとは宗教原理主義者特有の直接行動の主張だったようだ。そのベルナール、第2回十字軍の失敗を「神が良しとされない者たちが行ったのだから、失敗に終わるのもしかたがなかった」（塩野七生『十字軍物語2』新潮社・2011年）と片付け、その「良しとされない者たち」に出征を説いた（というよりも、ローマ法王の権威を借りて強要した）自身の責任のようなものは語っていない。彼は、最後まで「イスラム教徒を殺せ」と叫び続け、その「功」により死後21年で早々と列聖されたのでカトリック教会内では「聖ベルナール」と呼ぶらしい。中世キリスト教社会に現われたスーパースターにして原理主義者、そしてフランス国王や神聖ローマ皇帝をも折伏してしまう無敵のアジテーターだった。

競争の海に落ちる国家、人々の心に入り込む企業、漂い始めた通貨、それらへの不安が世界を覆い始めています。一九世紀以来の世界経済の大成長が屈折するとともに、その大成長の時代に生まれた国民国家と株式会社そして中央銀行という三点セットが揺らいでいるのです。

もちろん、世界経済が勢いを取り戻せば様相は変わるでしょう。その可能性を否定する必要はありません。しかし、世界に大成長が戻って来ることを望むことと、戻って来る可能性に賭けてしまうこととは、まったく違うことです。今の私たちに必要なのは、状況を一気に逆転させようとするより、今そこにある不都合に向かいあい、それが世界を決定的な破滅に至らせないよう冷静に努力することのような気がします。

国家と企業そして通貨を考えてきた本書の最後のまとめとして、あと少し語り残したことを記しておきたいと思います。

株式会社は変わるのだろうか

株式会社は変化しつつあるのでしょうか。この本を書いている最中の二〇一九年八月、あるいは重要な変化になるかもしれない話が報道されました。それは、アマゾンやJ・P・モルガンなどの米国有力企業の最高経営責任者百八十一人で構成される「ビジネスラウンドテーブル」なる経営者フォーラムが、これまで彼らが掲げていた「株主第一主義」を見直し、従業員や地域社会などの利益を尊重した事業運営に取り組むと宣言したというのです。これを「米国型の資本主義の大きな転換点」という解説を付けて報道するメディアがある一方で、「税金や規制の改革を遅らせる戦略の一部だ」とする見方を添えて伝えるメディアもありました。そして、私自身はと言えば、こうして報じられる動きを、彼らがようやく誤りに気付き始めたことを示すものではないかと受け止めたのですが、皆さんはどう読み解くでしょうか。

話を読み解く鍵になるのは、『中央銀行が終わる日』で、拡大する格差の背景には株主ガバナンスについての素朴過ぎる理解があると書いたときに持ち出した「コースの定理」です。前著の図を再掲することになりますが、左ページの「企業の意思決定とコースの定理」と題した図を見てください。この図は株式会社が大胆にリスクに挑戦するときの企業活動の大きさを横軸にとり、縦軸にはそれで株主に帰属する利益の大きさと、従業員に帰属する損失の大きさをとったものです。縦軸に株主の「利益」と従業員の「損失」を同列にとったのは、リスクに挑戦して成功したときの企業価値の増加は、原則としてその全部が株主のものとなるのに対し、自身の時間を企業に売り渡しているに過ぎない従業員たちは、原則として成功の果実にはあずかれず、リスクへの挑戦が失敗したときの失業や年金切り捨てなどの不安だけを背負うことになる、そうした株式会社の有限責任制度を反映させたものです。なお「原則として」と断ったのは、リスクへの挑戦が成功すれば、賃上げなどのかたちで従業員たちにも成果が配分される可能性があるからですが、それは株主に配分される成果に比べて小さいので無視することにしたいからです。

さて、この図を使うとラウンドテーブルの言っていることには、株主にとっても一定の合理性

図表24：企業の意思決定とコースの定理

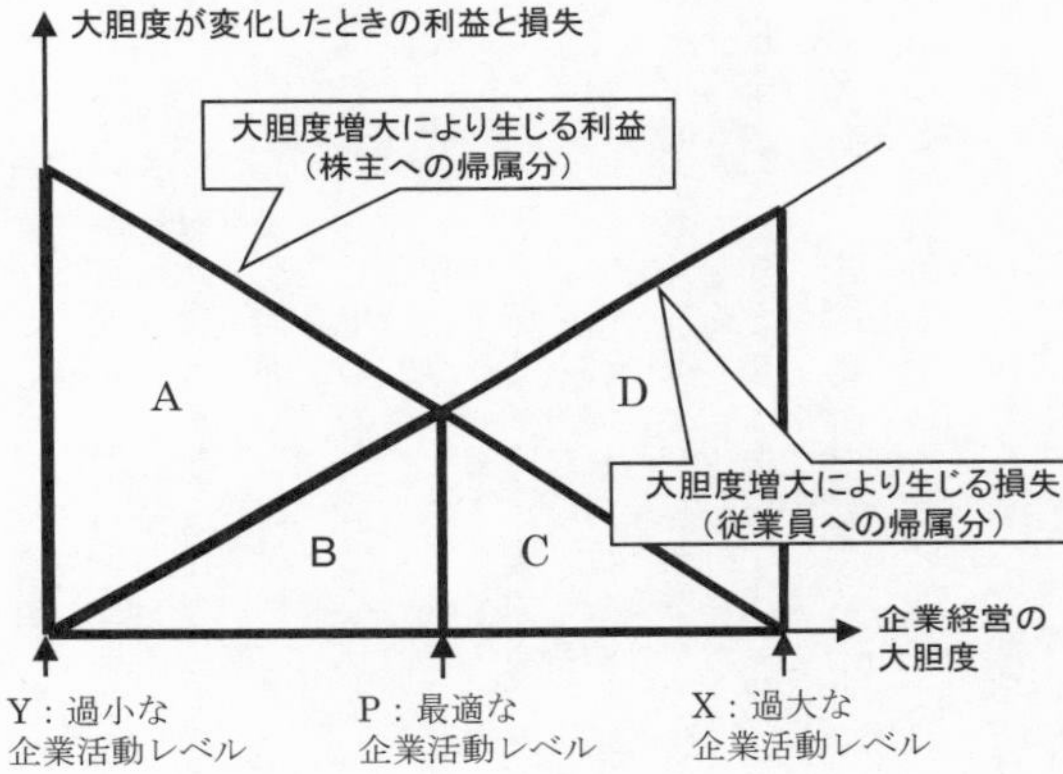

があることに気付くことになります。図に沿って説明しましょう。

こうした状況が存在すると、企業が大胆度を上げて新たなリスクに挑戦するときに株主に帰属する単位当たり利益の増分は、企業が持つ初期条件としてのリソース制約によって徐々に小さくなりますが、それがゼロになるのは企業経営の大胆度がXに達したときですから、そのXに達するまで企業活動を拡大せよとするのが彼らの要求になります。一方、事業が成功しても配当があるわけでないばかりか、失敗すればリストラや失業が待っていて、しかも、そのリスクを株主のように「分散投資」でコントロールすることもできない従業員たちが望むのはY、つまり挑戦度ゼロでしょう。

もちろん現実の世界はずっと複雑ですから、安全第一の株主もいるでしょうし、新しい仕事で腕を磨きたい従業員もいるでしょう。しかし、こうした枠組みから株主と従業員の損得勘定を大きく眺めてみると、報道された米国の経営者たちの宣言にはなかなか「深い」ものがあることに気付くことになります。この宣言を単純に解釈すれば、企業の経営の軸足を株主利益から従業員や地域などの立場を尊重する方向に移すかのようにみえるのですが、そこで経営者たちが上手に交渉すれば、それは株主利益を増やすものにもなり得るはずだからです。説明しましょう。

まず、企業活動水準Xを選んだときの株主利益の大きさを見てみましょう。それはAとBそしてCの三つの三角形の面積を合計したものになります。一方、そのときの従業員たちの不安つまり損失はBとCそしてDの合計になります。それなら、株主たちは企業活動水準としてはPを選んで、その際に「CよりはCとDの合計額よりは小さい富の大きさ」を従業員たちから譲ってもらったらどうでしょう。要するに企業経営スタンスとしては控えめを心がけるから、賃金や勤務条件については我慢して欲しいと持ち掛けるのです。こうすれば、株主たちは、自分たちだけの決定で水準Xを選んだときよりも多くを得ることができますし、従業員たちも水準Xを選ばれてしまったときよりはましな状況を確保することができます。

そう考えれば、米国の経営者たちの宣言は、株主第一主義の放棄などではなく、進化という面すらあることに気付くでしょう。彼らは、企業の経営陣選任に従業員の参画を認めるという共同決定法を持つドイツ（西ドイツ）の株式会社が英米両国の株式会社を凌駕してきた歴史、あるいは従業員支配にあると批判され続けた日本の大企業が第二次大戦後の長い時期にわたって経済成長を支えてきたという歴史、それらにも学んだのかもしれません。そこは分かりませんが、東西冷戦勝利のあと、株主利益は当然に善だという信念から疾走してきた米国の経営者たちが、それだけでは世界が長期的に維持できないということに気付き始めているのならば、これは良い変化です。数少ない希望の一つのような気もします。

しかし、それが、今の私たちの社会を不安なものにしている格差の拡大を是正するものになるかは分かりません。この図解は「コースの定理」の標準的解説図の一例なのですが、これで分かるのは、企業に関係する株主や従業員あるいは地域社会などの「ステークホルダー」が互いの利益を意識して交渉すれば、企業活動水準をステークホルダー合計という意味で最適化する可能性が得られるということだけで（水準Pを選ぶとはそういうことです）、それは富の分配についての修正を直ちに意味するものではないからです。伝えられる経営者たちの意識変化が、格差の問題を解消に向かわせる効果を持つかどうかは、今回の宣言だけからは何も言えないのです。

とはいえ、そのことを言い過ぎるのはよしましょう。企業経営者たちが従業員の声を聴こうとする、あるいは地域社会の声を聴こうとする、それは聴こうとしないより望ましいことだからです。少なくとも企業活動の過剰なリスク志向が、巨大なブラックスワンを呼び寄せ、世界を大不況の一九三〇年代に押し戻してしまうリスクを小さくしてくれる可能性を提供するものにはなります。また、温暖化ガスの排出を抑制しようとする企業を、そうでない企業に比べ優位に立たせる要因にもなります。もっとも、それは、経営陣が雇用安定と引き換えでの賃金引き下げを従業員たちに提案する理由にもなりますし、また、熱帯雨林の伐採を手控えるとする企業が国家や地域に寄付や補助金を求めたりする理由にもなってしまいます。ただ、それにしても、今までの単

パネル44：コースの定理と水俣の海

コースの定理に関する普通の説明では、図解で「従業員の損失」としてあるところを「環境汚染による住民の損害」などと置くことで、温暖化ガス排出権取引の意義をモデル化することになっているのだが、そうしたことを書いていると、私が学生だったころ、水俣での反公害運動に参加して欲しいと必死で呼びかけていた友人たちの姿を思い出してしまう。水俣の海は、大日本帝国時代の日窒コンツェルンに源流を持つチッソ株式会社が湾に流していた水銀排水により汚染され、それが原因の「水俣病」が発生して人々は苦しみ、漁業もできなくなった。コースの問題意識は、こうした公害の蔓延を国家の直接的な介入に拠らず、人々がもっと賢くなることで解決できないかというところにあったと言える。だが、私が見落とすべきでないと思っているのは、この病気の原因がチッソの排水だと同定できたのは、さまざまな圧力のなか問題を追求し続けた熊本大学医学部の人たちなど多くの人々の地道な努力によるものだということである。二酸化炭素排出の地球温暖化への影響のような自明にも近い問題についても、米国大統領ほどの権力があれば因果関係を黙殺できることを思えば、コースの定理のような理論から直に具体的な解決を得ることは困難と言わざるを得ない。右は写真家ユージン・スミス。水俣病を知り来日した彼は、その惨状と、それにもかかわらず勇気を失わずに生きる人たちの姿を世界に伝える数々の作品を残している。彼は取材中に暴行を受け脊椎を折られ片目を失明したが、その6年後の1978年に59歳で死去するまで挫けることはなかった。

純な株主第一主義を見直そうという声が、米国を代表する、つまり世界を代表する大企業経営者たちから上がり始めたということは良いニュースの一つだ、私はそう思おうとしています。

移民とAIそして日本という国

この本を書いている二〇一九年の七月、私の畏友にして日銀の金融研究所長から大学人に転じた翁邦雄から『移民とAIは日本を変えるか』（慶應義塾大学出版会）という本を頂きました。現在そして未来の日本を考えるとき、移民とAIについて語り落とすことはできませんが、それを尊敬する友人にここまで書かれてしまっては、もう言えることは多く残っていないというのが本音になります。ただ、それならそれで、短く自分の思いを書くことぐらいはできそうなので、ここではそれだけを記すことにします。

移民に関する翁の議論の軸になっているのは、著書『移民の政治経済学』などでジョージ・ボージャスという経済学者が行った、移民が受け入れ国に与える影響を定量的に分析した業績でしょう（同書は白水社から二〇一七年に岩本正明の訳が出ています）。ボージャスは、ときに「移民懐疑論者」と分類されるようですが、自身もキューバから米国への移民であるボージャスは、もちろんそんな単純な立場の人ではありません。ただ、それにしても、米国労働人口の十六パーセントを占めるに至っている移民を受け入れたことによる米国の既住者が得た純増的な所得増（移民によるGDP押し上げ額から移民への支払いを控除したもの）を推計すると、それは約十八兆ドルとされる米国GDPのわずか〇・三パーセントの五百億ドル程度に過ぎず、しかも、その十倍に当たる約五千億ドルもの労働者から企業への所得移転（賃金率の変化による所得移転）を伴うという結果が示されていることには重いものがあります。移民の受け入れにより企業は潤ったが、個々の労働者たちは貧しくなったというのが数字の意味するところだからです。ボージャスの分析は、翁も指摘する通りいくつかの仮定に基づいたものですが、「移民で日本を元気にする」だとか「移民受け入れで老後を支えてもらおう」などという議論に対し、その素朴かつ重大な欠陥を指摘するものであることを見落とすべきではありません。

移民を論じるときにボージャスが強調していることは、それを資本の国境間移動と同列に考えるべきでないということです。資本はしょせんオカネです。資本と言うのはオカネを増やしたいから移動するのであって、それ以外に目的はありません。しかし、労働は違います。労働は人の生活の一部であって全部ではないからです。私たちが外国人労働者や移民を受け入れるというとき、それは、それぞれに文化と生活習慣あるいは価値観や宗教を持つ「生身の人間」を隣人として受け入れることを意味しています。彼らを、単に外国人あるいは外国人だった人の「労働力」として受け入れれば済むというのは企業の論理に過ぎません。私がボージャスの分析を見て感じるのは、その成り立ちからして移民の国で、要するに異なる文化や価値観を持つ人たちを受け入れるのに慣れているはずの米国でも、移民を受け入れる国の既住者にとっての損得勘定には厳しいものがあるということであり、日本ではなおさらだろうということです。

移民は、あるいはもっと一般的に言って、人々が国境を越えて移動することは、政策の目標でも対象でもなく、そこにある事実そのものなのだということは忘れるべきでありません。ですから、たとえば「移民政策」というのは危うい言葉だと思います。移民政策という言葉は、しばしば既住者にとっての損得勘定の文脈で使われ、米国のような国では国境を閉じたり開いたりする政策として、そして、人口構成の高年齢化に悩む日本のような国では若年労働力確保政策の文脈で使われかねないからです。しかし、その国と時代がよほど大きな成長条件に恵まれていない限り、移民労働者が流入する高所得国で既住労働者の所得が減少することは、ごく普通のシナリオになります。そこに気付けば、そうした状況にもかかわらず多くの移民を受け入れてきた米国で、移民そのものを災厄とみなす人々が現われ、その人々に支持された大統領が出現してしまうのも当然の成り行きだったのかもしれません。移民排斥運動に揺れる西欧も同じでしょう。

私は移民受け入れに反対ではありませんが、自分の今の生活や老後を支える目的で移民の受け入れを唱えるのには反対です。移民あるいは外国人労働力の受け入れを「政策」として推進するのなら、移民が作り出す富の再分配効果についても、「政策」で責任を持つべきでしょう。しかし、そんな富の再分配を是正する政策を考える余裕などないのが、「底辺への競争」を繰り広げる国々の今の姿なのです。

ところで、翁はAIについても、それが労働市場に与える影響に重点を置いて分析をしてくれています。彼は「AIが職場を奪う可能性」について、その可能性を頭から否定することもせず、また無条件に肯定することもせず、それよりは「AIに職場を奪われる人」とはどんな人になりそうかを、また、それで日本経済に何が起こりそうかを、多くの先人たちの議論を参照しつつ冷静に整理しています。結論は、少なくともこれから二十年程度のタイムスパンでは、労働力人口の減少に悩む「日本経済」にとってＡＩは大きな脅威にはなるまい、むしろプラスではないかということのようです。また、彼は、ＡＩで職場や立場を失った人々についても、彼らはそれで仕事をする人間として「無用者」になるのではなく、やがて彼らは彼らとしての立ち位置を発見するだろうし、また、それを提供する動きは市場メカニズムの中から必ず現れると展望しています。それは、経済学者として多くの知見を蓄えた彼にして言える、あのアダム・スミス以来の「見えざる手」への信頼によるものなのかもしれません。

翁の分析には説得力があります。ただ、私が同時に思うのは、そうした新しい世界に移るまでの過程に私たちの社会は耐えられるだろうかということです。かつての世界でも、貿易や技術進歩が人々の職場を奪ったことがありました。また、一九世紀初頭の英国で起こった「囲い込み運動」は都市への人口移動をもたらし、それが英国の産業化に一定の役割を果たしたことを私たちは知っています。しかし、私たちは、その間には長い年月が存在し、そこに英国の政治と経済の不安定があったことも知っています。

英国の場合、最後はうまく行きました。しかし、これからの世界に、同じことが可能かどうか、可能と期待して良いかどうか、世界がそれまでの時間に耐えられるかどうか、それは分かりません。私は、ＡＩにより社会における立ち位置が変化してしまった人々に新しい役割がみつかり、全世界の数十億の人々が他の人々を尊重し合って暮らす日がくるというシナリオを望んでいます。しかし、他方で、その人々が、自身の正義を絶対として自分以外の集団への憎悪を募らせる、そういうシナリオが進行し始めたときのことの方をより深刻に考えてしまいます。

パネル 45：私たちはあるがままでありたい

ベルギー・オランダとあわせてベネルクス３国と呼ばれるルクセンブルク大公国は、人口 60 万人強で他の２国と比べても格段に小さな国ながら、経済という点では「移民」ではなく隣国からの「通勤者」の寄与もあって一人当たりＧＤＰなら世界首位クラス、フランス語とドイツ語のほかに独自の言語であるルクセンブルク語を公用語とする多言語国家でもちろん英語は普通に通用などと聞くと、何となく「貸座敷国家」のような印象を持ってしまうが、19 世紀から 20 世紀にかけては工業国として発展した歴史があり（現在でも世界粗鋼生産第１位のアルセロールミタル本社がある）、今は金融業やＩＴ産業の誘致に力を入れている産業国家で、法人実効税率も約 25％だから同じ欧州のスイスや英国の約 20％などと比べて低いわけではない。また、兵力 1400 名の軍隊を持ち（兵力人口比 0.2％強は日本の自衛隊とほぼ同じ）、欧州連合の海外派兵にも相応の比率で参加するなど、要するに規模は小さいが自力で存続している国家である。この国が存続できている背景には、第二次大戦中の抗独レジスタンスの歴史などもあり単純に羨ましいなどと言えるものではないが、この国の標語が、思想や宗教などに関するモットーのようなものを含まない“Mir wëlle bleiwe wat mir sinn（私たちはあるがままでありたい）”なのだと聞くと、一緒に暮らそうという「気分」そのものを国家の目標にできることを羨ましいと思ってしまう。写真は民家に掲げられている「私たちはあるがままでありたい」。

技術は誰のものか

ビッグブラザーの可能性は私たちを不安にさせます。かつて、人々の心を監視するビッグブラザーの容疑者リストの筆頭には、国家とりわけ独裁者が支配する国家がいたわけですが、デジタライゼーションは、その容疑者リストに巨大企業の名を浮上させました。そして、彼らの名が浮上してきたとき、国家たちは自分の新しい役割を見出したようです。「自己情報コントロール権」の保護がいわゆる先進国の間での共通ルールになっていることは第四章で説明した通りですが、それはプライバシーの擁護者としての役割を国家が新たに見出したということでもあります。

しかし、その国家たちも、話が自分たちに及ぶと、プライバシーよりKYCだと言い出すことは、仮想通貨リブラを巡るドタバタ劇からも窺い知ることができます。とはいえ、リブラのスポンサーであるフェイスブックに「もっとKYCを」と要求した国家たちは、自分が仕掛けた罠に自分で嵌りつつあるのかもしれません。仮想通貨の発行者や取扱業者に対し、犯罪対策という理由で厳重な顧客管理を要求する国家たちは、あたかも正義の味方の義務を果たしているかのようにみえますが、そうした要求に対し、完全なる顧客情報管理の仕組みを備えたミダスが提案されたら国家はどうするのでしょうか。プライバシーの危機に慌てるのでしょうか、それとも犯罪撲滅の準備ができたと喜ぶのでしょうか。国家たちが喜ぶとしたら、その延長には国家と結婚した巨大なビッグブラザー企業が誕生するシナリオだってあり得ることになります。

そして、また別の意味で悩ましいシナリオも考えられます。中国政府は、彼らに忠実な自国の中央銀行や民間企業を動かして中国製仮想通貨つまり中国発のミダスを全世界に展開することを考えているらしいからです。最終的にどんなものになるかは分かりません。でも、そんな計画が動き始めたら、フェイスブックのリブラ計画に対した金融当局たちは、あのとき「もっとKYCを」ではなく「もっとプライバシーを」と要求すべきだったと後悔することになるでしょう。中国政府に忠実なミダスがオカネとして世界に普及すれば、中国は世界中のオカネの動きを監視することができてしまいます。そのとき西側諸国の政府や中央銀行は、新しい悩みに直面することになります。自分の国の中のオカネの動きが中国当局に見えてしまうという悩みです。

その中で残された希望は、ミダスが作り出す通貨発行競争の世界で、自分がどの通貨を使うかを自分で決めるようになることです。そのとき人々が通貨を選択する基準は、自分が選んだミダスが通貨発行益をきちんと還元してくれるものであるか、それが通貨価値安定以外の目標にすり替えられることはないか、そして犯罪防止の仕組みを取り入れるのなら取り入れるで、そのプロセスにおいて怪しいところはないか、密室での取引ではなく公明正大な運用になっているか、そうした要素になるでしょう。そして、そうした要素を満足するミダスを構想するということであれば、日本を含む西側諸国の中央銀行や企業たちは、まだまだ中国に後れを取らぬはずだと私は信じています。人々に選んでもらえる通貨を提供するのであれば、景気対策よりは通貨価値安定が大事でしょうし、KYCよりはプライバシーが大事なのも明らかだからです。

そう思えば思うほど、インフレ目標達成つまり通貨価値下落政策以外に目が向かないかのような中央銀行たちや、犯罪対策の名の下にリブラ制圧に動いたかのような政府たちの姿勢は残念でなりません。それは長い眼で見て彼らのためにならないはずだからです。

とはいえ、プライバシーかKYCかが問題になる欧州や米国そして日本などは、まだましな方でしょう。中国における政府と銀行や電子決済サービス企業との関係は、こと個人情報の管理に関する限り、親密どころか一体とさえいえる関係を築いているようです。そして、そこに大きな影を映し始めているのもAIです。いわゆるビッグデータをAI的な手法で簡単に解析できることは第四章のパネル30で紹介した実験でも明らかなのですが、そのようなことは中央集権的な政府や巨大情報企業では既に試みられていて、ただ私たちは知らないだけなのかもしれません。

しかし、AI的な情報分析技術については、それが一方的にプライバシーへの脅威になるかどうか、そこは分からない面もあります。どんな方法で情報が解析されるのかについての見当がついていれば、それに対抗する情報処理技術を考えることは可能だからです。パネル30のような実験はAI的な手法による個人情報追跡が容易になっていることを示していますが、そうした追跡は通貨保有者側で対抗策を講じていると一気に難しくなります。対抗策としては、私が知っている限りでも、ゼロ知識証明などの本人情報秘匿性の高い暗号技術を使うことや、ミキシングと言って仮想通貨の出入りを自動的に攪拌する手法などがあります。これらの普及は金融機関にKYCを要求する金融監督当局などのお気には召さないらしいのですが、技術論として考え始めると新発想を競うクイズのようで、多少とも暗号理論を学んだことのある者にはついついのめりこみたくなるほど面白く感じてしまうところがあります。

私たちはAIと聞くと、スタンリー・キューブリック監督の『二〇〇一年宇宙の旅』に登場する巨大で万能のコンピュータHAL（ちなみに、このHALと言うのはIBMのもじりです、お気づきでしょうか）、あるいは手塚治虫の「鉄腕アトム」のような身体と心の動きを持ったロボットを連想してしまいます。しかし、実際のＡＩは違います。それらは、普通のコンピュータの中で動作するプログラムで、ただ、プログラムが自分の動作の仕方を自分で変化させる特性を持っていて、それに人間の時間を投入することをほとんど要しない、そうした特性を持ったプログラムであるに過ぎないともいえるからです。重要なのは、誰の視点で誰がＡＩを使うかなのです。ですから、たとえばこんなことも考えられます。

再生可能エネルギー発電という分野があります。ところが、その代表ともいえる太陽光発電に異変が起こっています。これまで家庭などでの太陽光発電パネル設置を後押ししてきたＦＩＴと略称される固定価格での買取り制度が二〇一九年度から廃止され、電力会社による一般家庭などからの太陽光発電電力の買取り料金が大きく低下するはずだからです。そうしたなかで、政府と電力会社が検討を進めているらしい仕組みにＶＰＰというものがあります。

ＶＰＰと言うのは「仮想発電所・バーチャルパワープラント」の略で、要するに小規模分散電源を事業者が遠隔で統合管理することで、あたかも一つの巨大なパワープラントつまり発電所のように機能させようというもので、その背景には急速に価格が低下している家庭用蓄電池普及やインターネットを使って機械設備を制御するＩｏＴと言われる技術への期待もあるようです。ただ、ＦＩＴを廃止するタイミングでＶＰＰという構想が打ち上げられてくると、騙されたような気分になる人も少なくないでしょう。

ＦＩＴというのは、東京電力などの広域電力事業者ではなく、小規模発電事業者や需要者である各家庭の投資負担で再生可能エネルギー開発を推進しようとする制度です。そしてVPPというのは、小規模発電事業者や需要者家庭の負担で作られた設備を広域電力事業者が管理する制度だといえます。普通の状況だったら、VPPに参加する事業者や家庭はなかなか現れないでしょう。よほど有利な条件で電源設備を設置させてくれるなら別ですが、そうでないなら自宅の屋根に自費でわざわざ広域電力事業者のための太陽光パネルを設置する人は多くないはずだからです。しかし、多数の小規模太陽光パネルが世の中に「ある」状況でVPPという提案が持ちかけられれば、話は変わります。FIT廃止で採算が合わなくなった設備が「ある」状況でなら、自分の設備を少しでも有利な条件で運用したいと思う事業者や家庭は、今度は、喜んでというよりも仕方なく、政府ご提案のVPPに参加することになりそうな気がします。

ところで、そうした状況でなら、AIは小規模発電事業者や家庭にそれなりに魅力的な対案を提供する役者になってくれます。具体的には、小規模発電事業者や家庭の発電状況や蓄電可能容量などの情報をブロックチェーンのようなネットワーク上の仮想記録システムで共有し、参加者たちが仮想的に共有するAIを使って、自分の持つ小規模発電設備が生み出す電力を電力事業者に売ったり、自分の持つ蓄電設備に溜め込んだりということを戦略的に行うこともできるはずだからです。そうなれば、彼らと広域電力事業者との力関係は変化するでしょう。「仮想発電所」ならぬ「仮想発電企業」の誕生です。これなら世界が変わるかもしれません。第四章でICOやSTOの話を紹介したときに、それらが既存の法制度の上に乗らないという理由で全否定すべきでないと書いたのは、こうした仮想企業というものを想定するときにこそ、ICOやSTOは有

パネル46：監視鳥の恐怖

ロバート・シェクリイに『監視鳥』というＳＦがある。早川書房から『無限がいっぱい』という短編集に収められて宇野利泰の訳で出版されているのだが、自分が社会人になったころ偶然にも手に取ったこの本を読んだときの暗い衝撃を今でも思い出すことができる。物語は近未来、「殺意」をヒトの脳波として感知し、犯罪の未然防止のために殺意を放出するものに電撃ショックを与えるという自律飛行機械としての「監視鳥」を政府が導入するシーンから始まる。無数に放たれた監視鳥は、最初のうち刑事たちを失業させるほどの成果をあげるが、やがて犯罪を抑え込むことに成功すると、対象を拡大してあらゆる生物的機構が発する類似の信号を感知し、それを発するものを攻撃するようになる。拡大する監視鳥の攻撃性に人類の危機を認識した政府は、監視鳥を駆除するための「監視タカ」を導入するのだが、さて監視鳥を狩り尽くした監視タカは次の狙いをどこに定めるか、というところで小説は終わる。プライバシー保護か犯罪防止かなどという議論を聞くとき、監視と反撃の循環が行き着く先として、私が思い浮かべてしまうのがこのＳＦである。ちなみに、シェクリイがこれを書いたのは日本語訳が出版されるよりずっと早く、まだ日本ではＡＩではなく人工知能という訳語が明るい未来のお話として使われていた1953年なのだから、この作家の感性には驚かざるを得ない。写真は鳥型ドローン。もちろん攻撃機能などはない遊戯用の商品だが、シェクリイを読んだ後で見ると不気味に感じてしまう。商品製作者には申し訳ない限りだが、雰囲気として写真を拝借させてもらった。

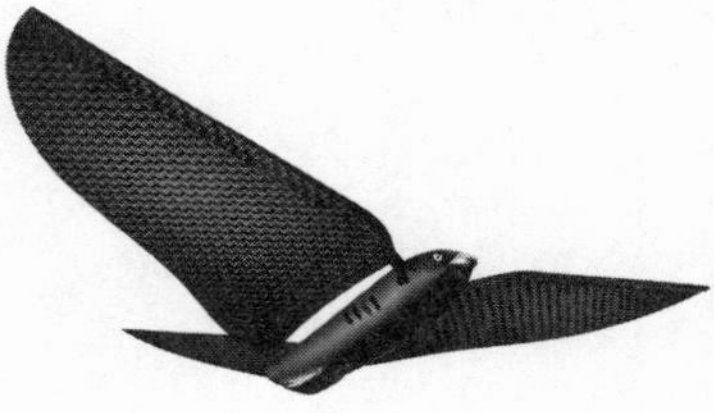

力な資金調達の手段を提供できる可能性もあるかと考えたからです。

話が各論に片寄り過ぎたようです。ここで持ち出したビッグブラザー対抗策の話も再生可能エネルギーの話も一つの例に過ぎません。AIのような技術は、工夫すれば格差拡大や権力からの迫害に苦しむ人たちの助け合いに使えます。しかし、それは彼らに対する圧迫のためにも使えてしまいます。技術はそもそも「両刃の剣」なのです。私がAIに関する議論になお不足していると思うのは、AIがもたらす全成果を、そのプログラムを自分が所有するコンピュータ上で走らせている人に全面的に帰属させてしまうという今の制度、それが本当に良いかどうかについての思考です。むろん、答は簡単には出ないでしょう。それを考え直すことは、機械を使って得た成果を機械の所有者のものとするという今の所有権制度全体を考え直すのに近いからです。しかし、それをしないでいると、私たちの自由な世界は崩壊してしまうかもしれません。

AIが人間の能力を超える状況を「シンギュラリティ（技術的特異点）」という言葉で語る議論がありますが、それを語るのであれば、大量のデータやAIを使って得られる富と人の心への支配を持つ力を特定の人や企業に集中させてしまうことになっている現在の制度について、基本に帰って深く議論して欲しいと思っています。

グローバリズムが呼び寄せる不都合な未来に

グローバリズムには光と影があります。商品の国際間移動すなわち貿易を自由にするだけでなく、資本の国際間移動も自由とするのが現代のグローバリズムですが、それは国際分業によって生じた豊かな国々と貧しい国々との間の分岐を癒す要因になる一方で、豊かな国々あるいは豊かになりつつある国々の内部に富の偏在と所得の格差拡大をもたらしています。

二度の世界大戦の後に「西側」と呼ばれるようになった国々では、ファシズムの教訓とソ連圏諸国への対抗の必要から中間層の重要さを悟り、高率の法人税や個人所得税の累進強化を通じて福祉国家化への道を歩み始めたかに見えました。そのシナリオを崩したのが商品ばかりでなく資本移動をも自由とするグローバリズムです。グローバリズムの波の中で、国家たちは富を再分配する機能を失ったばかりでなく、企業や企業の支配者である富者たちに媚びを売る競争を展開せざるを得なくなったからです。

グローバリズムは企業たちのあり方にも変化をもたらしています。かつて国境の壁に閉じ込められていた企業たちの中から、物理空間ではなく私たちの心の中に「関心の独占者」たる地歩を築くＧＡＦＡのような存在が現れつつあります。そうした彼らと物理空間の支配者である国家との関係がどうなるかは分かりません。現代の世界を見る限りでは、欧米とりわけ欧州の国々における関心の独占者への警戒心には奥深いものがありそうですが、国家の領域統治のために関心の独占者の力を積極的に取り入れた中国のようなモデルが存在感を増せば、国家たちと関心の独占者たちとの関係も変化するかもしれません。それは、私たちが民主主義と呼んでいる体制が内側から崩壊していく第一歩になる可能性すら秘めるものとなります。

そして、通貨の未来はますます混迷するでしょう。現在の中央銀行制度は、一九世紀の半ばの西欧圏で誕生したものですが、それは西欧圏の経済が成長の時代に入った時期と重なります。現代の通貨制度は、人口や技術あるいは地球環境などから成長が終わった世界で機能するかどうか試されていないのです。しかも、国家と結びついて貨幣の独占発行権を得た中央銀行たちは、国家たちが繰り広げる富者と企業への優遇競争に加わってしまったかのようです。先進と言われる国々の中央銀行たちの多くがゼロ金利の罠に落ちたような状況の背後には、国家たちが繰り広げるのと同じような「底辺への競争」があるようにも思えます。

しかし、私たちは、そうして展開されるグローバリズムの進行を拒否することはできません。現代の世界でグローバリズムを拒否することは、さらに大きな危機につながりかねないからです。私たちには、グローバリズムの作り出す悪しき効果が世界を決定的に崩壊させることのないよう、その不都合の一つ一つに辛抱強く対処する以外の選択肢はないのです。

ポピュリズムの台頭、少数者の排斥、国益の衝突。それらを見ると、世界は破滅への道を歩みつつあるという予感から逃れることができません。そして、やりきれないのは、こうした動きを主導する人たちの多くは、個々に会って話せば決して「悪」なる人たちではない、むしろ「善」を行おうとする人たちだということです。私たちは、今、人類と地球の「明るい未来」を信じることができなくなっています。しかも、なお悪いことに、そこで状況を良くしようとする試みと試みとの衝突が、未来をさらに破滅に近付けているようですらあります。

地獄への道は「善意」で敷き詰められているという箴言は、その原型を作った原理主義者ベルナールの言いたかったらしい意図を越えて、ヨーロッパ世界に普及しました。あのマルクスも『資本論』の中で使ったりしています。しかし、私は、地獄への道を敷き詰めているのは「善意」

どころか「善行」なのではないかというように思うことがあります。

社会に参加する私たちが「善意」を持つのは自然なことです。しかし、それならば、自分の善意と違う考え方を「善意」だと信じる人がいることも自然に受け入れたいものです。そうしなければ、国家も企業も通貨も無意味になるほどの悲惨な争いが、異なった「善行」と「善行」との衝突から生まれてしまう、その危機に世界はあるように思えてなりません。

グローバリズムに夢を求める時代は終わりつつあります。その変わり目の今に生きる私たちには、グローバリズムが運んで来るのは単純な豊かさだけではないということを直視し、その不都合に耐えるための合意基盤を作り出していく必要こそがあるのではないでしょうか。

図版出典一覧

〈第一章〉
P27：Derek Voller
P59：Diliff
P71：MaGioZal
〈第二章〉
P84：Lauren at the Council
P91：The British Empire & Commonwealth Museum
P120：patrickroque01
P126：Dick Thomas Johnson
P134：首相官邸ホームページ
〈第三章〉
P143：RoadTripWarrior
P158：外務省ホームページ
P162：Lalupa
P181：郵政博物館
〈第四章〉
P202：Hf9631
P212：ANP scans（ANP 222）
P219 上：James Wisniewski
P223：AFP＝時事
P231：http://www.icocountdown.com/
〈第五章〉
P249：LNicollet
P269：Bundesarchiv, Bild 102-00238 / Pahl, Georg / CC-BY-SA 3.0
P283：University of Salford Press Office
〈第六章〉
P302：GRANGER/時事通信フォト
P307：ONT（ルクセンブルク政府観光局）
P313：2019 XTIM

新潮選書

国家《こっか》・企業《きぎょう》・通貨《つうか》　グローバリズムの不都合《ふつごう》な未来《みらい》

著　者……………………岩村《いわむら》 充《みつる》

発　行……………………2020年2月20日
3　刷……………………2021年5月20日

発行者……………………佐藤隆信
発行所……………………株式会社新潮社
〒162-8711 東京都新宿区矢来町71
電話　編集部 03-3266-5411
　　　読者係 03-3266-5111
https://www.shinchosha.co.jp
印刷所……………………凸版印刷株式会社
製本所……………………株式会社大進堂

乱丁・落丁本は、ご面倒ですが小社読者係宛お送り下さい。送料小社負担にてお取替えいたします。
価格はカバーに表示してあります。

ISBN978-4-10-603852-5　C0333